青春文庫

日本人なら知っておきたい！

神様と仏様事典

三橋 健・廣澤隆之[監修]

JN044850

青春出版社

はじめに

「神様」と「仏様」は、古くから日本人が篤《あつ》く敬《うやま》い、信仰してきたものの代表例で、お正月の初詣《はつもうで》や結婚式、お盆やお葬式など、私たちの日々の暮らしや人生の節目《ふしめ》節目《ふしめ》で深い関わりを持つ存在です。

それだけ縁の深い神様と仏様ですが、実は意外と知らないことでいっぱいです。

たとえば、神社での拍手《はくしゅ》は何のために打つのか？　おみくじを一度に二度引いてはいけない理由は？　なぜ、お寺のお参りに数珠《じゅず》が欠かせないのか？　奈良や鎌倉の大仏様はどうしてあんなにも大きいのか？　などなど。

本書では、神様と仏様そして神社やお寺についての様々な疑問に、できるだけわかりやすく答えています。神様や仏様をより身近に、親しみをもって感じられるだけでなく、大人として子どもたちにもきちんと伝えられる知識が身につくことでしょう。

まずはこの本が、神社やお寺に興味を持っていただく第一歩になってくれれば幸いです。

日本人なら知っておきたい！　神様と仏様事典●目次

四章 「神社信仰」がわかる11項 133

六章 「仏様の道具や縁起」がわかる18項 353

※本書に登場する神様・仏様の名前については、一部、各寺社の縁起・由来に準拠して表記しています。

カバーイラスト提供■Adobe Stock
図版・DTP■ハッシィ

第一部 神様編

監修者のことば

神と仏は一三〇〇余年の長きにわたり、習合《しゅうごう》の歴史を展開してきたが、明治元（一八六八）年三月、明治政府は神仏分離令を出して神仏習合を禁じた。しかし、それは法律上のことであり、いまも神仏は同一であるとする考え方が生きている。世間の無情を嘆いて「神も仏もない」というが、「神はない、仏はない」とはいわない。また「神と仏は水波《すいは》の隔《へだ》て」ともいう。神仏はちょうど水と波とのように形が違うが、もとは同体だとの意味である。

古代以来、神仏は一体として日本人の思想や宗教意識を培《つちか》ってきた。日常の何気ない言動のなかにも神仏が深く浸透してきたが、多くの人びとはそのことに気づいていない。

従来の啓蒙書《けいもうしょ》は神と仏を別々に説明したものが多かった。本書は神と仏を比較しながら、併《あわ》せて読むことができるように工夫《くふう》してある。

私が担当した前半では神道《しんとう》の神を解説した。神の多くは神社に祭られ、そこに神職《しんしょく》が奉仕している。神社を維持するのは氏子《うじこ》・崇拝者で、彼らは古来の作法に基づいて参拝し、祭礼を行なっている。本書には、それらに関する知っておきたい基礎知識を掲げてある。

三橋 健

一章

「神社の起源と建物」がわかる13項

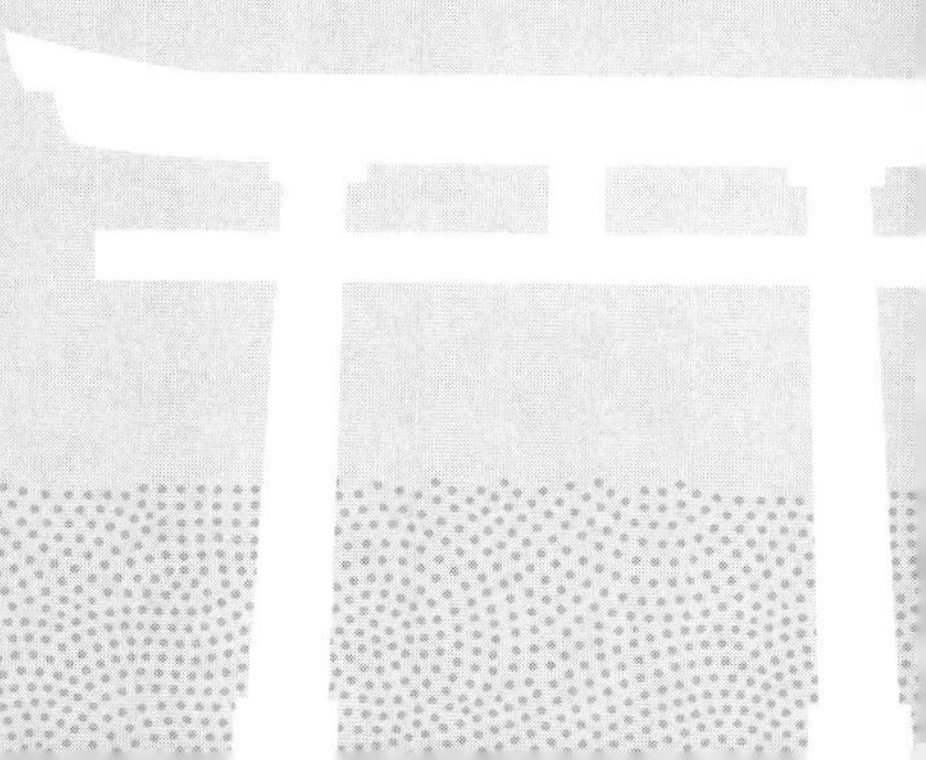

神社の起源はそもそも何？

神社の起源については諸説があって、実はいまだに定説がありません。祭祀《さいし》遺跡の発掘調査などにより、無土器・縄文・弥生・古墳の各時代には宗教的行為・呪術《じゅじゅつ》が行なわれていたことが明らかになっています。

たとえば、無土器時代の遺跡からは女神像と称される石像が出土していますし、縄文時代の環状《かんじょう》列石遺構《れっせきいこう》は祭りが行なわれた跡であるといえます。弥生時代の銅《どう》剣《けん》・銅鐸《どうたく》・銅鉾《どうほこ》なども祭祀や儀礼に使用されたものとされています。

福岡県うきは市吉井町に遺《のこ》されている珍敷塚《めづらしづか》古墳（六世紀後半）は装飾古墳で有名ですが、その壁画に、太陽の船といわれる船の舳先《へさき》に烏《からす》が止まっている様子が描かれています。

この船は死者の魂を来世に導くための乗り物と考えられ、『古事記《こじき》』や『日本書紀《にほんしょき》』に記されている「根《ね》の国」「妣《はは》の国」の神話と関連しているようです。

さて、いまでは「神社」を「じんじゃ」と読みますが、この呼び名が公式に定着するのは明治時代になってからです。

それまでは、むしろ「宮」「社」と呼ぶことのほうが多かったのです。

この他、古くは「天社《てんしゃ》」「国社《こくしゃ》」「神宮《じんぐう》」「宮」「社」「祠」「官社」などの文字も見えますが、これらは法律用語であって、律令神祇《りつりょうじんぎ》制度のなかで生まれたものです。

日本は「八百万《やおよろず》の神」といわれるほど無数の神々が存在しますが、それらの神々は「天神《てんじん》」と「地祇《ちぎ》（国神《くにつかみ》）」に分類されます。この「天神」を祭ったのが「天社」であり、「地祇（国神）」を祭ったのが「国社（祇社）」です。

そして、「天神・地祇」を略して「神祇」と称しました。だから、現在わたしたちが一般的に用いている「神」という語は「天神」の略称なのです。

「天神・地祇」と「天社」「国社」との呼び名の関係を図示すると、以下のようになります。

天神――――神―天神社―天社―神社
地祇（国神）―祇―地祇社―国社―祇社（地社）

こう考えると、「神社」という名称も「天神社」の「天」を略した語であるということがわかります。

「神社」や「社」という言葉を『万葉集《まんようしゅう》』では「もり」や「やしろ」と読んでいます。「もり」「やしろ」に漢字をあてると「森」「杜」となり、それらの意味は「閉ざされた聖地」となります。

そうすると、閉ざされた聖なる空間が神社の本来の姿であることがわかります。つまり、人の立ち入りを禁じた「禁足地《きんそくち》」であったので、自《おの》ずと木々が生え、鬱蒼《うっそう》とした森になったのです。神社のそもそもは、こうして形成されていったのであり、よって本来的には、そこに必ずしも樹木がなくともよかったことになります。

神社の仕組みを簡単にいうと？

「神社」というと、神々を祭っている社殿そのものを指す場合が多くあります。しかし、現在は境内《けいだい》に所在する摂社《せっしゃ》・末社《まっしゃ》などの小さな社をはじめ、鳥居《とりい》・狛犬《こまいぬ》・灯《とう》籠《ろう》、あるいは社務所《しゃむしょ》や宝物殿《ほうもつでん》、さらには、それを取り囲むように生えている鬱蒼とした木々などを含めた、いわゆる「神域《しんいき》」のすべてを神社と捉《とら》えるのがよいとされます。

神域への入り口にある鳥居をくぐると、参道《さんどう》が続いています。大規模な神社の鳥居は、一の鳥居・二の鳥居・三の鳥居などと続く場合があり、参道の両側には石灯籠や狛犬などが置かれています。

社頭《しゃとう》に川が流れており、そこに神橋《しんきょう》を架《か》けている神社もあります。この橋により「神の世界」と「人の世界」がはっきりと隔《へだ》てられるのです。

また、参道から境内に入るところには神門《しんもん》（楼門《ろうもん》）があり、その左右に廻廊《かいろう》あるいは玉垣《たまがき》・透塀《すきべい》などが広がっており、これらも、そのなかが神域であることを示しています。

神門を入ると、間もなく神社の事務を扱う社務所があります。さらに、その神社に代々伝わってきたゆかりのある品々を納める宝物殿、祭神《さいしん》の乗り物として奉納《ほうのう》された神馬《しんめ》のいる御厩《みうまや》、奉納された絵馬《えま》や額などを掲げた絵馬殿、神の御心《みこころ》を慰めるための神楽《かぐら》や歌舞《かぶ》を奉納する神楽殿・舞殿《まいどの》などを設けている神社も少なくありません。

また、祓所《はらえど》（祓殿《はらえどの》）は、神職をはじめ、祭典に奉仕したり、参列する人びとが身も心も清浄になるためのお祓《はら》い（修祓《しゅばつ》）を受けるところです。そこにはしめ縄を四方に張ってあり、清浄さが保たれています。

一般の参拝者のためには手水舎《てみずや》（手水所《しょ》）・御手洗《みたらし》を設けてあります。そこで手を洗い口を漱《すす》いで心身を清めます。

さて、神社の建物（社殿）は一般的に前方から拝殿《はいでん》・幣殿《へいでん》・本殿《ほんでん》の順で並んでいます。

拝殿を古くは礼殿《らいでん》といいました。この建物は文字通り、参列者が神を礼拝《らいはい》する場所です。

幣殿と拝殿が一つになっている神社も多いのですが、そもそも幣殿は、祭祀に奉《ほう》祀《し》する神職が祭神へ幣帛《へいはく》や飲食や菓実などの品々を捧げる場所です。なお、幣殿の脇には、神々へ供える御饌《みけ》（神饌《しんせん》）を調理する神饌所（神饌供進所）や、祭典に使われるさまざまな用具を収めておく祭器庫《さいきこ》などがあります。

最後になりましたが、重要なのは本殿です。これはご神体《しんたい》を奉安《ほうあん》する建物で、正殿《しょうでん》・神殿《しんでん》・宝殿《ほうでん》とも称されます。本殿を中心として瑞垣《みずがき》で囲まれた一画は禁足

社殿配置の一例

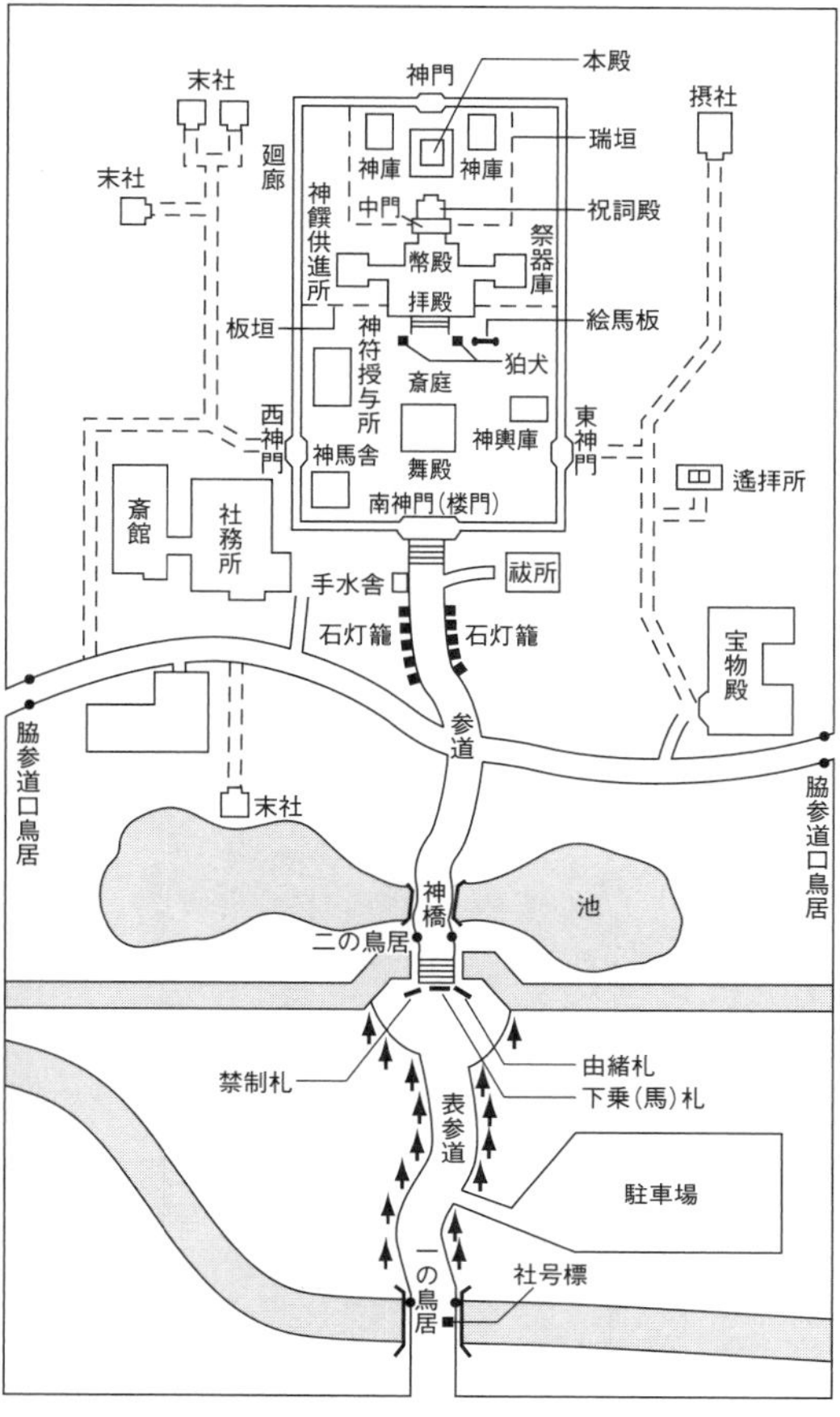
神門
本殿
末社
摂社
瑞垣
神庫
神庫
廻廊
末社
中門
祝詞殿
神饌供進所
幣殿
祭器庫
拝殿
板垣
絵馬板
神符授与所
狛犬
斎庭
西神門
東神門
神輿庫
神馬舎
舞殿
遙拝所
南神門(楼門)
斎館
社務所
祓所
手水舎
石灯籠
石灯籠
宝物殿
参道
脇参道口鳥居
末社
脇参道口鳥居
神橋
池
二の鳥居
由緒札
禁制札
下乗(馬)札
表参道
駐車場
一の鳥居
社号標

地とされ、その神社の中核となっています。

なお、境内・境外神社のなかでも、摂社は本殿に祭られている神（祭神）と血縁関係にある神を祭った社です。

一方、末社は本社より古くからその土地に祭られてきた神である場合も多く、小さい社ではありますが、注意して見る必要があるでしょう。

神社が神社であるためには、本殿・幣殿・拝殿が揃《そろ》っていることが最低条件となっています。

本殿に安置されているご神体はさまざま

寺院では、秘仏《ひぶつ》であっても、何十年に一度ぐらいは「ご開帳《かいちょう》」される場合があります。ですが、神社のご神体は見ることが許されていません。

ご神体とは、神社に祭られている神霊《しんれい》の依代《よりしろ》（神霊が乗り移られる物体）の一つです。御霊代《みたましろ》・御正体《みしょうたい》・霊御形《みかたち》などともいいます。ご神体は神霊が宿る、いわば神霊の象徴であるため、一般に公開していないのです。

このように、ご神体は人目に触れることがないため、各神社が何をご神体として祭っているのかは不明です。

しかし、明治元（一八六八）年の神仏分離《しんぶつぶんり》により、本殿の内陣《ないじん》に安置されていた神像・本地仏《ほんじぶつ》などが外に出され、これらに代わって御幣《ごへい》を神体とする神社が増えました。

そのようなことで、現在はご神体としてもっとも多く用いられているのは御幣であると思われますが、鏡《かがみ》も少なくないようです。

鏡が多いのは、皇祖《こうそ》・天照大神《あまてらすおおみかみ》が「この鏡を見るのは、わたしを見るのと同じです。自らを清めて、この鏡をお祭りしなさい」というお言葉をおおせられたことにより、鏡を多く祭祀の対象とするようになったものと考えられます。

この天照大神のお言葉は、世に「三大神勅《しんちょく》」の一つの「宝鏡奉斎《ほうきょうほうさい》の神勅」と称され、『日本書紀』神代《じんだい》下の天孫降臨《てんそんこうりん》のところに見えるものです。

なお、第一〇代崇神《すじん》天皇のときに、この宝鏡を殿内に祭るのをやめ、笠縫邑《かさぬいのむら》に移したと伝えており、さらにその後に皇居の外で祭られることとなり、現在は伊勢《いせ》神宮《じんぐう》のご神体となっています。皇居の賢所《かしこどころ》に祭られている宝鏡は代わりのものです。

次に、剣をご神体としている場合もあり、その代表例は熱田《あつた》神宮です。つまり、「三種の神器《じんぎ》」の一つ、草薙神剣《くさなぎのみつるぎ》を御霊代《みたましろ》としているのです。

また、玉をご神体とする神社もあり、有名な宗像大社《むなかたたいしゃ》（福岡県）のご神体は玉といわれ、さらに沖津宮《おきつみや》では青玉、中津宮《なかつみや》では紫玉が御霊代として祭られていると、『筑前国風土記《ちくぜんのくにふどき》』逸文《いつぶん》には書いてあります。

祭神にまつわる遺物や装飾品が御霊代となる場合もあります。たとえば、北九州市門司区《もじ》にある甲宗八幡《こうそうはちまん》神社は神功皇后《じんぐうこうごう》が着用した甲《かぶと》をご神体としています。

また、仏教が伝来してからは神仏習合が顕著《けんちょ》となり、奈良時代には神像がつくられ、それらをご神体とすることも珍しくありませんでした。

注目されるのは、薬師寺《やくしじ》の鎮守《ちんじゅ》である休ヶ岡《やすみがおか》八幡宮の三神像（国宝）です。これらは平安時代前期の寛平《かんぴょう》年間（八八九〜八九八）に、薬師寺の別当《べっとう》である栄紹《えいしょう》によって勧請《かんじょう》祭祀されたもので、僧形《そうぎょう》八幡神を中心に、向かって右側に神功皇后、左側に仲津《なかつ》姫 命《ひめのみこと》が配祀《はいし》されています。

木彫神像としては最古の遺品の一つとされ、重厚で堂々とした尊像で、わずかながら残る彩色に、当時の面影を偲《しの》ぶことができます。

ところで、古代の人びとは、神霊はある特定の場所に居続けているのではないと考えたようです。

社殿を建てて神霊がそこに常在すると信じるようになったのは、後世のことであるともいわれています。

それ以前は祠もなく、祭場のみで、荘厳な姿を見せる山や、山中に聳《そび》える大きな岩、あるいは樹木を依代として、そこに神霊が宿るとし、神輿《みこし》などによって神霊を人びとの住む里へとお迎えすることも見られます。

このように、神霊は祭りのときに降臨《こうりん》するとの信仰があり、そのときには依代がどうしても必要になります。

ご神体の発生は、このような信仰形態から生まれてきたと思われます。

祭神と深い関係にある「神宝」の中身は？

「神宝」は「しんぽう」あるいは「かむだから」と読みます。古くは「じんぽう」「じんぼう」などともいいました。その神社の祭神にゆかりのある聖なる宝物、あるいは、祭神がご使用になられる品物として奉安された調度品や装束《しょうぞく》類を指します。

「神宝」という語は『古語拾遺《こごしゅうい》』などにも見えますが、『先代旧事本紀《せんだいくじほんぎ》』によると、「天璽瑞宝十種《あまつしるしみずたからとくさ》」と見え、その起源は饒速日命《にぎはやひのみこと》が天神御祖《みおや》から授けられたと記しています。

その「十種神宝」とは、沖津鏡《おきつかがみ》・辺津鏡《へつかがみ》・八握剣《やつかのつるぎ》・生玉《いくたま》・死反玉《まかるかえしのたま》・足玉《たるたま》・道辺玉《ちかえしのたま》・蛇比礼《おろちのひれ》・蜂比礼《はちのひれ》・品 比礼《くさぐさのもののひれ》です。比礼とは、女性が首から下げるひらひらするスカーフ状の布で、比礼を振ることにより魂を呼び戻すことができるなど、呪術の用途に使用されていました。

また、伊勢神宮の場合は、二〇年ごとに行なわれる式年遷宮《しきねんせんぐう》の際に、建物とともにすべての神宝も新調されます。神宮の神宝については、『延喜大神宮式《えんぎだいじんぐうしき》』や『延《えん》暦儀式帳《りゃくぎしきちょう》』に記載されています。

『延喜大神宮式』によると、二一種（現行は一九種）の神宝が列挙されており、一部を挙げると、金銅の多多利《たたり》二基・金銅の賀世比《かせひ》二枚・梓弓《あずさゆみ》二四枝《し》・征箭《そや》一四九〇隻《せき》・須賀流《すがる》の横刀《たち》一柄《へい》などとなっています。

また、その他の神社でも、鏡や弓、矢、太刀《たち》などや、装束一式が祭神へ奉納されたりします。

有名なところでは熊野速玉大社《くまのはやたまたいしゃ》（和歌山県新宮市《しんぐうし》）の室町時代から伝わる神宝が挙げられ、装束類だけでも一三種（七二点）が数えられます。

伊勢神宮の遷宮がなぜ二〇年ごとに行なわれるかという理由の一つに、神宝をつくる技術を後世に伝えるためということが挙げられます。

二〇年も経てば、人びとも代替わりせざるを得ません。ですが、伝統的な技術は受け継いでいかねばなりません。そこで、一から建造物や神宝を作り替える式年遷宮が意味を持つことになるのです。

奉安される神宝がもとの姿のままで、伊勢神宮にいまも伝わっているのは、二〇年に一度新調しているお陰なのです。

本殿の千木・鰹木っていったい何？

一般的に神社の本殿は奥まったところにあるため、見にくいけれども、屋根よりも高く突き出ている「千木《ちぎ》」はよく見えます。

千木は神社建築のシンボル的なものです。

「ちぎ」は、普通は千木と書きますが、「鎮木」「知木」とも表記されます。古代の祝詞《のりと》には「高天原《たかまのはら》に千木高知《たかしり》て」と見え、『古事記』上巻には「氷木《ひぎ》」「氷椽《ひぎ》」ともあります。なお、伊勢神宮の祝詞には「比木」とあります。

「ち」や「ひ」は霊という意味と考えられ、「ちぎ」「ひぎ」は「霊威《れいい》のある木」ということになります。

千木は先端を垂直に切ったものと水平に切ったものがあります。前者を外削《そとそぎ》、後者を内削《うちそぎ》と称しています。

建築面からすれば、千木は一種の装飾ないし威厳を沿えるものとしか見えないといいます。つまり、本殿を建築面で補強するものではありません。

また、千木は、暴風雨から建物を守るための重《おも》しであったともいわれますが、これも建築面からは無用のようです。豪族《ごうぞく》の首長《しゅちょう》といった、古代の地域の有力者の住居を神社建築に取り入れたようです。古墳時代につくられた家形埴輪《いえがたはにわ》には、棟《むね》の両端だけではなく、真ん中にも千木が何組も築かれているものがありました。

伊勢神宮や仁科神明宮《にしなしんめいぐう》（長野県大町市）のいわゆる神明造《づくり》の本殿では、破風《はふ》の

社殿のつくり（神明造）

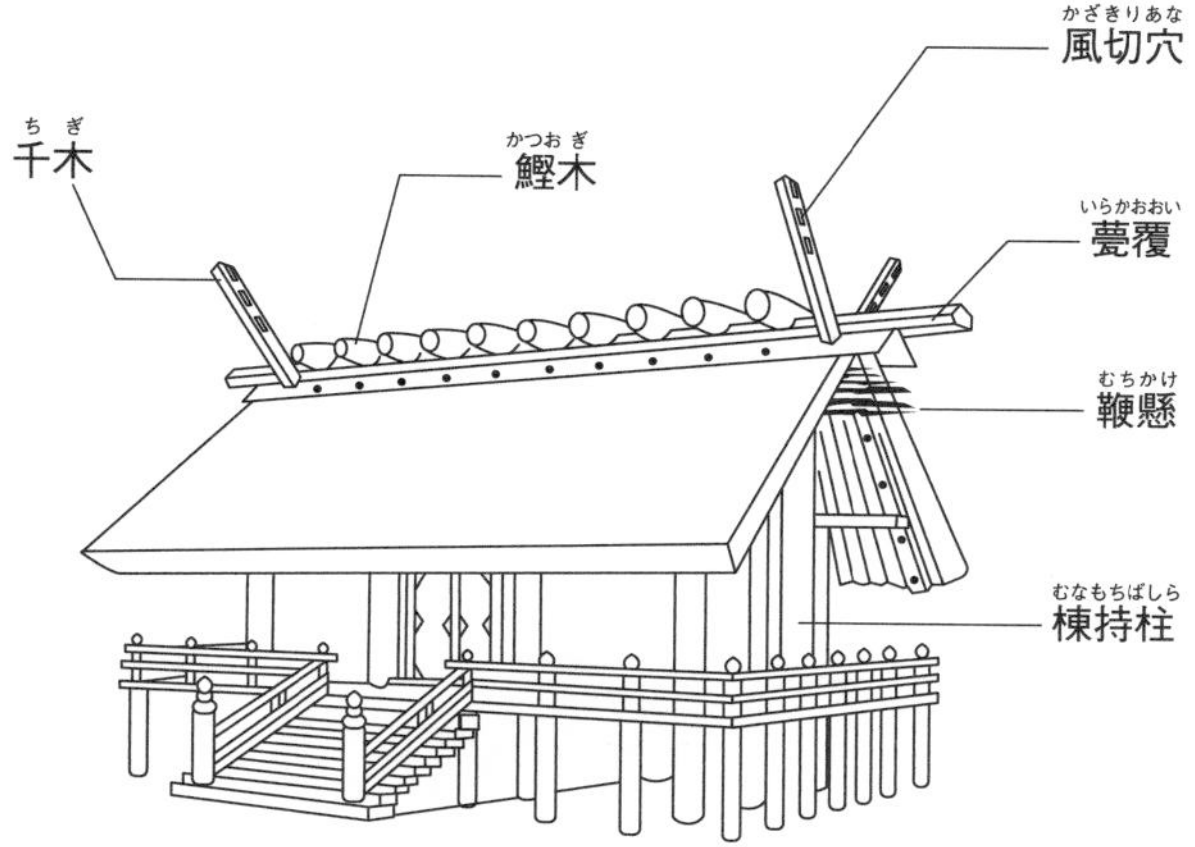

上端をそのまま伸ばし、屋根を突き破るように築いて千木としています。その一方、破風とは関係なく、棟の上にX型の木を置いて千木としている場合があります。これを「置千《おきち》木《ぎ》」と呼んでいます。

千木は、「神殿を神聖かつ荘厳なものに保つための装飾である」というのが一般的な説明です。

また、千木とともに神社建築で説明の難解なのは、「鰹木《かつおぎ》」です。

鰹木は本殿の棟上に、棟と直交して置かれている円柱形の木で、等間隔でいくつも並べられています。

円柱形のその形が鰹節に似ている

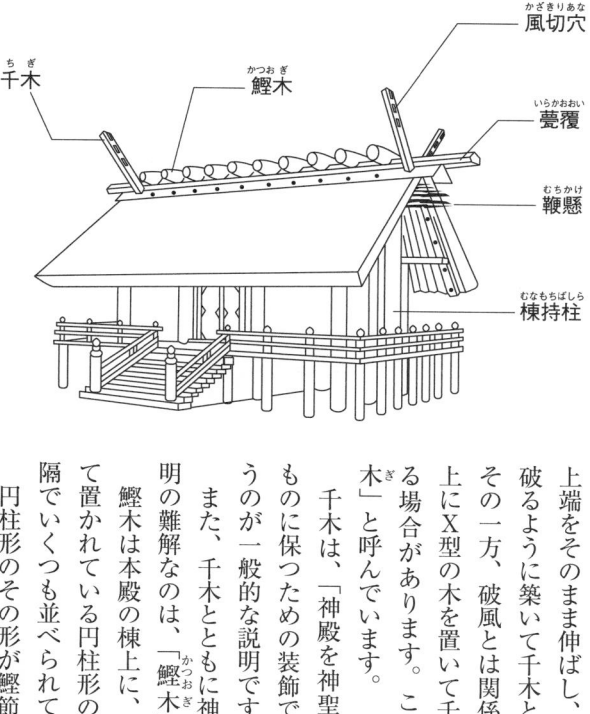

ことから鰹木と呼ばれるようになったといわれています。「堅緒木」「堅魚木」「堅男木」「葛尾木」とも書かれ、単に「かつお」ともいわれます。

鰹木は装飾のために置かれたものか、建築上の役割を担っているのか、解釈は二分しています。

『古事記』には、雄略《ゆうりゃく》天皇が志幾《しき》の大県主《おおあがたぬし》の家屋に鰹木が載っていることに対して、「天皇の宮殿に似せて造っている」と激怒したと伝えています。このことからして、千木や鰹木は「権威」を示すものであったことがわかります。

本殿と拝殿の間にある建物は何？

一般的には、神社の本殿の前には拝殿があります。しかし、よく見ると本殿と拝殿の間には幣殿という建物があることに気づくでしょう。

幣殿は、神に幣帛（供え物《そなもの》）を奉《たてまつ》るための建物で、神社によっては「中殿《ちゅうでん》」「中間《なかのま》」とも呼ばれます。いまでは、単に幣帛を奉るというよりも、神職が祭祀を執《と》り行なうところとして使われている場合が多いです。

ところで、幣帛は「みてぐら」「ぬさ」「にぎて」ともいい、もともとは絹や布の意味ですが、後世になり、神へ奉る供物《くもつ》の総称となりました。

幣帛は祭りの際に必ず奉られ、大規模な神社（大社）に奉納する幣帛は五色（赤・青・黄・白・黒）で、これを折敷《おしき》に載《の》せ、供進《きょうしん》しました。

現在の一般的な神社においては、幣殿の神饌案《しんせんあん》（八足案《はっそくあん》）の上に、幣帛のシンボルである御幣（幣束《へいそく》）が常に供えられています。

また、幣殿に祝詞座《のりとざ》を設けている神社も多くあります。そのようなことで、幣殿で祝詞を唱《とな》えるので、幣殿を「祝詞殿」と称することもあります。

なお、幣殿は独立している場合もありますが、小規模な神社では拝殿と一緒になっており、幣殿がない場合も少なくありません。

ただ、すべての神社に幣殿が規則正しく備わっているわけではありません。

諸社のなかで最高とされる伊勢神宮には拝殿がないばかりか、幣殿も一般的な神社とは異なっており、御正殿《ごしょうでん》の正面にはありません。

内宮《ないくう》の場合は、板垣《いたがき》の外（御正殿の西側にある御稲御倉《みしねのみくら》の参道のつきあたり）にあり、これを「外幣殿《げへいでん》」と称しています。外宮《げくう》の場合は、板垣の内側の北西の隅に建てられています。
東照宮《とうしょうぐう》をはじめとする「権現造《ごんげんづくり》」の神社の場合も違いが顕著《けんちょ》で、幣殿は本殿や拝殿より一段低い位置にあり、石が敷かれていることから「石の間」と呼ばれています。京都の北野天満宮《きたのてんまんぐう》にある幣殿は、いまだに石の間であり、古い形式を残しています。

ただし、権現造の場合であっても、本殿と拝殿を同じ平面で繋げてあるものもあります。このとき、接続部分は「合間《あいのま》」と呼ばれ、幣殿として使用されます。

伊豆半島や伊豆諸島にある神社には、本殿と拝殿との距離がかけ離れているものが少なくありません。これらの場合は、神社の古い形態を伝えているといえます。三宅島《みやけじま》には、本殿と拝殿が二〇キロも離れている神社があります。この神社では年のはじめだけ、神主《かんぬし》が一人で本殿を訪れ、祭りを執り行なうことになっています。

社殿がない神社もあるってホント？

『神道事典《しんとう》』（國學院大學日本文化研究所編）によれば、神社とは「神道の神々を祭るために設けられた建物、または施設の総称」と説明されています。

ですが、日本各地には常設の建物を持たない神社も少なくありません。また、祭りのときだけ仮殿《かりどの》をつくり、祭りが終わるとそれを取り壊すといったような形態の神社もあります。

奈良県桜井市にある大神神社《おおみわ》は、本殿がない神社としてもその名が知られます。本殿がないのは、大神神社は三輪山《みわやま》そのものをご神体とされるからです。しかし、大神神社の拝殿の奥には三輪鳥居（三ツ鳥居）が建てられており、その奥には禁足地があります。この禁足地こそ、一般的な神社でいうところの本殿が建つ場所です。

また、大神神社の摂社の一つ、檜原《ひばら》神社には三輪鳥居が建っているのみで、その奥には本殿も拝殿も存在しません。それは、檜原神社が、大神神社に準拠した祭祀を厳重に行なってきたからでもあります。

金鑽《かなさな》神社（埼玉県神川町）も本殿を持たない神社として知られており、いまも、拝殿の奥にある御室ヶ嶽《みむろがたけ》を神体山として拝んでいます。

もう一か所、本殿のない神社といえば、諏訪大社《すわたいしゃ》（長野県諏訪市）が挙げられます。諏訪大社は、諏訪湖の南北に二社ずつ、合計四社より構成されるという特殊な形態を持っています。

上社《かみしゃ》は本宮《ほんみや》（諏訪市中州宮山）と前宮《まえみや》（茅野《ちの》市宮川）の二宮から、下社《しもしゃ》は秋宮《あきみや》（諏訪郡下諏訪町）と春宮《はるみや》（諏訪郡下諏訪町）の二宮からなっています。

中心となるのは上社の本宮で、拝殿の奥には一つも建物がなく、空き地になっています。同宮の説明によれば、守屋山《もりやさん》の中央部にある宮山をご神体として信仰の対象にしているため、本殿がないとのことですが、宮山は拝殿から拝む位置にないため、この説明にはやや無理がないでもありません。

宮山は地元の人びとには「みやま」と呼ばれて畏敬《いけい》の対象となり、親しまれてきました。また、信仰の対象として、みだりに山中に立ち入ることを禁じてもきました。

このように、本殿を持たない神社もあり、それがむしろ古い形態をいまに伝えているものと思われます。

ちなみに、奈良の春日《かすが》大社は、現在ではユネスコの世界遺産として、また社殿は国宝に指定されており、その朱塗《しゅぬ》りの本殿が特徴的ですが、この大社もそもそもは建物がありませんでした。正倉院御物《しょうそういんぎょぶつ》の「天平勝宝八歳東大寺図《てんぴょうしょうほうはっさいとうだいじず》」によると、御蓋山《みかさやま》の真西の麓《ふもと》に、六〇メートル四方の空き地があり、「神地《しんち》」と墨書《すみがき》されていました。

実はこの空き地こそ、現在の春日大社の廻廊《かいろう》で囲まれた中心部とぴたりと一致するのです。つまり、天平勝宝八（七五六）年には、春日大社には本殿はなかったということになります。

石上神宮《いそのかみじんぐう》（奈良県天理市）も同様で、明治七（一八七四）年に拝殿の奥の聖地の発掘が行なわれ、「布都御魂《ふつのみたま》」と称する霊剣《れいけん》が出土しました。その上に建てられたのが現在の本殿で、それは大正二（一九一三）年のことでした。

名称に「□□神社」や「□□神宮」があるのはなぜ？

神社の称号には「神社」や「神宮」をはじめ、「大社」「宮」「社」などがありますが、これはいったいどういうことなのでしょう。

このような神社の称号を「社号《しゃごう》」といいます。

「神社」という社号はもっとも一般的なものです。現在、単に「神宮」といった場合、伊勢神宮を指します。つまり、「神宮」とは伊勢神宮の正式名称なのです。ただし、他にも神宮という社号がつくこともありますので、便宜的《べんぎてき》に伊勢神宮と称されているのです。

神道の古典によれば、伊勢神宮は「神宮」「伊勢大神宮」「天照大神宮」などと書かれており、特に『延喜式神名帳《えんぎしきじんみょうちょう》』では内宮を「大神宮」、外宮を「度会宮《わたらいのみや》」と記しています。

伊勢神宮以外で神宮という社号を持つのは、霧島《きりしま》神宮・鹿島《かしま》神宮・平安《へいあん》神宮・明治《めいじ》神宮・香取《かとり》神宮などです。このように、神宮という社号は皇室に深く関係している神を祭り、規模の大きな神社に用いられています。

「大社」というと、大国主命《おおくにぬしのみこと》を祭る出雲《いずも》大社を思い出すかも知れませんが、現在では、春日大社・住吉《すみよし》大社・松尾《まつのお》大社・諏訪大社・伏見稲荷《ふしみいなり》大社などがあります。その多くは明治以降につけられたようです。

『延喜式神名帳』によれば、「大社」という社号がついているのは、近江《おうみ》国の小槻《おつき》大社と出雲国の杵築《きつき》大社（出雲大社）しか確認できません。ただし、同書の別箇所では、生國魂神社《いくくにたま》（大阪府大阪市天王寺区）を難波大社《なにわのおおやしろ》と記している例があります。

大社とは字のごとく、「大きな社」の意味があり、広く信仰を集めている神社に対して冠《かん》されています。

「宮」は神宮と同じく、天皇や皇族を祭っている神社や、由緒《ゆいしょ》の古い神社につく社号となっています。

かつては神社も格付けされていた！

昭和二一（一九四六）年までは、日本全国に所在する神社には格式がありました。つまり、神社は「ランクづけ」されていたのです。

これを「社格《しゃかく》」といいます。

社格は、古代の律令《りつりょう》のもとで神祇制度が整備されていくに従って確立していきました。『日本書紀』崇神《すじん》天皇七年の条《じょう》に「天社・国社」を定めたとあります。これをもって、社格のはじまりとする説もあります。

『延喜式神名帳』によると、官社《かんしゃ》（式内社《しきないしゃ》）を官幣社《かんぺいしゃ》と国幣社《こくへいしゃ》に分け、それぞれがさらに大社・小社に二分されました。

官幣社は神祇官より幣帛を奉献した神社で、国幣社は国司《こくし》より幣帛を奉献した神社を指します。また、大社のなかから名神大社《みょうじんたいしゃ》として選ばれた神社もありました。

平安時代になると律令制度は崩壊し、一宮《いちのみや》や総社《そうじゃ》（惣社）と呼ばれるような神社が成立。一般の神社とは社格を区別されて敬《うやま》われました。

社格が再び編成されはじめるのは、明治時代になってからです。

明治元（一八六八）年一〇月、政府によって神社は勅祭社《ちょくさいしゃ》・神祇官直支配社・准《じゅん》勅祭社の三等に分けられ、明治四（一八七一）年五月、太政官布告《だじょうかんふこく》によって今度は、官幣大社・官幣中社・官幣小社、別格官幣社、国幣大社・国幣中社・国幣小社、府社、県社、郷社、村社、無格社に分けられました。

ただ、社格のうちでもっとも多いのは無格社であり、昭和二〇（一九四五）年の『宗教便覧』によると、その数は五万九七〇四社と記録されています。

この社格制度は、昭和二一（一九四六）年二月に廃止されるまで続いていくこととなりました。

したがって、現在では神社に社格は存在しないことになっていますが、「別表神《べっぴょう》社」といって、神社本庁《じんじゃほんちょう》が「別表に掲げる神社」として特別に制定している神社があります。

一宮が二つある国もあった？

一宮《いちのみや》とは、その国の神社のなかで第一位の地位にある神社のことで、古来、各国で重要視されてきました。

その国のなかで、神社は一宮・二宮・三宮と称されてランクづけされて選ばれました。それは、国司が巡拝《じゅんぱい》する順番を示したものです。

この制度が成立したのは一一世紀から一二世紀にかけてといわれています。

その一方で、地方独自の神社の社格には「総社（惣社）」と呼ばれるものもあります。

総社とは、各国内に鎮座する主な神社の祭神を一か所に集めて祭った神社のこと。そこへお参りをすれば、同国のすべての神社にお参りしたのと同じことになるという信仰から生まれた社です。

たとえば、東京都府中市に鎮座する大國魂《おおくにたま》神社は、古来より武蔵《むさし》国の総社として仰がれており、崇敬者は関東一円におよんでいる格式の高い神社です。

新たな国司が赴任したとき、最初に行なわなければならないのが、その国内の主要な神社へ参拝し、奉幣《ほうへい》することでした。

これを「神拝《しんぱい》」といいます。

そのため、一宮や総社という一種の社格を設け、混乱が起こらないようにしたのでしょう。

なお、一宮が総社を兼ねている場合もあります。

一宮の選定をめぐって争いが生じ、一宮が二つ存する国もあります。

本社と摂社・末社との関係は?

神社に行くと、本社の周囲に小さな社や祠が点在していることに気づくでしょう。

これらの社や祠は、本社とどのような関係にあるのでしょうか。

本社にはもちろん主神が祭られています。前述したように、境内には小さな神社があって、それらを「摂社《せっしゃ》・末社《まっしゃ》」と呼んでいます。

このうち「摂社」には、本殿の祭神と深い関係にある神様を祭っています。たとえば、主祭神の父や母、妃《きさき》、御子《みこ》などにあたる神々です。

このような摂社にも、かつてはそれぞれに社格がつけられていました。

次に「末社」は、主に、その土地で長い間信仰されてきた神様で、その土地を守ってきた地主神《じぬしがみ》が祭られていることが多いです。

そして末社には、境内末社と境外末社とがあります。

また、境内神社として稲荷神や大黒天《だいこくてん》、恵比寿《えびす》、弁才天《べんざいてん》など、江戸時代に流行した神々を祭ることも見られます。ちなみに、伊勢神宮の荒祭宮《あらまつりのみや》のような、皇大神宮《こうたい》（内宮）の主祭神である天照坐皇大御神《あまてらしますすめおおみかみ》の荒魂《あらみたま》（神様が持つ四魂のなかで、特に荒々しい神霊）を独立させて祭っている社もあります。これは別宮《べつぐう》と呼んでいます。

摂社や末社にも長い信仰の歴史があり、現在では詳細な由緒書《ゆいしょが》きが掲《かか》げられている社も多くあります。末社のなかには本社の主祭神よりも古い由緒を持つものも少なくありません。

二〇年に一度の「式年遷宮」はいったい何のため？

伊勢神宮で二〇年ごとにすべての建物を一新することは、よく知られています。これを「式年遷宮」といいます。式年遷宮は伊勢神宮の他にも見られますが、何といっても伊勢神宮がもっとも有名です。

伊勢神宮の内宮《ないくう》は持統《じとう》天皇四（六九〇）年より、外宮《げくう》は同六（六九二）年より行なわれてきました。式年は原則として、現在と同じく二〇年ごとに行なわれてきました。

式年は「定まった年」、遷宮は「祭神が社殿を移ること」を意味しています。式年遷宮は、社殿を建て替えることによって遷宮するため、「式年造替《ぞうたい》」とも称されます。また、予定通りに行なわれる遷宮を「正《しょう》遷宮」といい、仮の建物に移す遷宮を「仮殿《かりどの》遷宮」といいます。

なぜ二〇年ごとに式年遷宮が行なわれるのか、という理由については諸説があります。①木造建築物であることによる耐用年数から生み出されたとする説、②建築技術・意匠《いしょう》技術を廃《すた》れさせずに後世に伝えて行くために、定期的に建て替えるとする説、③社殿のみならず御神宝や御装束までを一新することにより、そこに神霊のよみがえりが見られ、いままで以上の御神威《ごしんい》の発揚《はつよう》を願うことができるとする説などです。

そもそも神社の祭りは、祭りのときだけ神籬《ひもろぎ》や臨時の社殿を設けて執《と》り行なわれるのが神社の古い形式であり、その伝統は大きな建物である「宮《みや》」をつくるようになってからも変わりませんでした。

宮（社殿）を建設するようになってからも、しばらくは一年ごと（または数年ごと）に建物を替えていたと思われます。いまでも、正月を迎えると、各家庭では神《かみ》棚《だな》に祭ってあるお札や祭具を新調することがあります。それと同じような考えが、神殿を造り替えるということにも込められていても不思議ではないでしょう。

このように、神霊を迎える際に新たな祭場が必要になる、という点に視点を置いて考えると、③の説に心を惹《ひ》かれるものがあります。

二〇年という期間にしても、大きな宮を毎年造替していたのでは困難であるということからはじき出された数字であるとされます。それに世代交代の「世」という字は卅（三〇）年を表しますが、これを廿（二〇）年としたところに大きな意味があります。

つまり、一〇年短くすることにより、伝統技術を正しく後世に伝えていくことができます。三〇年でなく、二〇年にすることにより、前の技術者はまだ生存している場合が多く、もし技術面でわからない点があれば直《じか》に教えてもらうことができるからです。

なお、式年を二〇年に一度としているのは伊勢神宮だけではありませんでした。かつては住吉大社や香取神宮、鹿島神宮などでも造替を定めていました。そのときの資金は神税《しんぜい》（神宮や神社を経済的に支えるために貯蓄された税）をもって行なわれていたのです。もし神税で足りないときは、正税《しょうぜい》（現在の国税に相当する税）をもってなされるように定められていました。

ところで、伊勢神宮の遷宮（神宮式年遷宮）では、室町時代には式年遷宮が財政的に困難となり、新たに全部の社殿を造り替えることができず、そこで祭神を仮殿にお遷《うつ》しするという「仮殿遷宮」が行なわれました。

その後、正遷宮が行なわれるようになるのは天正《てんしょう》一三（一五八五）年のことで、この年に内宮が、永禄《えいろく》六（一五六三）年に外宮の正遷宮が再びはじめられるようになりました。これ以後、二〇年ごとに式年遷宮は受け継がれ、行なわれ、現在に至っています。

第六二回神宮式年遷宮は平成二五（二〇一三）年に古式のままに行なわれました。『遷宮例文』によると、式年遷宮は「皇家第一の重事、神宮無双《むそう》の大営《たいえい》」と記されています。つまり、皇室にとっての最大の神事であるとともに、神宮にとっては比べるものがないほどの大造営《だいぞうえい》なのです。

稲荷神社の鳥居はなぜ朱色なのか？

街なかで見かけることが多いのは稲荷神社です。稲荷神社の特徴の一つは参道に崇敬者から奉納された、朱色の鳥居がたくさん並んでいることです。

ところで、朱色は稲荷神社に限らず、神社の建物にも多く使われています。なぜ多いのでしょうか。

そもそも、社殿は白木造《しらきづくり》であるのが本来的なもので、古歌にも、「神道は白木造に茅《ち》の屋根……」と歌われています。ですが、何も塗っていない白木造では腐敗するので、それを防ぐ意味合いもあって、いつしか塗装されるようになっていきました。

それに朱色を塗ったのは、朱は神秘的な色として扱われてきたからです。朱色は躍動感あふれる生命を意味し、昔から災厄《さいやく》を防いでくれる色でもありました。

古代に祭祀や埋葬場所となった遺構《いこう》に朱が用いられていることも珍しくありません。

なお、朱色の塗り方は、本殿がもっとも濃く、外に行くに従って薄くなるように工夫されているということです。

二章

「参拝の仕方」がわかる14項

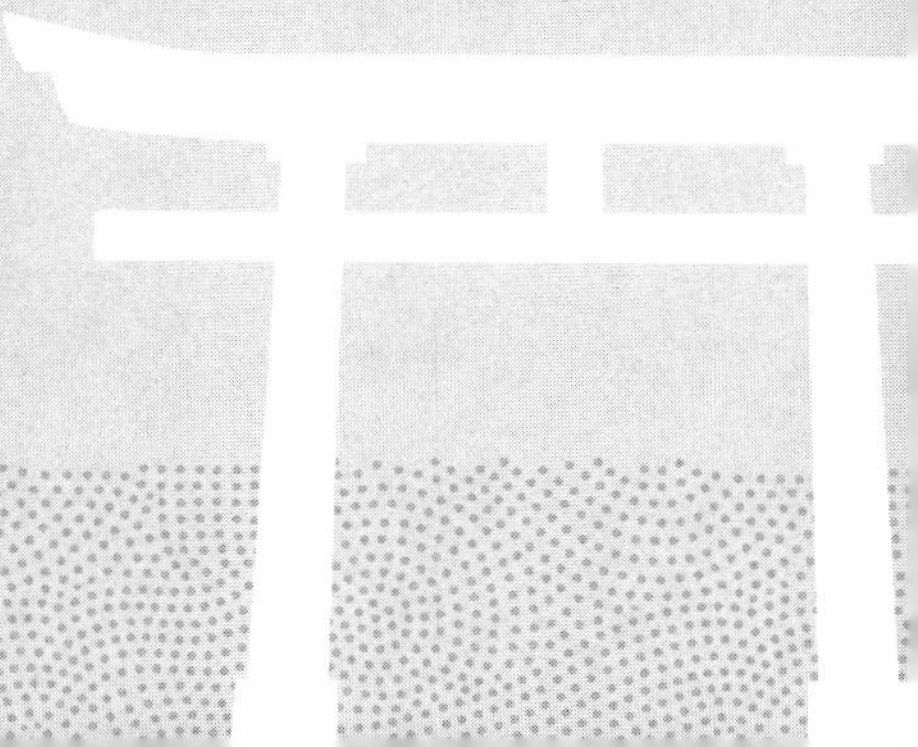

参拝者が詣でることができるのは本殿ではない？

わたしたちが神社を参拝する際、神霊《しんれい》の祭られている本殿《ほんでん》へ上がり、直接拝むことはできません。本尊《ほんぞん》と直面できるお寺とは違うのが、神社の特徴ともいえます。

基本的には、神社は拝殿《はいでん》・幣殿《へいでん》・本殿の順に並んでいます。参詣者が祭神《さいじん》を礼拝《れいはい》することができるのは、拝殿です。拝殿は神社の建物のなかでもっとも大きく目につくため、これを本殿と理解している人がいますが、そうではありません。

ただし、拝殿の構造には例外もあって、出雲大社《いずもたいしゃ》の場合でいえば、拝殿は正面から本殿が見えるように、やや左にずらした場所に建っており、内部は奥の内《ない》拝殿と手前の外《げ》拝殿との二つに分かれています。

また、伊勢神宮《いせじんぐう》や熱田《あつた》神宮には拝殿がありません。伊勢神宮の場合、祭祀《さいし》は庭上でなされ、参詣者は外玉垣《そとたまがき》南《みなみ》御門《ごもん》から拝礼《はいれい》します。

このように拝殿は参拝者のための御殿ですが、そこで神への祭祀や祈願《きがん》が行なわれ、神職《しんしょく》もここで正式参拝や祈禱《きとう》を行なう場合もあります。

すでに平安時代には拝殿という語が見られますが、これらは「礼殿《らいでん》」と呼ばれていました。

礼殿は神仏習合《しんぶつしゅうごう》によりつくられた言葉で、鎌倉時代以降に礼殿と広くいわれるようになりました。また、室町時代には「拝屋《はいのや》」とも呼ばれました。

元来、神社では、本殿の正面の屋根を伸ばして雨よけとした庇《ひさし》（向拝《ごはい》）から拝礼し、雨天の際には舞殿《まいどの》や楼門《ろうもん》から拝礼していたようです。

後世になり、その慣習がもとになっていつしか独立した建物となっていき、拝殿へと発展していきました。また、本殿と拝殿がくっついた建築様式の神社も多く、これを「複合社殿」と称しています。

なお、大きな拝殿がつくられなくなったのは明治以降で、神仏分離《ぶんり》が理由です。それ以前は、拝殿の内部で修験者《しゅげんじゃ》や僧たちが護摩《ごま》を焚《た》いたり、一般の人びとのオコモリ（参籠《さんろう》）が行なわれたりしていましたが、神仏分離によって護摩を焚くことがなくなったため、拝殿が大きい建物である必要性がなくなったのです。

現在、大きな拝殿を持つ神社としては、厳島《いつくしま》神社、平泉寺白山《へいせんじはくさん》神社（福井県勝山市）、熊野三山《くまのさんざん》の本宮《ほんぐう》大社・速玉《はやたま》大社・那智《なち》大社などが挙げられます。

また、なかには横長ではなく、縦に長いもの、あるいは中央に通路のある拝殿もあります。石上神宮《いそのかみ》（奈良県天理市）の摂社《せっしゃ》である出雲建雄《いずもたけお》神社の拝殿がこの形式で、これを「割《わり》拝殿」と呼んでいます。諏訪《すわ》大社（長野県諏訪市）の本宮《ほんみや》の場合は、拝殿の左右に片《かた》拝殿が連なるという独特な社殿形式になっています。

参道の中心は歩いてはいけない？

鳥居《とりい》をくぐると、参道《さんどう》が拝殿へとのびています。

その参道を歩くときに注意すべきことがあります。

それは、「参道の中心を歩いてはいけない」ということです。

参道の中心は「正中《せいちゅう》」と呼ばれており、神の通り道とされてきたからです。正中は、本殿にまします神が俗界《ぞくかい》に渡る際に通られる道。注意して見ていると、神職は決して、参道の真ん中を歩いてはいません。

伊勢神宮の内宮《ないくう》すなわち皇大《こうたい》神宮へ参詣するため、鳥居をくぐると、参道のはじまりに宇治橋《うじばし》が架《か》かっており、その中心部をよく見ると、盛《も》り木《き》が敷かれています。

この盛り木のことを「中伏板《なかぶせいた》」といいます。これこそ、正中を踏ませないようにとの工夫なのです。

大きな神社の場合、参道にはいくつかの種類があります。それらは表参道・正参道・脇参道・裏参道などの名称がつけられています。

表参道は、一般的には一の鳥居から二の鳥居までをいいます。一の鳥居は神域の入り口に建ち、二の鳥居は神域の内に建てられています。

神社でもっとも重要なのはもちろん本殿ですが、それに続いて重要なのが、正中です。

神の通られる道であるから大切なのはもっともなことですが、それゆえに前述したように神職は正中を絶対に踏みません。

そして、参道を通るときはできるだけゆっくりと進み、本殿に近づくほどゆっくりと歩を進めています。

参道の真ん中というのは、一般人が考える以上に神聖なものなのです。

「二拝二拍手一拝」という拝礼の仕方

鳥居をくぐって拝殿の前に立つと、いよいよ参拝です。参拝には正式参拝と一般的な参拝との二つがあります。

正式参拝は、社務所《しゃむしょ》に届け出て、拝殿に上がります。したがって、これを昇殿《しょうでん》参拝ともいいます。神前に進む前に神職からお祓《はら》いを受けることになり、これを修《しゅ》祓《ばつ》といいます。このとき、最初に拝殿脇あるいは拝殿内にある祓所《はらえど》で神職から修祓を受けるのです。

一方、一般的な参拝の場合は、賽銭箱《さいせんばこ》の前に立って拝礼をします。まず賽銭を奉《たてまつ》り、御鈴《みすず》を鳴らします。なお、御鈴を鳴らしてから賽銭を奉る人もいますが、これは御鈴に対する解釈の相違によるもの。つまり、御鈴の音を清めの意と解するならば、御鈴を鳴らすのが先となります。御鈴を鳴らすという作法には参拝者の魂を活性化させる役割があります。

さて、次にいよいよ拝礼です。

このときに基本となるのは「拝《はい》」と「拍手《はくしゅ》」です。一般の参拝者は拝殿の外で立って行なうことが多いのですが、これを「立拝《りっぱい》」といい、正式参拝のように拝殿に上がり、座って行なうものを「居拝《きょはい》（坐拝《ざはい》）」といいます。

いずれにせよ、参拝者は「二拝二拍手一拝《にはいにはくしゅいっぱい》」の作法で拝礼を行ないます。

まずは神前に立って軽く一揖《いちゆう》します。揖とは軽くおじぎをすることです。このとき、背筋をピンと伸ばし、腰から鋭角に曲げていきます。両腕は指先まできちんと伸ばし、腿《もも》に軽くつけて腿から膝《ひざ》にかけてすべらせるようにずらします。

次に、二拝です。揖のときと同様に指をきちんと伸ばしたまま、背筋を伸ばし、お尻をうしろに引くような感じで腰を折ります。拝の角度は九〇度が望ましく、両手はひざの上にあてます。

そして、二拍手。背筋を伸ばしたまま、両方の手を目線の位置まで上げて合わせます。

拍手は、神前ではより高く響いたほうがよいとされており、手のひらを丸めて空《くう》洞《どう》をつくり、右手を下に少しずらして拍手をすると、よい拍手ができます。両手の方向をきちんと合わせて打つと、高くよく響くでしょう。

最後に、一拝。打ち終わった両手を腿の位置に戻し、また拝をします。

なお、一拝が終わってから、再度手を合わせて祈ることも忘れてはなりません。このとき、祝詞《のりと》を唱《とな》える人もいます。

ところで、明治の神仏分離令が出される以前は、一般の人びとは神様と仏様の間にそれほど隔たりを感じていたわけではありませんでした。だから神社で『般若心《はんにゃしん》経《ぎょう》』を唱える人も多く、そのような光景をいまも見ることがあります。法令では神仏は分離したが、民衆の間では、いまだに神仏は一体であるようです。

そもそも「神仏」という言葉がいまでも残っているように、神様と仏様は同体であるとして捉《とら》えられてきたのは、広く知られるところです。

それはともかく、拝礼が終わったら、上位の足、すなわち右足から後ずさり、拝殿を後にします。この「二拝二拍手一拝」とは、平たくいえば、二回深くおじぎをし、二回手を打ち、再び一回深くおじぎをすることです。

現在、日本各地で行なわれている、この二拝二拍手一拝という参拝作法が正式に定まったのは、昭和二三（一九四八）年です。

それまでの経緯を概説すると、はじめに、明治八（一八七五）年の「神社祭式」

で「再拝拍手（二拝拍手）」の必要性がいわれはじめ、明治四〇（一九〇七）年の「神社祭式行事作法」によって、「再拝拍手二」となり、この参拝方法が神社共通のものとなりました。その後、昭和一七（一九四二）年には再び「再拝拍手」とあり、次いで戦後の昭和二三年に「神社祭式行事作法」が改訂されたことによって現行の「二拝二拍手一拝」と定まったのです。

とはいえ、これら「拝」や「拍手」の起源はきわめて古く、「魏志倭人伝《ぎしわじんでん》」までさかのぼるもので、日本古来より伝わってきた伝統的な作法であるということは、知っておくべきでしょう。

神社での拍手は何のため？

拍手とは、両手のひらを左右に開いて、打ち合わせて音を鳴らす行為を指します。「拍手」と「柏手」という二つの表記があり、それぞれ「はくしゅ」と「かしわで」と読みます（柏手とは、誤植から用いられた言葉と思われます）。

また、「開手《ひらて》（平手）」や「手打ち」とも呼ばれます。

そもそも、拍手は神だけではなく、人に対しても表敬の態度を示すための行為として用いられていました。

それが、主に神拝作法に取り入れられることにより、神社で使用されることが一般的になっていったのです。

掌は「たなごころ」と読みます。その語源はよくわかりませんが、「た（手）・な（の）・ごころ（心＝中心）」と分解できると思います。これからわかるように、両手を合わせる拍手という行為は、二つの「心」を一つにするという、まさに二心《にしん》なき「真実の心」や「和合《わごう》の心」を表現するための所作《しょさ》でもあると考えられるのです。『日本書紀《にほんしょき》』の持統《じとう》天皇四年の条によると、天皇に敬意を表すため、一同が羅列《られつ》して拝礼をし、手を拍《う》ったと記されています。

その後、平安時代になると、公家《くげ》の作法ではあまり音を立てずになされていたようです。

また、神と人に対して行なわれていた拍手が、主に神社での参拝作法として使われていくと、人に対して拍手をすることは丁寧《ていねい》すぎるという抵抗感が生まれ、その使用が制限されるようになっていきました。

確かに、昔の商取引や成婚における拍手（手打ち）は、神前における誓約に起源があり、一方、演劇や芝居での拍手は、神懸《かみが》かりの神事や舞であるとするいわば芸能がその背景にあるといわれています。

つまりは、人に対する拍手であっても、神へ拍手をするのと同様の意味合いがそこには隠されているといえます。

手水に込められた意味って何？

鳥居をくぐり、参道を本殿あるいは拝殿へと進んでいくと、まず現れるのが「手《て》水舎《みずや》」です。

手水舎には清水《しみず》があふれ、柄杓《ひしゃく》が置いてあります。ここで参拝者は心身を清めるための手水の作法を行なうことになります。

古くから、日本人は神社に参拝するにあたり、近くを流れる小川や滝、海などで心身を清めることが必要であると考えてきました。

現在、伊勢神宮（内宮）では火除橋《ひよけばし》を渡ると右側に手水舎があり、第一の鳥居をくぐると五十鈴《いすず》川の御手洗場《みたらしば》に至ります。古くから人びとは五十鈴川で手や口を漱《すす》いでから御正殿《ごしょうでん》に参拝してきたのです。

神職においては、神前に向かう前は潔斎所《けっさいじょ》などで沐浴《もくよく》し、心身を清めます。特に大祭の前になると、沐浴だけではなく、斎火《いみび》で調理されたものだけしか口にせず、心身を清める「別火《べっか》生活」を送ります。これを斎戒《さいかい》ないし潔斎といいます。

熊野本宮大社はかつて中州に建っていましたが、社に行くまでには橋がありませんでした。そのため、参拝者は浅瀬を歩いて渡りました。この行為自体が、自然に「禊《みそぎ》」をするのと同じ意味を持っていたのです。

現在の一般参拝者が手水舎で心身を清めるのは、昔に行なわれていたそのような清め方を簡略化したものであるといえます。

手水舎での手水作法は、以下の通りです。

①まず軽くおじぎ（小揖《しょうゆう》）してから、右手で柄杓を取り、水盤《すいばん》にあふれているきれいな水を汲《く》んで、その水を左手にかけて清める。

②清めた左手に柄杓を持ちかえ、水を汲み、今度は右手を同様に清める。

③再び右手に柄杓を持ちかえ、清めた左手の手のひらに水を注《そそ》ぎ、その水で口を漱ぐ。このとき、柄杓に直接口をつけないように注意する。古くから、その行為は「杓水《しゃくみず》」といって、不作法とされている。

④口を漱いだ後、左手に水をかける。

⑤水が入ったままの柄杓を垂直にして、柄杓の柄《え》を洗う。柄杓をもとの位置に戻したら終了。なお、柄杓をもとの位置にきちんと戻すというのは重要なことなので、最初にどこに柄杓があったのかを覚えておくのも大切な作法の一つである。

⑥最後に、もういちど軽くおじぎをする。

この、「手水を使う」という行為は「禊」の儀式を簡略化したものです。禊と祓《はらえ》は本来は別の言葉でしたが、いつしか混同されて「禊祓《みそぎはらえ》」と呼ばれるようになりました。

禊祓が神話にはじめて登場するのは、伊耶那岐神《いざなぎのかみ》が黄泉国《よみのくに》から戻った後、筑紫《ちくし》の日向《ひむか》の橘《たちばな》の小門《おど》の阿波岐原《あはぎはら》で行なった禊に起源します。このとき、左目を洗ったときに天照大御神《あまてらすおおみかみ》、右目を洗ったときに月読命《つくよみのみこと》、鼻を洗ったときに須佐之男命《すさのおのみこと》がお生まれになりました。伊耶那岐神が禊をしたのは、黄泉国という「死者の世界」の穢《けがれ》を祓《はら》うためでした。

神道《しんとう》においては、もっとも嫌うべきものが穢です。穢は「気枯《けが》れ」という意味で、著しく気力が減退している様《さま》を指します。穢は、罪や穢が身体につくことによって、人を不幸にしているという考えです。

禊を行なうのは、心身を清め、穢を除くためにはなくてはならない神道の行法《ぎょうほう》なのです。

玉串を神前に奉るワケ

初宮参《はつみやまい》りや七五三、あるいは結婚式など、正式参拝のときには、神前に玉串《たまぐし》を捧げて拝礼をします。

このように玉串を神前に捧げ、拝礼することを「玉串奉奠《ほうてん》」と称します。

玉串は、布刀玉命《ふとだまのみこと》が天岩屋戸《あまのいわやと》の前に捧げた「根付《ねつ》きの賢木《さかき》」を簡略化したものとされ、現在では榊《さかき》の小枝に紙垂《しで》や木綿《もめん》をつけたものを指します。榊のない地方では、杉や檜《ひのき》の小枝を用いています。

神様へのお供《そな》え物《もの》はさまざまですが、そもそもは「幣帛《へいはく》」と総称される、穀物・魚肉・果物・酒・布・衣裳などでした。それが、時代を経ると、幣帛とは串に紙垂を刺した御幣《ごへい》を指すようになりました。

御幣は神霊が降臨《こうりん》する依代《よりしろ》としてだけでなく、神職が祓いをするときの祭具としても使われるようになります。

玉串を神前に捧げるということは、その背景から考えても、とても重要な儀式であるといえます。

それは、自分の玉（魂）、すなわち心（気持ち）を神へ捧げることを意味するからです。

その玉串奉奠の作法の順番ですが、正式参拝の経験がない方は、以下に記すところを参考にして、実際には神職や巫女《みこ》の指示に従うのがよいでしょう。

①神職から玉串（榊）を受け取ったら、まず、右手で榊の小枝の上から根元をつ

かむ。左手は玉串の下に置き、玉串の中程からやや葉先を支えるようにする（榊の葉先がやや高くなるように持つ）。

②そのまま神前に進み、軽く一礼（おじぎ）する。

③玉串の根元が自分の方に向くように、時計の針が右回転するように玉串を回し、ここで祈念《きねん》（願いごと）を込める。

④右手で玉串の上から中程をつかみ、時計の針が回るように右回りで玉串を回す。榊の根元を神前の方に向け、左手を添えて案《あん》（木机）の上に供える。

⑤一歩下がり、二拝二拍手一拝を行なう。

なお、参拝するときは、なるべくフォーマルな服装（ジャケットなど）を身につけることが望ましいです。女性の場合は、肌の露出をできるだけ抑え、派手な服装も控えた方がよいでしょう。

また、拝殿に上がって参拝する（正式参拝・昇殿参拝）場合は初穂料《はつほりょう》が必要となるので、事前に確認しておきましょう。

神様に供えた食べ物をいただく「直会」

古くからの慣用句に「同じ釜《かま》の飯を食う」というのがあります。これは一つの竈《かまど》の火で料理をした同じものをともに食したり、また、ともに飲んだりするなかで親しくなるという意味で、互いに仲よく、一つになるという意識を高めるときに用いられる方法でもあります。

神道においても、この考え方は大切にされてきました。

たとえば神社の祭りの際、参加した人びとは、神への供物《くもつ》の御下《おさ》がり（撤下饌《てっかせん》）をともに食べて、飲んだりすることによって、互いに結ばれて一つになります。

このように、祭りに参加した人びとが飲食をともにすることを「直会《なおらい》」といいます。これは神道の祭りを行なう上では不可欠な根本条件であると同時に、宗教の原点といえます。宗教は英語で religion といいますが、これはラテン語の riligio から派生したもので、神と人とを「再び結びつける」という意味です。

直会の語源は、一般的には「斎（斎戒）を解いて平常に直り会う宴」のように説明されています。神社には直会殿《どの》（直会所）が設けられており、この建物を別名「解斎殿《げさいでん》」というのも、ここが斎戒を解くための建物であることによります。しかし、「直る」には「改まってもとのようになる」という意味があり、ここで改まって、心をあらたにして、神様からの御下がりをいただくことにより、その祭りに参列した人びとが神と一つに結ばれるのです。

「会う」には、多くのものが一つになって集まるとの意味があり、まさに宗教の根源を表しているといえましょう。

そこで直会を宗教的に考えてみると、大きな意味は二つあります。

一つ目は、飲食をともにすることで、お互いの心が一つになるということ。二つ目は、供物の御下がりを食べたり飲んだりする、つまり、生命の糧《かて》となる飲食物を神から授かることによって、わたしたちの生命が力づけられるということです。

いま、わたしたちが昇殿参拝したとき、神前に供えられていたお神酒《みき》をいただくことがありますが、これこそ直会を簡略化した行為です。

この、お神酒を祭りに参加した人びとと全員で飲むということで、神と人は結ばれ、みんなの心が一つになることを可能にするのです。

お賽銭のもとは、実はお米だった！

神社の拝殿の前には、たいてい賽銭箱があり、その上に鈴がさがっています。わたしたちはそこで、鈴を鳴らし、お賽銭を投げ入れて祈願をします。

お賽銭の起源は、お米にあります。

昔から日本各地で、収穫した新米を神前にお供えしてきました。その供え方の古いしきたりの一つに、「おひねり」というやり方があります。これは米を白紙に包んでひねって供えるというやり方です。

そもそも賽銭箱は、はじめは神前に海や山の幸を奉納《ほうのう》していましたが、貨幣経済が発展していくにともない、お米よりもお金が増えるようになり、現在のような形につくられたものと思われます。いまでも、神様に奉納する金銭を「初穂料」と称するのも、お米を納めていたときの名残《なごり》です。

また、いまでも「賽銭を投げる」といいますが、これも「散米《さんまい》」という語と関係があります。散米とは神前にお米を撒《ま》き散らしたのであり、神へお米を供える古いやり方です。

『古事記《こじき》』によれば、須佐之男命は千位置戸《ちくらのおきと》（罪穢《つみけがれ》をあがなうために出す品物を置く台）を科《か》し、多くの品物を出すことによって罪をあがなったとあります。このことからもわかるように、罪穢を付着させた品物を神前に差し出すことで、罪穢を祓うとの意味がここには込められています。つまり散米には神への供え物とともに、罪穢を清める意味も込められているのです。

そのようなことで、お賽銭を投げ入れるのも、お賽銭に罪穢をつけて祓いを行なうという意味も含まれていることになります。

また、賽銭箱の上につるしてある鈴ですが、これを御鈴《みすず》といい、鈴についている紐《ひも》を鈴緒《すずお》・叶緒《かねのお》といいます。

参拝するときに鈴を鳴らす理由については諸説あり、『倭訓栞《わくんのしおり》』（安永《あんえい》六〈一七七七〉年から明治二〇〈一八八七〉年にかけて刊行された国語辞典）によると、「鈴の清々《すがすが》しい音は魔除《まよ》けの霊力《れいりょく》を持ち、神様の心をおだやかにする作用がある」と書かれています。

巫女や神楽男《かぐらお》が神楽を舞うときには、「神楽鈴」をシャンシャンと鳴らします。

これも御鈴を鳴らすのと同様の意味合いがあります。神楽鈴を鳴らすことによってもたらされる霊力で、その場を清浄にするのです。

なお、鈴の音を鳴らすことで神霊を発動させるとする説もあります。

御鈴の鳴らし方はさまざまあり、決まった作法はありません。賽銭を投げてから御鈴を鳴らす人もいるし、神様に祈願した後に鳴らす人もいます。

御鈴はそもそも神聖なものですから、大きな音を出してもよいのですが、乱暴に扱ってはいけません。

絵馬の奉納は本物の馬の代わり？

受験シーズンになると、神社には合格を祈願するため絵馬《えま》に願いを込める人びとが多く集まります。良縁や安産を願って、絵馬を奉納する人もいます。

絵馬は、「神馬《しんめ》」という生きた馬を神に奉納していたことがもとになっています。

古来より、日本において馬は神の乗り物として神聖視されてきました。

祭礼やものごとを祈願するときに、神が降臨することを願い、生きた馬を奉納したのです。

祈願のたびごとに生きた馬を奉納されたのでは、神社側も管理しきれなくなります。そこで、木馬《もくば》や土馬《どば》、紙馬《かみうま》などの馬形《うまがた》をその代用として奉納したのがもととなり、やがて絵馬となったものと思われます。

中世以前、神社に絵馬を奉納することができたのは、一部の特権階級だけでした。ところが近世になると、庶民の間にも絵馬を奉納することが広まっていきます。

当時は、馬の絵だけではなく、目を病んでいるときは目の絵を、足を病んでいるときは足の絵を描くなど、病を治すときにも絵馬を奉納しました。また、現在と同様、安産祈願の絵馬も見られました。

一方、画家に描かせた絵馬を奉納することが流行し、神社では、絵馬を掲《かか》げておくための絵馬殿《でん》が建てられました。かつての絵馬は額《がく》の形をしていたことから、絵馬殿は額殿とも呼ばれています。

現存する絵馬殿でもっとも古いのが、北野天満宮《きたのてんまんぐう》（京都府京都市）に建つもので、同宮では「絵馬所《しょ》」と呼んでいます。豊臣秀頼《とよとみひでより》によって慶長《けいちょう》一三（一六〇八）年に築かれたもので、江戸時代に納められた額の絵馬などがびっしりと飾られています。

　画家が描き、額仕立てにして飾られた「大絵馬」で有名なものに、『末吉船《すえよしぶね》』（清《きよ》水寺《みずでら》〈京都府京都市〉）や『三十六歌仙《かせん》額』（仙波東照宮《せんばとうしょうぐう》〈埼玉県川越市〉）が挙げられます。

　このうち『三十六歌仙額』は「謎の絵師」として名高い岩佐又兵衛《いわさまたべえ》の作と伝えられており、現在は埼玉県立歴史と民俗の博物館（埼玉県さいたま市）に寄託《きたく》されています。

　絵馬に描かれているのは馬だけではありません。神社によっては、祭神の使者（使わしめ）の絵馬を奉納する場合が少なくありません。たとえば稲荷社《いなりしゃ》は狐《きつね》、天神社《てんじん》は牛《うし》、八幡荒神社《はちまんこうじん》は鳩《はと》などで、これらはその神の使いといわれています。

　なお、絵馬を奉納して、願いが叶《かな》った場合は、感謝のしるしとしてさらに絵馬を二枚にして納めるのが本当の祈願です。

狛犬の起源は実は「高麗犬」？

　参道の入り口の両脇などには狛犬《こまいぬ》が置かれています。

狛犬は魔除《まよ》けや神前守護《しんぜんしゅご》のために据え置かれているもので、「高麗犬」「胡麻犬」とも書かれます。

一般的には、高麗《こま》（朝鮮）から日本に伝わったので「高麗犬」と呼ばれるようになったといわれています。しかし、その起源は古く、インドやペルシャ、あるいは遠くエジプトのスフィンクスとの関連を指摘する説も見られます。

ところで、狛犬は神社の入り口に置かれて、神社を守護する門番のような役目を担っていますが、伝来した当初は室内の調度品である几帳《きちょう》の動揺を止めるための鎮子《ちんし》（重《おも》し）として用いられていました。

神社に狛犬が置かれるようになったのは、平安時代の末期頃とされています。最初は本殿の両脇に建てられていましたが、次第に鳥居の周りや参道といった場所に移動していきました。

狛犬の材質は石が多く使われていますが、木製や金属製、陶製などのものもあります。

狛犬は左右一対で置かれています。向かって右側に口を開けた阿形《あぎょう》、左側に口を結んだ吽形《うんぎょう》を配しますが、これらは寺院の入り口に立つ仁王《におう》像との一致を見ることができます。

また、「子取り」と「玉取り」という形で対をなしている狛犬もあります。子取りは前足で子どもをあやし、玉取りは玉（まり）を口にくわえている像です。

神社によっては、祭神の使わしめ（使い）を狛犬の代わりに置いてある場合も見られます。稲荷神社では狐を、京都の護王《ごおう》神社には猪《いのしし》が狛犬の代わりとなっており、また、埼玉県秩父《ちちぶ》郡の多くの神社では狼《おおかみ》が狛犬の代わりに据え置かれています。

さらに岩手県遠野《とおの》市の常堅寺《じょうけんじ》にはカッパ型の狛犬もあるなど、全国にはさまざまな狛犬が見られます。

「鳥が居る」から鳥居と呼ばれたのか？

神社の参道の入り口に建っている鳥居は、神域に入る門という意味の他に、神社に邪悪なものが進入しないようにとの意図もあります。

鳥居という言葉をそのまま解せば「鳥が居る」ということになります。鳥はあの世へ霊魂を運ぶものとされたことは、古くは記紀《きき》神話にもうかがうことができます。

ところで、一つの神社に二つ以上の鳥居が建っている場合、本殿からもっとも遠く離れたものから数えて、「一の鳥居」「二の鳥居」「三の鳥居」と呼んでいます。稲荷神社の鳥居に見られるように、奉納された朱《しゅ》の鳥居が参道にずらっと並んでいる場合もあります。有名なのは京都の伏見《ふしみ》稲荷大社の千本鳥居です。

鳥居の語源については諸説あり、いまだに定説を見ていません。

一説には、古代のインドで仏塔《ぶっとう》を囲む垣《かき》の門を「トラナ」と呼んでいたといい、これがトリイという発音に通じているのではないかとされます。

中国で王城《おうじょう》や陵墓《りょうぼ》の前に建てる門を「華表《かひょう》」と呼びますが、日本ではこれにトリイという訓《よ》みをつけて、鳥居の意味に解釈していたこともありました。

また、「通り入る」という言葉を語源とする説もあります。参道は「産道《さんどう》」にも通ずるとされ、鳥居をくぐることにより新たに生まれ変われるという解釈もあるほどです。

さて、一口に鳥居といっても、実はさまざまな種類があります。

鳥居の形式は大きく分けると、神明《しんめい》形式と明神《みょうじん》形式になります。

神明形式は、左右の柱の上に横木《よこぎ》が二本あるというシンプルな鳥居で、装飾もな

さまざまな鳥居

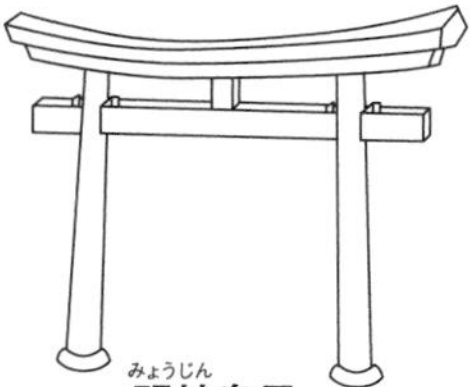

明神《みょうじん》鳥居

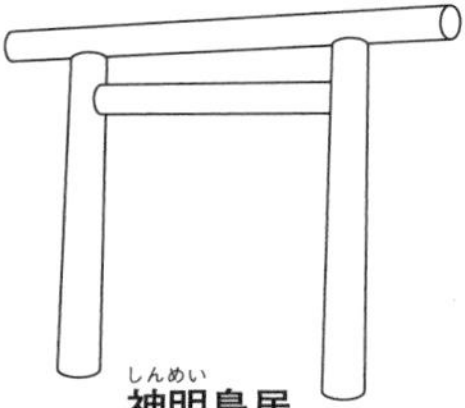

神明《しんめい》鳥居

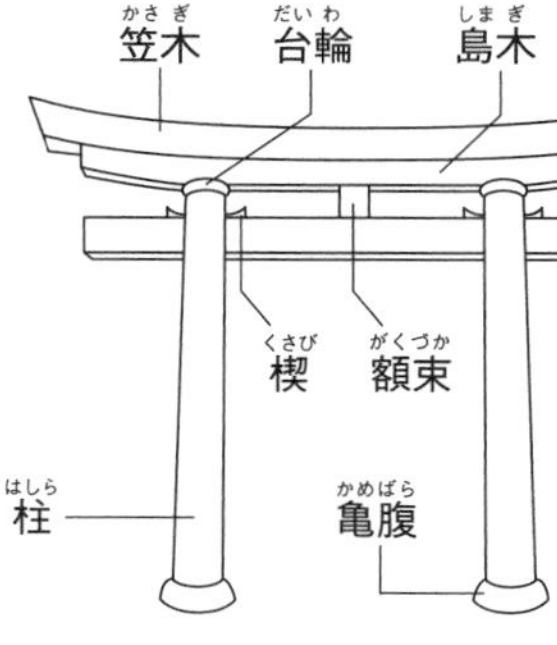

鳥居の各部名称

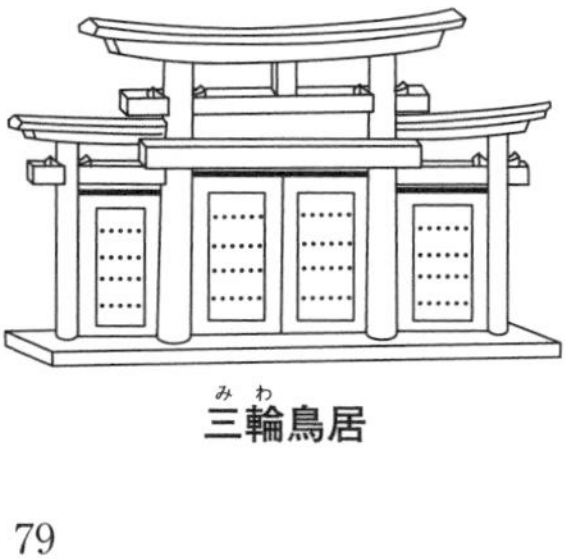

三輪《みわ》鳥居

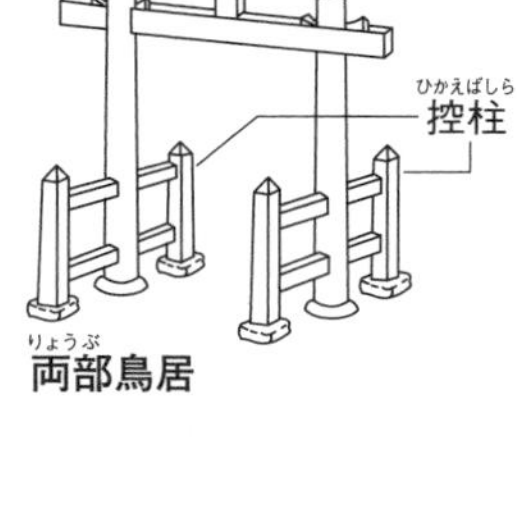

両部《りょうぶ》鳥居

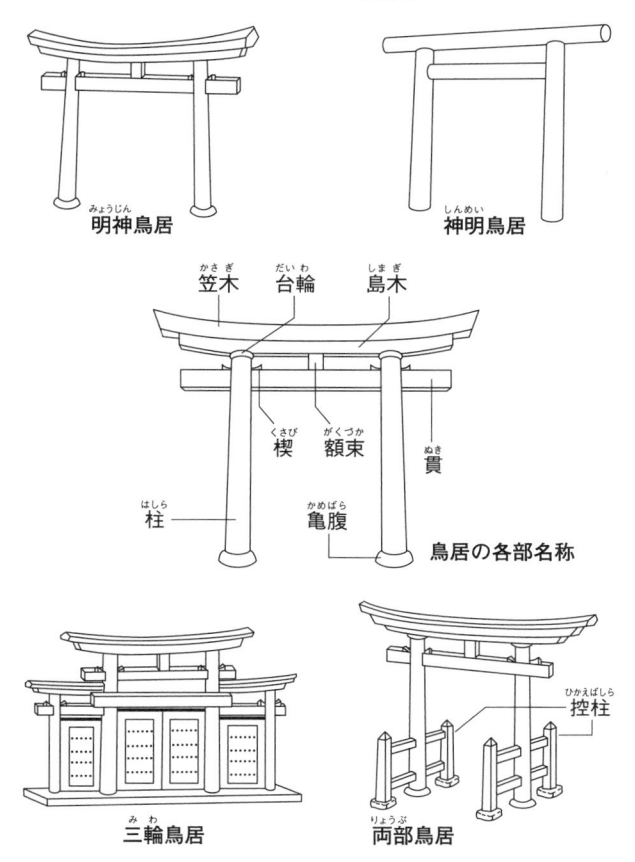

く、下部に通された横木（貫《ぬき》）が柱の外に突き出ていないのが特徴です。

神明鳥居は、天照大御神《あまてらすおおみかみ》を祭神とする神社に見られ、その代表的な例は伊勢神宮の伊勢鳥居です。靖国神社《やすくに》（東京都千代田区）の大鳥居、野宮神社《ののみや》（京都府京都市）の黒木鳥居《くろき》などが挙げられます。木島神社《このしま》（京都府京都市）の三柱鳥居《みつばしら》は明神鳥居を三基組み合わせた形式です。

なお伊勢神宮の鳥居は、笠木《かさぎ》（上部の横木）の断面が五角形になっており、伊勢神宮以外の神社では使ってはならないものとされています。

これらの鳥居は一般的には白木造《しらきづくり》ですが、前記した野宮神社の黒木鳥居はクヌギなどの雑木の表皮を剥《は》がさずに使用しています。つまり自然木を丸太のまま使っているのです。

一方、明神鳥居は、笠木の下に島木《しまぎ》があり、反《そ》りが見られるのが特徴です。

この形式の鳥居は下鴨神社《しもがも》（正式名は賀茂御祖神社《かもみおや》。京都府京都市）や橿原神宮《かしはら》（奈良県橿原市）の鳥居などに見られ、他にも多くの神社の鳥居が明神鳥居といっても過言ではありません。春日大社の春日鳥居も明神鳥居が変形したものです。

その他、ユニークな形式の鳥居もあって、笠木の上に合掌《がっしょう》型の破風《はふ》が載っている山王《さんのう》鳥居や、柱を支える「控柱《ひかえばしら》」つきの両部《りょうぶ》鳥居、中心となる鳥居の両脇にさらに一つずつ鳥居がついている三輪《みわ》鳥居など、意匠《いしょう》もさまざまです。

鳥居に注目して神社をめぐると、各社の違いが発見できて面白いかもしれません。

しめ縄は、そもそも立ち入ってはいけない目印

新年になると、門松《かどまつ》とともに家の入り口などにしめ縄《なわ》を張る風習が残っています。

しめ縄を張る意味とは、一体何でしょうか？

その謎を解くには、まずは神社が神のために設けられた聖なる空間であるということを理解しておく必要があります。

いうまでもなく、神社は神霊が鎮《しず》まっている場所です。つまり、そこは神のために設けられた聖地であるので、人が足を踏み込んではいけないのです。

その聖地の境界を示すために張ってあるのが、しめ縄です。

しめ縄がよく見られるのは、神社や神棚《かみだな》の前であり、さらには神社のご神木《しんぼく》や磐《いわ》座《くら》、また井戸・樹木・滝などにも張られています。その他、村境にしめ縄が張られ

る場合もあります。しめ縄の起源は、記紀の神代巻《じんだい》の天岩屋戸《あまのいわやと》の条にあります。『古事記《こじき》』によれば、天照大御神が天岩屋戸から外に出られたとき、再びなかへ入らないようにと、岩屋戸の前に布刀玉命《ふとだまのみこと》が「尻《しり》くめ縄」を張ったと記されています。

このときの縄を『日本書紀』では「端出之縄《しりくめなわ》」と記してあります。いまも、しめ縄の端《はし》を切らずに出したままつくるのは、この「端出之縄」の名残です。

しめ縄の「しめ」は「標・〆・注連・締」とも書き、また形状や縄に垂らす藁《わら》の数に基づいて「七五三」とも書きます。

ちなみに『日本書紀』には「左縄の端を出す」とあります。つまり、しめ縄は、新しい藁で端を出しながら左よりに綯《な》うのです。なお、しめ縄を張るときは、神に向かって右側にもと（太い方）が、左側に末（細い方）がくるようにしています。

なお、本来は左縄に綯うはずが右縄であったり、左縄と右縄を合わせた「夫婦縄《めおと》」と呼ばれるしめ縄もあり、形はさまざまです。

そして、しめ縄の紙垂《しで》と紙垂の間に藁を飾りのように垂らしてあるものを「注連《しめ》の子」といいます。「注連の子」は藁を二、三本垂らすのが普通です。

有名な、出雲《いずも》大社の神楽殿《かぐらでん》にかかるしめ縄は、長さ一三メートル、重さ五トンという巨大なもので、日本一の大きさを誇っています。

知っておきたいお守り・お札のご利益

神社やお寺にお参りすると、神札授与所にさまざまなお札やお守りが並んでいます。その種類は多く、主なものは、交通安全・家内安全・商売繁盛・安産・合格祈願、あるいは縁結び・御守護・ペット守などです。「お守り」や「お札」は、別名、「神札」「護符《ごふ》」「呪符《じゅふ》」「守り札」「霊符《れいふ》」「護身符」などと呼ばれます。

しかし、厳密にいえば、「護符」とは外部からの災厄《さいやく》が身におよぼす危険から身を守るために所持するものであり、「呪符」とは災厄の原因になっていると思われる悪霊《あくりょう》や邪神《じゃしん》を取り除くためのものです。

現在では、これらを一般的に広く「お守り」と称しています。お守りは、それを身につけていると、災厄からのがれることができると信じられています。災厄をなおいえば、人びとを不幸にする罪や穢れを取り除くという役目を担っているといえます。古来、石・骨・刀・鏡・麻・米粒・豆・塩などには神霊が依《よ》りつくとされてきたので、そのようなものがお守りとなっている場合が少なくありません。

お守りやお札は、神道だけのものでなく、民間信仰や仏教、道教《どうきょう》などにも見られます。人びとはお守りには神霊が宿っていると感じ、また、それを身につけることによって、穢れ（気枯れ）により減じている力を補強することができると信じてきました。

このようにお守りには、祓えと祈禱《きとう》によってパワーが込められた霊符が、小さな袋に収まっています。これを「肌守《はだまもり》」といいます。神社によっては、水晶《すいしょう》や勾玉《まがたま》など、昔のお守りに近いものを授与しているところもあります。

なお、江戸時代には、首から掛ける「掛け守り」や、腕に巻く「腕守」と呼ばれるものもありました。

お守りは一年経つと霊力が薄れるとされています。そして一年を過ぎると、霊力がなくなるだけではなく、蓄積された穢れが積もることになります。

そのため、人びとはお守りを受けてから一年をすぎると、そのお守りを受けた神社に再び赴《おもむ》き、新たなお守りを手に入れます。古くなったお守りは、神社の境内《けいだい》古札納所に納めます。すると神社ではお祓いをしてくれます。

おみくじを一回に二度引いてはいけない理由

お守り・お札の他、神社や寺院で人びとの興味を惹《ひ》くのは、「おみくじ」でしょう。漢字では「神籤」と書くように、おみくじはいわば「神様からのメッセージ」です。寺院側の説によると、おみくじは天台宗《てんだいしゅう》の僧・元三大師《がんざんだいし》（慈恵大師良源《じけいだいしりょうげん》・九一二～九八五）が観世音菩薩《かんぜおんぼさつ》より授かった偈文《げもん》をもとにして考案した「観音籤《かんのんくじ》」が起源といいます。

この観音籤にはすでに吉凶の区別があって、その表記方法なども似ていることから、『易経《えききょう》』の六十四卦《ろくじゅうしけ》などを参考にして考え出されたものとされます。

また、江戸後期の天保《てんぽう》一三（一八四二）年に発行された占いの百科事典ともいうべき『永代大雑書萬暦大成《えいたいだいざつしょばんれきたいせい》』を見ると、いまと同様のおみくじが存在していたのがわかります。

しかしながら、おみくじのもととなったのは卜占《ぼくせん》です。その卜占は、古代においては、鹿卜《ろくぼく》（卜骨《ぼっこつ》）・盟神探湯《くがたち》、そして亀占《きぼく》などが行なわれていました。

古式を重じている神社では、いまでも古い卜占の形式によって、その年の祭りの構成員などを決めています。

卜占の方法にはいろいろありますが、御幣の先に候補者の名を記した札を仮り止めしておき、御幣を左右に振ることで札を落とし、最後まで残った人を「神に選ばれた者」とする方法があります。この卜占は「振籤《ふりくじ》」「吊籤《つりくじ》」などと呼ばれ、その後のおみくじのもとになったものと考えられます。

さて、おみくじを引いて、「凶」が出てしまったからといって、「吉」が出るまで二度、三度とおみくじを引いてはなりません。『易経』によれば、「再筮《さいせい》すれば穢れる」といいます。はじめに引いたおみくじの結果が悪かったといっても、その後再び神様に尋ねても、もう何も答えないということです。易では大吉をこそ嫌う向きもあります。大吉が出てしまっては、後は陰りが出るばかり、という意味です。

逆にいえば、凶が出たならば、後はよいことが待っている、と考えることもできます。おみくじで凶を引いたときは、境内に立つご神木などに結んでから帰る人が多いですが、おみくじは神様からの御言《みこと》（メッセージ）ですから、たとえ凶であっても大切に家に持ち帰り、折りに触れてそれを眺め、自分への戒《いまし》めとすべきです。

三章

「神様の素顔」がわかる18項

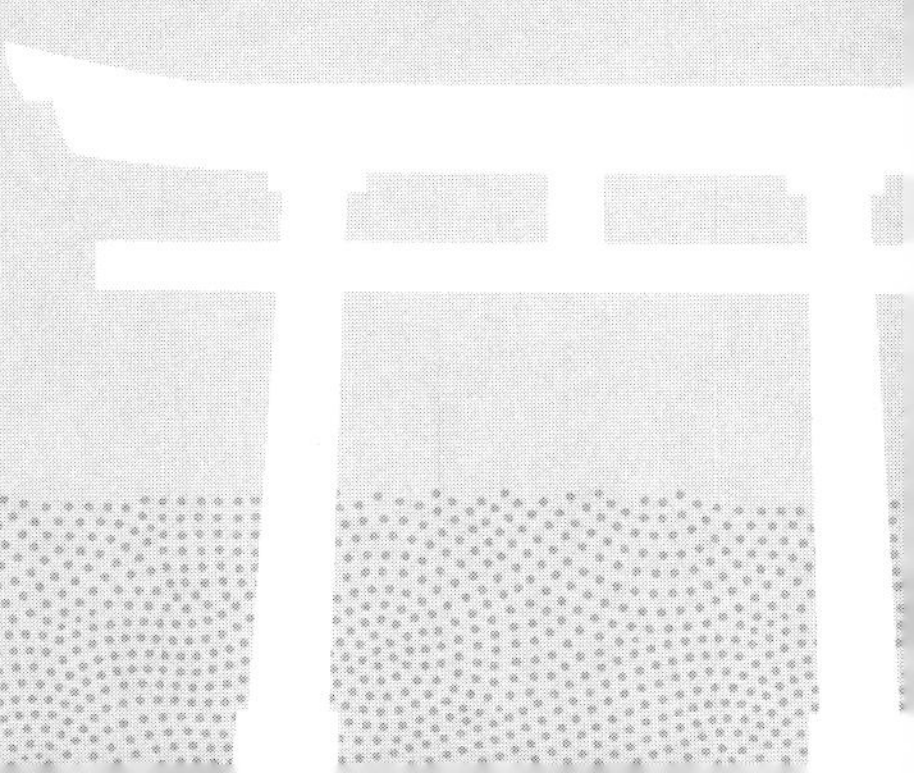

「八百万の神」というけれど、実際の数は？

神道《しんとう》には、多くの神様が存在しています。神道の神様は「神霊《しんれい》」ですから、肉眼では見ることができない、「不可視な存在」なのです。

一般的には「八百万《やおよろず》の神」と称されており、また「八十万《やそよろず》の神」「千万《ちよろず》の神」と呼ばれることもあります。

神道における神観念を理解するときに「八百万」という言葉がキーワードになりますが、神様の総数が実際に八〇〇万あるわけではありません。これは、神様の数が極めて多いということを意味しています。

昔から神道では、一神だけを崇拝するということはありませんでした。キリスト教のイエスや、イスラム教のアッラーと異なるところは、ここにあります。

神道の場合は、水を司《つかさど》る水神がいたり、竈《かまど》を守る神がいたりと、それぞれの神様が神徳《しんとく》を分担してきました。つまり、全知全能の唯一神は、神道には存在しないのです。

それでは実際に、日本全国にはどれくらいの神様がいるのでしょうか？

それを知るには日本に存在する神社の数を数えるのが適切なのですが、神社数は当然ながら、時代によって変遷が見られます。

古代においては、神社と祭神との間にははっきりとした区別がなかったようで、「天神地祇《てんじんちぎ》」や「神祇《じんぎ》」を、「あまつかみくにつかみ」とも「あまつやしろくにつやしろ」とも呼んでいたようです。

『延喜式神名帳《えんぎしきじんみょうちょう》』は「神名帳」と称しているものの、「神名」ではなく神社名がそこには記されています。

「八百万」という言葉がはじめて見えるのは『古事記《こじき》』ですが、『常陸国風土記《ひたちのくにふどき》』や『旧事本紀《くじほんぎ》』などにも見ることができます。また、『日本書紀《にほんしょき》』では、「八百万」の代わりに「八十万神」と記されています。

ただし、出雲国《いずも》（現在の島根県東部）のみで見てみると、天平《てんぴょう》五（七三三）年に成立した『出雲国風土記』によれば、同国内における神社総数は大小合わせて三九九か所となっています。

そのうち、一八四か所は神祇官に登録し、二一五か所は神祇官に登録していないとしています。

次に視点を変えて、一郷《いちごう》に一社の割合で神社が建っていたとしてみましょう。平安中期の承平《じょうへい》年間（九三一～九三八）に成立した『倭名類聚抄《わみょうるいじゅうしょう》』によると、郷の数は「四千四十一郷」となっていることから、全国には少なくとも四〇四一社の神社があったことがわかります。

その後では、鎌倉中期の『拾芥抄《しゅうがいしょう》』では「郷一万」、室町時代の永正《えいしょう》九（一五一二）年の『体源抄《たいげんしょう》』では「郷九万八千」となっているので、その数に相当する社があったものと思われます。

さて、明治になると神仏分離《しんぶつぶんり》政策が取られ、それにともない明治元（一八六八）年三月二八日には全国の神社に対し、由緒《ゆいしょ》を提出するようにとの達しがありました。

続いて明治三（一八七〇）年閏《うるう》一〇月二八日になると、各府藩県に、管轄内の大小の神社の取調書（神社明細帳）を年末までに提出するよう求めました。

前者のときはほとんどの神社が由緒を提出することはなく、後者の場合も猶予《ゆうよ》を願う神社が多かったようです。

神社の調査は一筋縄ではいかなかったようで、したがって、神社の数を知ることができません。

次いで、明治一〇（一八七七）年代に入ると、ようやく神社数の統計がつくられるようになります。『日本帝国統計年鑑』によると、その頃の全国における神社数は五万四一〇五社でした。

以降、詳しく調査がなされるようになると、神社数も増えはじめ、明治二六（一八九三）年の統計では一九万三四二九社とあります。

ピークは明治三五（一九〇二）年の統計で、一九万六三九八社とありますが、明治時代末期に行なわれた神社合祀《ごうし》により神社数は激減し、昭和二〇（一九四五）年の数は一〇万九七三三社となりました。

昭和二一（一九四六）年二月二日、神祇院は廃止され、翌三日、宗教法人神社本庁が設立されます。そのとき本庁に所属した神社数は八万七二一八社でした。

令和二（二〇二〇）年一二月発行の『宗教年鑑』（文化庁）によると、日本全国には八万九三四社あり、県別では、一位は新潟県の四六八九社、二位は兵庫県の三八七三社、三位は福岡県の三四一〇社で、最も少なかったのは沖縄県の一六社でした。

かつては祭神名の不明な神社が多かった！

「祭神《さいじん》」とは、神社に祭られている神様のことです。

現在、祭神は各神社ならではの縁起《えんぎ》や由来にもとづいて、それぞれに名前を持っていますが、古くは「祭神名不詳」という神社が少なくありませんでした。『古事記』や『日本書紀』あるいは『風土記』『万葉集《まんようしゅう》』などにおいても、祭神名がはっきりしているのは大きな神社に限られています。大部分の神社名は地名であり、たとえば熱田《あつた》神社ならば、熱田というところに祭られた神となります。

祭神が全国的に考証されるようになったのは明治時代になってからです。そのようなことで、これ以降に祭神が改めて選定された神社も少なくありません。

一方、神社の祭神には、主祭神《しゅさいじん》・配祀神《はいし》・相殿神《あいどの》・摂社神《せっしゃ》・末社神《まっしゃ》・枝社《えだやしろ》神があります。

主祭神は、主神ともいい、その名の通り、その神社の中心的な神様で、その神社と深い関わりを持っています。配祀神は主祭神に添えて祭られているそれ以外の神様のことで、「配神《はいしん》」ともいいます。相殿神は主祭神の他に合祀された神様で、「合殿神《あいどののかみ》」とも書きます。もともと主祭神であった場合もあり、また、主祭神より古くから祭られていたり、あるいは主祭神と同時に祭られた場合も見られるなど複雑です。摂社神・末社神・枝社神は、中心となる神社に属する摂社・末社・枝社に祭られている神様のことで、なかでも摂社は主祭神とは縁故《えんこ》関係にあります。

さて、現在の神社の祭神の多くは古典、特に記紀《きき》二典に登場する神々がほとんどです。しかし神は「八百万神」といわれるようにさまざまで、いま仮に以下のように分類しておくことにします。

〈自然神〉
自然現象・気象神――太陽・月・星・雷・雨・嵐・風・霧・火山など
動植物神――樹木・龍・オオカミ・ヘビ・クマ・キツネ・タヌキなど
地理・地形・地名神――山・海・野・峠・川・湖・谷・大地・石など
〈人格神〉
皇祖《こうそ》・皇族神――歴代の天皇・皇族

祖先神——氏神《うじがみ》・氏族・家の祖先
英雄・功労者神——戦争や治世などに功績のあった人物
文化・芸術神——すぐれた文化的業績を残した人物
御霊神《ごりょうじん》——非業《ひごう》の死を遂《と》げた天皇や皇族・公家・武士・義民《ぎみん》など
〈機能・性格が顕在化《けんざいか》した神〉
天地創造神——記紀神代《じんだい》巻の巻頭に登場する国土創造の神など
霊能神——特に際立つ霊能力を持つ神
職能神——特定の職能を守護する神
食物神——食そのものの神格化・食を司る神

いちばん最初に現れたのはどんな神様？

『古事記』によると、天地のはじまりを次のように記しています。

はじめ、この世は天も地もなく混沌《こんとん》としていましたが、やがて天と地が分かれ、天界の高天原《たかまのはら》に神様が現れました。そのお名前は天之御中主神《あめのみなかぬしのかみ》といい、これがいちばん最初に現れた神様です。

次いで、高御産巣日神《たかみむすひのかみ》と神産巣日神《かみむすひのかみ》が現れます。

しかし、これら三柱《みはしら》の神様は男女の区別がなく「独神《ひとりがみ》」と呼ばれ、その上、姿や形がなく、目に見える存在ではありません。なお、三柱の神様は世界創世のもとである神様なので、「造化三神《ぞうかさんしん》」と呼ばれています。

天之御中主神は天の中央に位置し、「高天原の主宰神」と解されています。ですが、この神様は「天地の初発《しょはつ》の時」にしか描かれておらず、以後どこにも登場することはありません。

天之御中主神は、その名が示すように、聖なる天界の中央に位置する主神であり、どちらかといえば思弁的《しべんてき》な神であるため庶民からは遠い存在だったようで、各地の神社に祭られることはありませんでした。

ところが、時代が下るにつれて、仏教が日本に伝わってきて神仏が習合《しゅうごう》すると、天之御中主神は仏教の天部の一つである妙見菩薩《みょうけんぼさつ》といわれるようになり、庶民の間でも信仰されるようになりました。

秩父夜祭《ちちぶよまつり》で有名な秩父神社（埼玉県秩父市）には四柱《よはしら》の祭神が祭られていますが、

そのうちの一柱《ひとはしら》に天之御中主神があります。この神は鎌倉時代に祭られた妙見菩薩にあたり、それが明治の神仏分離により、祭神名を天之御中主神に改めたのです。いまも地元には秩父神社を「妙見宮」と呼ぶ人がいるのは、このような理由からです。

さて、高御産巣日神と神産巣日神は一対の神格を持つ神様で、二柱《ふたはしら》とも「むすひ」の神様です。「むす」とは、息子《むすこ》・息女《むすめ》の「むす」あるいは「苔《こけ》むす」の「むす」などと同じ意味を持ちます。そのことから考えると、二柱とも、ものごとを生成発展させる霊力を有している神様であることがわかります。

また、高御産巣日神は、後に天孫《てんそん》が地上へ降りる際に司令者として活躍し、初代天皇の神武《じんむ》天皇が東征《とうせい》する際にも手助けするなど、神々の指導的な役割を果たしています。次の神産巣日神は、食物を中心とした生産に携わる神様で、五穀《ごこく》の種を広める神話に登場します。さらに出雲の国造《くにつく》りにも影響を与えた神様としても知られます。

ちなみに、高御産巣日神と神産巣日神は安達太良《あだたら》神社（福島県本宮《もとみや》市）などに祭られています。

これらの造化三神に続いて出現したのが、宇摩志阿斯訶備比古遅神《うましあしかびひこじのかみ》と天之常立神《あめのとこたちのかみ》です。

前述したように、はじめて天地が分かれ、高天原に三神が現れました。とはいえ、国土はいまだに固まってはいません。その様子は水に浮いている脂《あぶら》のような状態で、くらげのように漂《ただよ》っていたとあります。

そのようなときに、葦牙《あしかび》が吹き出すようにして宇摩志阿斯訶備比古遅神が出現し、次に天之常立神が現れました。

前述の天地開闢《てんちかいびゃく》の際に現れた三神と、この二神を合わせた五柱《いつはしら》の神々を「別天神《ことあまつかみ》」と称しています。別天神とは、他の天の神様とは異なり、特別な地位に置かれている神様という意味です。

宇摩志阿斯訶備比古遅神の「阿斯訶備」は「葦《あし》の芽《め》」のこと、つまり、万物の生命力を神格化した神です。葦は穀物の生長を象徴しており、日本の古い呼び名も「葦原中国《あしはらのなかつくに》」といいました。

天之常立神は、高天原に恒久《こうきゅう》に留まり、宇宙のすべてを司り、守り給《たも》う神様とされます。神名の天之常立神の「天之」とは「神聖な」という意味、常は「底・床」

と同義であり、「立」は、「春が立つ」「風が立つ」などの「立つ」ということ、つまり、「目にはっきりと見えないものが現れていること」を指しています。

以上に述べたように、まず、天と地の分離があり、次いで、あらゆるものを生成発展させる三神が現れ、さらに天の永遠を司る二神が出現したことになります。

伊耶那岐神と伊耶那美神はどうやって国をつくったのか？

天と地が分かれ、五柱の別天神が現れた後、六番目に成り出たのが国之常立神《くにのとこたちのかみ》です。この神様は、熊野速玉大社《くまのはやたま》（和歌山県新宮市）や虫鹿神社《むしか》（愛知県犬山市）などに祭られています。やはり、この神様も独神であり、姿を見せないで隠れておられました。

天之常立神と名前が似ていることからもわかるように、国之常立神は天之常立神と対をなす神様で、大地の神格化といえます。

ところで、この国之常立神から「神世七代《かみよななよ》」がはじまっています。つまり、第一代が国之常立神で、第二代が豊雲野神《とよくものかみ》です。これらの二柱も独神で姿は隠れて目に見えませんでした。そして、第三代が宇比地邇神《うひじにのかみ》・妹須比地邇神《いもすひじにのかみ》、第四代が角杙《つのぐいの》神《かみ》・妹活杙神《いくぐいのかみ》、第五代が意富斗能地神《おおとのじのかみ》・妹大斗乃弁神《おおとのべのかみ》、第六代が於母陀流神《おもだるのかみ》・妹阿夜訶志古泥神《あやかしこねのかみ》、そして、第七代が伊耶那岐神《いざなぎのかみ》・妹伊耶那美神《いざなみのかみ》となっています。このように、第三代からは男女一対として現れています。「妹」は「女性」という意味です。

注目すべきは神世七代の伊耶那岐神・妹伊耶那美神です。二神は、国土やさまざまな神々など、万物を生む神として現れたのです。

さらに『古事記』は、二神の国生《くにう》みの過程を以下のように記しています。

まず、二神はすべての別天神より「漂《ただよ》っている国土を固めさせて、完成させよ」と委任されます。そこで二神は天と地を繋《つな》ぐ天浮橋《あめのうきはし》から、玉で飾った立派な矛《ほこ》を海水に差し降ろしてかき回し、その矛を引き上げました。そのときに海水が滴《したた》り落ちて積もってできたのが淤能碁呂島《おのごろ》で、これ以後、二神は「神《かみ》」でなく「命《みこと》（神のみこと〈お言葉〉を受けてその神の代わりを担う者）」と呼ばれるようになることに注意してください。

これが、聖なる日本初の国土となりました。

その島に降り立った二神は神聖な御柱を立て、結婚しようとします。ところが、女神である伊耶那美命が伊耶那岐命よりも先に「愛《いと》しい人よ」と声を掛けてしまったため失敗し、蛭《ひる》のような骨のない未成熟の子を生んでしまいます。

二神はやり直し、再度結婚して、淡路《あわじ》島・四国・隠岐《おき》島・九州・壱岐《いき》島・対馬《つしま》・佐渡《さど》島・本州などの「大八島国《おおやしまぐに》」を生み、次いで児《こ》島・小豆《しょうど》島・大島・女《ひめ》島・知訶《ちか》島・両児《ふたご》島などの島々を生み、ここに日本の国土が形成されました。さらに山や川などの自然神や、穀物に関する神々などを生んだのです。

「禊」を最初にはじめたのはどんな神様？

このように日本の国土を生み、神々を生んだ伊耶那岐命と妹伊耶那美命でしたが、やがて、伊耶那美命は火之迦具土命《ひのかぐつちのみこと》を生んだため、ホト（女陰）を焼かれ、その火傷《やけど》が原因で亡くなりました。

伊耶那岐命は、最愛の妻を死に至らしめたわが子である火之迦具土神を剣で斬り殺しました。そして妻に会うために死者の世界である「黄泉国《よみのくに》」を訪れます。

黄泉国にたどり着いた伊耶那岐命は、閉ざした入り口の戸の向こうに伊耶那美命がいることを目にすると、「わたしとお前とがつくった国は、まだ完成していない。だから、この世に帰ってくれ」と声を掛けます。だが、伊耶那美命は、「もうすでに黄泉国の竈《かまど》で煮たものを食べたので、死者の国の一員になりました」という。しかし、わたしも帰ろうと思うので、黄泉国を支配している大神様と相談してくるから待っていてほしいと伊耶那岐命は告げました。そして、「入り口の戸のすきまからなかを覗《のぞ》かないでほしい」ともいわれます。

しかし、伊耶那岐命は待ちきれなくなり、その約束を破り、黄泉国のなかを覗いてしまいます。そこで見たものとは、死の汚穢《おえ》に染まった妻の醜《みにく》い姿でした。伊耶那岐命はあわてて、黄泉国から逃げ出しました。

恥をかかされた伊耶那美命は怒り狂い、伊耶那岐命を追いかけましたが、間一髪《かんいっぱつ》で難を逃れ、黄泉国の境のところで互いに向いあって、別縁《べつえん》を言い渡すときに、伊耶那美命が「離縁するならば、あなたの国の人びとを一日に千人殺す」と怒ります。このような伊耶那美命に対し、伊耶那岐命は「お前が千人殺すならば、わたしは一日に千五百人誕生させる」と応じました。

黄泉国から戻った伊耶那岐命は、死の穢《けが》れを祓《はら》うため、水で洗い清める「禊《みそぎ》」を行ない、多くの神々を生むこととなります。

これが、禊の起源とされているのです。

黄泉国から脱出した伊耶那岐命は、禊により生まれ変わり、伊耶那岐大神《おおかみ》と呼ばれています。その禊の様子を『古事記』は筑紫《ちくし》（竺紫《つくし》）の日向《ひむか》の橘《たちばな》の阿波岐原《あはぎはら》にある小さな水門で、黄泉国の穢れを除くため、「禊祓」を行なったとあります。大切なところなので原文を掲げておきましょう。

「『吾《われ》はいなしこめしこめき穢《きたな》き国に到りてありけり。かれ、吾は御身の禊せむ』とのらして、竺紫の日向の橘の小門《おど》の阿波岐原に到りまして、禊祓《みそぎ》したまひき」

この禊が執《と》り行なわれた「竺紫の日向の橘の阿波岐原」とは「朝日がよく当たる場所」を意味し、小門とは「小さな水門」のことです。禊をするには、そのような場所が最適だったということです。

ところで、禊を行なう前に、伊耶那岐大神は身につけていた御杖《みつえ》・御帯《みおび》・御嚢《みふくろ》・御衣《みけし》・御褌《みはかま》・御冠《みかがふり》・左の手纏《たまき》・右の手纏などを投げ捨てています。これらから、一二柱の神々が生まれ出たのです。

さて、禊の語源を考えるとき、この伊耶那岐大神の行為が重要になってきます。すなわち、「身につけているものをことごとく投げ捨てる」とあることから、禊の語源を「身削《みそ》ぎ」とする説もあるくらいです。

本書では、『古事記』に「御身《みみ》を滌《すす》きたまふ」とあることから「身滌《みそ》き」説を取っています。つまり禊とは、水中にすっかり潜り、裸身をゆらゆらと振りすすぐことであり、この「振りすすぐ」というところに禊の本義があると考えているのです。「滌」という漢字は、アラフ・ウゴカス・ススク・ソソク・フ・キヨシとも読むことができます。

身体を振って罪穢れを洗い落とすのは、単に衛生上のためだけではなく、魂を純潔無垢《じゅんけつむく》の状態に立ち返らせる効果があります。つまるところ、水中で身体を振ることは、一種の「魂振《たまふ》り（鎮魂《ちんこん》）」の所作《しょさ》と思うのです。

「天つ神」と「国つ神」はどこが違うのか

日本の神様は「八百万の神」と称されるほど数が多いですが、律令《りつりょう》の神祇《じんぎ》制度では、これらを「天神」と「地祇」に分けました。そして二つを合わせて「神祇」と略称しました。

本居宣長《もとおりのりなが》は『古事記伝《こじきでん》』三十三之巻で、「天神・地祇」を説明して、

「天神とは高天原にいる神、または高天原から天降《あまくだ》った神をいい、地祇はこの国土に現れた神をいう」

と述べています。この説は、すでに「職員令」の神祇官の条《じょう》にも「神（天神）は天より下りました神様であり、祇（地祇）は大地から顕現《けんげん》した神様である」と見えています。しかし、天神と地祇の神格は複雑であり、このような説明だけではすべてを言い尽しているとは思えません。

これに関して『令義解《りょうのぎげ》』に高天原から天降った須佐之男命《すさのおのみこと》の子孫である出雲《いずも》の大《おお》汝《なもち》の神（大国主神《おおくにぬしのかみ》）を地祇としており、疑問が残ります。

中国の祭祀では天神は祀、地祇は祭と識別していますが、わが国の「神祇令」では、祭と祀の二つを見分けてはいません。というのは、八百万の神々を天神と地祇に分けることが難しかったからと思われます。そこで、現在のところ、天つ神と国つ神の関係は、以下のように説明するのが適当と考えています。

たとえば、ある村にもともと祭られていた神が稲荷社《いなりしゃ》であったとしましょう。そこへ他所から八幡神《はちまんしん》という偉大な神がやってこられた場合、もともとの稲荷神は八幡神に首座《しゅざ》を「譲り」、自らは末社の神に下がることとなります。

このとき、天《あま》つ神《かみ》は八幡神、国《くに》つ神《かみ》は稲荷神となります。しかし、この八幡神も、次に偉大なパワーを持つ神がこられると、同じように首座をその神に譲り、末社の神となります。

これより考えると、天つ神は高天原から天降った神で、国つ神は国土に現れた神であるとする説明は不十分ということになるのです。

確かに記紀《きき》をはじめとする日本神話では、国つ神のほとんどは天つ神に仕える神として登場します。

そのことは大国主神の国譲りの神話や、天つ神の御子《みこ》である邇邇芸命《ににぎのみこと》にお仕えする国つ神の猿田毘古神《さるたびこのかみ》にもうかがうことができます。

これらによれば、大和《やまと》王権によって征服された地域の住民が、元来、信仰していた神様が国つ神であり、征服した方の神様が天つ神とも説明できるのです。

なぜ天照大御神が神様の中心とされるのか

高天原の総支配神で、かつ皇室の祖先神（皇祖神）でもあるのが天照大御神《あまてらすおおみかみ》です。天照大御神は、黄泉国から戻った伊耶那岐命が筑紫の日向の阿波岐原の小門で穢れを祓い清めるために禊を行なった際、左目を洗ったときに出現した神様です。

ちなみに、そのとき、右目を洗うと月読命《つくよみのみこと》、鼻を洗うと建速須佐之男命《たけはやすさのおのみこと》が出現しました。

これらの神様のなかで、天照大御神はその神名の通り、「天に照り輝く太陽のような優れた神」であったため、父神の伊耶那岐命は地位を天照大御神に譲ったのです。

天照大御神は皇祖神として伊勢神宮《いせじんぐう》の内宮《ないくう》（皇大神宮《こうたい》）に祭られており、神道《しんとう》における神様のなかでもその頂点に位置しています。なぜこの地位に据《す》えられることになったのでしょうか？

再び『古事記』によると、天照大御神と須佐之男命とは高天原の聖井で誓約をされたとあります。

誓約とは、あらかじめ神に約束をかわして、神意《しんい》を占うもので、ここでの誓約の内容は、お互いの持ち物を交換して神々を生み、最初に生まれたのが男神であれば須佐之男命の勝ち、というものでした。

このとき、天照大御神の八尺勾璁《やさかのまがたま》をもらい受けた須佐之男命が、それに聖井の水を振りすすいで、嚙《か》んで吐き捨てると、その霧から五柱の神様が生まれました。最初に生まれたのが正勝吾勝々速日天之忍穂耳命《まさかつあかつかちはやひあめのおしほみみのみこと》で、男神だったので須佐之男命の勝ちとなりました。

このように、生んだのは須佐之男命ですが、天之忍穂耳命は天照大御神の持ち物から生まれたため、天照大御神の御子とされたのです。

天照大御神に育てられた天之忍穂耳命は、その後、葦原中国の水穂国《みずほのくに》（日本のこと）を支配するよう委任されます。しかし、天之忍穂耳命は天照大御神より受けた命令を準備している最中、御子が生まれたので、その御子を遣《つか》わすよう進言しました。

その御子こそ邇邇芸命であり、葦原中国の初代統治者となるのです。この神話は

「天孫降臨《てんそんこうりん》」として広く知られます。

筑紫の日向の高千穂《たかちほ》の山上に降臨された邇邇芸命は、ここに宮殿を建てて住み、やがて大山津見神《おおやまつみのかみ》の美しい娘である木花之佐久夜毘売《このはなのさくやびめ》と出会って結婚し、火のなかで三柱《みはしら》の御子を生みます。その末子が日向三代の第二代の日子穂々手見命《ひこほほでみのみこと》です。

その日子穂々手見命の御子が鵜葺草葺不合命《うかやふきあえずのみこと》で、その御子が初代天皇の神武《じんむ》天皇となるのです。

これより、天照大御神は皇室の祖先神として、また「日の神」として、神様のなかでもっとも位の高い地位におられるのです。

倭建命とはどういう神様？

日本神話のなかで、一般的に広くその名前が知られている神様といえば、「ヤマトタケル」ではないでしょうか。

『古事記』では「倭建命《やまとたけるのみこと》」とあり、第一二代の景行《けいこう》天皇の第三皇子として誕生、はじめは小碓命《おうすのみこと》と呼ばれていました。なお、『日本書紀』では「日本武尊」と記されています。

日本を代表する英雄とされ、大和統一に貢献しましたが、その一方で、父からは疎《うと》んじられるなど、悲劇の面も持ち合わせています。

小碓命（倭建命）は父の景行天皇から、食事の席になかなか出てこない兄の大《おお》碓命《うすのみこと》を呼んでくるよう命じられます。しかし、いろいろと理由をつけて出てこようとしない兄を捕え、手足をもぎ取って殺し、薦《こも》に包んで投げてしまったのです。

荒く乱暴な小碓命に目をつけた景行天皇は、その性格を恐れると同時に評価し、九州の熊襲建《くまそたける》という二人の兄弟を征伐《せいばつ》してくるようにと遣わしました。

小碓命は叔母の倭比売命《やまとひめのみこと》からもらった衣装を着て女性に扮し、熊襲建の新築落成祝いの酒宴に忍び込みます。そして、懐中の剣を抜き、二人の兄弟を倒すことに成功しました。このとき、「倭建御子」という名を授かりました。

大和への帰路、山の神、川の神、海峡の神などを平定し、さらに出雲国の出雲建を殺し、服従しない者どもを平定して都に帰り、天皇に復令されました。ところが、次に命じられたのが東国征伐だったのです。

倭建命は東国へ行く前に伊勢の皇大神宮に参られ、倭比売命より天叢雲剣《あめのむらくものつるぎ》と火《ひ》打石《うちいし》を授かります。その後、東征の途中で現在の焼津《やいづ》（静岡県）辺《あた》りに差し掛かったところ、地元の豪族《ごうぞく》らに襲われました。

そのとき火攻めに遭いますが、持っていた剣で草を取り払い、火打石で迎え火を焚《た》き、命が助かりました。このことから剣は「草薙剣《くさなぎのつるぎ》」と呼ばれるようになりました。

倭建命はその後も各地を転々としますが、能煩野《のぼの》で病に倒れました。最後は大きな白鳥となって、大空高く飛び上がっていったと伝えられています。

倭建命の辿った一種の「漂泊《ひょうはく》」ともとれる東征は、古くは畏敬《いけい》の対象であった「荒《あら》ぶる神」たちが、閉していた世界を開いて歩いた旅でもあったと読み取ることもできます。

神様なのに、なぜ名前に「菩薩」がつくのか

神社に祭られる神様にもかかわらず、「菩薩《ぼさつ》」という仏教語が用いられていることがあります。代表的なのは「八幡大菩薩」ですが、その他にも同様の例がありま

す。春日大社《かすが》の天児屋根命《あめのこやねのみこと》は「慈悲満行《じひまんぎょう》菩薩」、熊野三山《くまのさんざん》の家都御子神《けつみこのかみ》は「証誠《しょうじょう》大菩薩」、住吉大社《すみよし》の墨江大神《すみのえのおおかみ》は「高貴徳王《こうきとくおう》菩薩」、香椎宮《かしいのみや》（福岡県福岡市）の神功《じんぐう》皇后は「聖母《せいぼ》大菩薩」と称されています。

また、「菩薩」という言葉は神社名にも使われており、『延喜式神名帳』には「大《おお》洗《あらい》薬師《やくし》菩薩神社」（現在は大洗磯前《いそさき》神社）・「酒列《さかつら》薬師菩薩神社」（現在は酒列磯前神社）・「八幡大菩薩宇佐宮《うさぐう》」・「八幡大菩薩筥埼宮《はこざきぐう》」（現在は筥崎宮）などとなっています。

このように、神道の神様に菩薩号を付したのは、「神仏習合」が展開していくなかで現れた思想の一つです。

それは神道の神様に対して仏教風の名称をつけることにより、日本の神様にも仏・菩薩と同じような修行を勧めたのであり、それはまた、仏教者から見れば、「神道の神様は苦悩する神身から離脱することを欲している」という理解が根底にあるように思います。

日本の神様に菩薩号をつけた古い文献の一つは『多度神宮寺伽藍縁起《たどじんぐうじがらんえんぎ》并《ならびに》資財《しざい》帳《ちょう》』であり、ここには多度神が「多度大菩薩」と記されています。

『宇佐八幡宮弥勒寺建立縁起《うさはちまんぐうみろくじこんりゅうえんぎ》』『東大寺要録《とうだいじようろく》』『扶桑略記《ふそうりゃっき》』などによると、延暦《えんりゃく》二（七八三）年五月四日、八幡神が、わが名は「大自在王菩薩《だいじざいおうぼさつ》」「護国霊験威力神《ごこくれいげんいりきじん》通大自在王菩薩《づうだいじざいおうぼさつ》」と託宣《たくせん》したと見えます。

しかしながら、このように神様に菩薩号を付すことは、慶応《けいおう》四（一八六八）年三月に出された「神仏分離令」によって禁止されることになりました。

「お稲荷さん」や「八幡様」の数が多いワケ

江戸時代、町のどこにでもあるものを表現するときに「伊勢屋《いせや》、稲荷《いなり》に、犬の糞《くそ》」といわれていました。確かに町を歩けば、いまでも稲荷神社を見かけることが多いです。

稲荷社の他、八幡社や天満宮《てんまんぐう》なども多く見ることができます。

このような神社は、そのもととなる神社（総本社、総本宮）から分祀《ぶんし》・勧請《かんじょう》されていったものが多く、古くからその土地ごとに祭られてきた土着の神社とは、また違った成立過程（由緒）を持っています。

祭神が勧請される理由はさまざまですが、一つは、有力氏族が元来祭っていたものを、氏族のなかの一員が移住するに際して、祭神も一緒に引っ越させた場合があります。あるいは各神社の信仰が広まったことによって分社が建てられた場合も少なくありません。

なお、後者の場合は、各土地に古くから祭られてきた神社の主祭神に代わって、八幡神や天神などを首座に据え、これまでの神社の主祭神は末社の神となることも見られます。

さらに、稲荷神社が全国的に普及していった理由の一つに、民間の田《た》の神《かみ》への信仰と稲荷神への信仰が似ていたことが挙げられます。つまり、田の神信仰に乗じて稲荷信仰が広がっていったと考えられるのです。

ところで、稲荷神社の総本社は伏見《ふしみ》稲荷大社（京都府京都市）です。その他では、笠間《かさま》稲荷神社（茨城県笠間市）・豊川《とよかわ》稲荷（愛知県豊川市）・祐徳《ゆうとく》稲荷神社（佐賀県鹿島市）が有名です。

全国にどれだけ稲荷神社があるのか、確かな数は不明ですが、一説によると三万とも四万ともいわれています。

八幡神の場合、総本宮は宇佐神宮（大分県宇佐市）です。当宮の一之御殿には八幡大神（応神《おうじん》天皇）、二之御殿には比売大神《ひめのおおかみ》（多岐津《たきつ》姫命《ひめのみこと》・市杵嶋《いちきしま》姫命《ひめのみこと》・多紀理《たぎり》姫命《ひめのみこと》）、三之御殿には応神天皇の母神である神功皇后が祭られています。

日本三大八幡宮といえば、宇佐神宮・石清水《いわしみず》八幡宮（京都府八幡市）・鶴岡《つるがおか》八幡宮（神奈川県鎌倉市）といわれます。石清水八幡宮は宇佐神宮より勧請され、鶴岡八幡宮は石清水八幡宮より勧請されました。

中世、八幡神は源氏《げんじ》の氏神《うじがみ》とされたことにより、武家の間にこの神に対する信仰が広まりました。つまり、「弓矢の神」といわれ、武道を守る神として各地に勧請されていったのです。

神に誓うとき、「神八幡」とか「八幡掛けて」といいました。このように神といえば八幡といわれるように、八幡神は有名でした。そして、全国に点在するようになったのです。

なぜお稲荷さんには「正一位」の称号がついている？

稲荷神社へ参拝すると、多くの朱《しゅ》の鳥居《とりい》とともに、五色の幟《のぼり》も目につきます。幟には「正一位《しょういちい》稲荷大明神《だいみょうじん》」と書いてあります。人臣《じんしん》と同じように、神様にも位階《いかい》が授けられたのです。神様の位階を「神階《しんかい》」とか「神位《しんい》」といいますが、お稲荷さんの場合は正一位ということで、最高の位です。

そもそも位階とは、朝廷から人臣に授与されるもので、一位から初位《そい》までの等級があり、そのうち一位から三位までは正・従《じゅう》の各二階、四位から八位までは正・従をさらに上・下に分けた各四階（たとえば、「正八位上」「正八位下」など）、そして八位の下に初位があり、この初位のみ大・少をさらに上・下に分けた各四階の別がありました。

ところが、奈良時代以降、人に対して授与するはずの位階が神様にも奉《たてまつ》られるようになっていきます。前述したように、これを「神階」や「神位」と称します。

なぜ神に対して神階・神位が奉られたのか？　そこにはさまざまな理由が見られます。たとえば、内乱や外寇《がいこう》を鎮《しず》めるための祈禱《きとう》に霊験《れいげん》を示した報賽《ほうさい》として奉られたり、あるいは天災の頻発《ひんぱつ》や疫病《えきびょう》の蔓延《まんえん》、遷都《せんと》・行幸《ぎょうこう》の際などにご守護《しゅご》してもらった報謝《ほうしゃ》として神階を授与した場合もあります。

このように神階はその神様に奉授与されるものですから、たとえ本社の神様が他社へ分霊・勧請されたとしても、そこの神様の神位まで同じになるわけではありません（ただし、朝廷の許可により勧請されるときには、本社と同位神階を授与されることもありました）。

ところで、神階は、人臣に対して与えられる等級とは制度が異なります。神階は品位《ひんい》・勲位《くんい》（武位《ぶい》）・文位《ぶんい》の三種と、特例としての借位《しゃくい》がありました。

品位は親王《しんのう》や内親王に対する位階で、授かった例は多くはありません。勲位は人と同様に一二等あります。文位は、先述した正一位・従一位のような一般的な位ですが、神階の場合は正一位から正六位上までの一五階しかありません。

稲荷神社（伏見稲荷大社）の場合、天長《てんちょう》四（八二七）年正月に従五位下を授けられ、以後神階は進み、天慶《てんぎょう》三（九四〇）年に従一位、次いで同五（九四二）年、極位《きょくい》である正一位を授けられています。

もちろん、この正一位は現在の伏見稲荷大社の稲荷神が授かったものです。そして稲荷信仰が全国的に広まり、数多くの稲荷神が勧請されるようになると、それらの稲荷神に対して伏見稲荷大社から正一位の神階を与えるようになったのです。

そういうことで、現在でも見られるように「正一位 稲荷大明神」の名称が一般化していったのでした。

ちなみに、伏見稲荷大社の本殿には、宇迦之御魂大神《うかのみたまのおおかみ》（下社）・佐田彦大神《さたひこのおおかみ》（中社）・大宮能売大神《おおみやのめのおおかみ》（上社）の三神に、明応《めいおう》八（一四九九）年に田中大神《たなかのおおかみ》（下社摂社）・四大神《しのおおかみ》（中社摂社）の二神が合祀《ごうし》され、現在は以上の五柱の神様が祭られています。この柱座の神様を総称して、「稲荷五社大明神」と呼んでいます。

神様の尊称に「尊」と「命」がある理由

神様を尊《たっと》んで名前の下に「みこと」を付して称する場合が少なくありません。「みこと」は漢字で書くと「尊」と「命」の二つがあります。

「みこと」という語は、「み」と「こと」から成っており、前の「み」は「御」で尊敬または丁寧の意を表しています。後の「こと」は「事」ないし「言」の意で、よって「みこと」とは「御事」「御言」と解されます。

さて、「尊」と「命」の使い分けについて、『日本書紀』には以下のように注記されています。

「至《いた》りて貴《とうと》きをば尊《そん》と曰《い》ふ。自《これより》餘《あまり》をば命《めい》と曰《い》ふ。並《ならび》に美擧等《みこと》と訓《い》ふ」

つまり、「尊」はもっとも貴い神様に、「命」はその他の神様に用いるというのです。

そこでいま少し「みこと」について説明すると、たとえば神世七代の最後に現れた伊耶那岐神と伊耶那美神は、すべての天つ神からの「みこと（お言葉）」を受けて国づくりを行ない、多くの神々を生みました。

それゆえ、この二神は「神」を改め、以後は「命」と呼ばれることとなりました。

これより考えると、「みこと」とは、神の「みこと」を担い持つ者に対する尊称ともいえましょう。つまり「みこと」とは神から任された、あるいは委任された言葉ないし事柄を担い持つ者なのです。『日本書紀』で「尊」という字がつくのは国常《くにのとこ》立《たちのみこと》尊・伊弉諾尊《いざなきのみこと》・伊弉冉尊《いざなみのみこと》・月読《つくよみのみこと》尊・素戔嗚尊《すさのおのみこと》・瓊瓊杵尊《ににぎのみこと》などがあります。

なお、『古事記』の「みこと」はすべて「命」が使われています。

地域の祭りや行事があるときなどに、しばしば、「氏子《うじこ》」という言葉を聞くことがあります。これは、その氏神社が守護する地域内に住み、その神社の祭りに参加・奉仕する人のことを指してこう呼んでいます。

「氏神」とは同じ地域に居住する人びとが共同で祭る神様のことであり、その神様を祭る社を「氏神社」と呼びます。また、氏神社を中心とする地域を氏子区域といいます。前述したように、その地域の人びとを「氏子」と称するのです。

この場合の氏子は土地で結ばれています。そして、氏子の代表者を「氏子総代《そうだい》」といいます。また、いまはその地域の住民でないけれども、その氏神を崇敬《すうけい》している者を「崇敬者」と呼んでいます。

そもそも氏神とは、その語からわかるように、「氏の神」すなわち血縁による古代氏族の祖神《おやがみ》・守護神のことです。

ただし、祖神がそのまま氏神にはならない場合もあります。たとえば、藤原《ふじわら》氏（中臣《なかとみ》氏）の場合、祖神は天児屋命《あめのこやねのみこと》ですが、祖神ではない武甕槌神《たけみかづちのかみ》も氏神として祭っています。また、平氏《へいし》の氏神は厳島《いつくしま》神社で、源氏は八幡神社ですが、平野《ひらの》神社に対しては、平氏と源氏の両方ともが氏神としています。

時代が下り、血縁関係が薄らいでいくと、氏神は「土地の神様」としての神格が強くなり、「鎮守様《ちんじゅさま》」とも呼ばれるようになります。そして、氏族の組織形態も血縁から地縁《ちえん》へと変化していきました。ときが経てば人びとの移動が行なわれるようになり、純粋な血縁関係を保てなくなるのは、もっともなことです。

明治時代になると、氏子区域は行政基盤として管理しやすかったことから、これが制度として固定化していきました。徳川幕府《とくがわばくふ》が人びとを管理・把握する際に寺請《てらうけ》制度・檀家《だんか》制度を採用していたのと似ていて、明治政府は氏子制度を用いることで戸籍を把握していたのです。その際に実施されたのが氏子調《しらべ》であり、人びとは氏子である証明として氏神社から氏子札《ふだ》を受けました。

金比羅さんのルーツはインドの神様だった

「こんぴらさん」の名で親しまれている金刀比羅宮《ことひらぐう》（香川県仲多度郡琴平町《なかたどぐんことひらちょう》）。「金《こん》毘羅船々《ぴらふねふね》、追《お》い手《て》に帆《ほ》かけて、シュラシュシュシュ」という民謡を聴いた方も多いでしょう。

『玉藻集《たまもしゅう》』（延宝《えんぽう》五〈一六七七〉年）などに「この山の鎮座已《すで》に三千年に向《ちか》づく」と書かれていることから見ても、古い歴史を持つ社であることがわかります。

現在の祭神は大物主神《おおものぬしのかみ》で、相殿《あいどの》には崇徳《すとく》天皇が祭られていますが、中世は金毘羅大権現《だいごんげん》と称しました。

大物主神は、大国主神《おおくにぬしのかみ》の和魂《にぎみたま》（穏やかな徳を備えた神霊）にあたる神様で、記紀神話によると、国造りの神様である少彦名神《すくなひこなのかみ》が立ち去られた後、海の彼方《かなた》から光に包まれた者が現れたので、大国主神がその名を尋ねられたところ、「あなたの和魂です」と仰《おお》せられたといいます。

社名の「こんぴら」は「金比羅」「琴平」「金比良」などと記される場合もありますが、その語源は不明で、「ことひき」（琴弾き〈古くは、雷除けのまじないであった〉）を語源とする説などがあります。

さて、「こんぴらさん」は仏教にも取り入れられることとなりました。それは、「こんぴら」という呼称が、薬師如来《やくしにょらい》を守護する十二神将《じゅうにしんしょう》の宮毘羅《くびら》と音が似ているということで、信仰されるようになったといいます。その宮毘羅（あるいは倶毘羅）とはインドの神様・クンビーラで、もともとはガンジス川に棲《す》む霊魚であり、ワニを神格化したものです。これより、こんぴらさんは「金毘羅大権現」と称して、主として漁師や船乗りなどから海上守護・大漁祈願などの信仰を集めてきたのです。

海にまつわる風習は現代にも残っています。それが「流し樽《ながだる》」というものです。参詣《さんけい》できない船乗りたちが初穂料《はつほりょう》や酒を樽に入れ、その樽に船名などを墨で書いたものに幟《のぼり》を立てて海に流すのです。やがて、この樽を見つけた船乗りがその人に成り代わって神社に奉納すると、その人には幸運が訪れるという信仰があり、「こんぴらさん」ならではの風習です。

なぜ七福神は「七」でなければいけないのか？

七福神に対する信仰は室町時代にまでさかのぼります。室町時代の狂言《きょうげん》に大黒《だいこく》・恵比寿《えびす》・毘沙門《びしゃもん》・弁天《べんてん》などがすでに登場しています。狂言は室町時代に成立した舞台芸能ですが、そこには民衆の生活にもとづいた話が盛り込まれているので、当時に生きた民衆の思想や信仰を知る上で貴重です。

室町時代の庶民の家々には大黒と恵比寿を並べて祭ることが多くありました。それが後世になると、この二神に毘沙門天や弁才天《べんざいてん》などが加わっていきました。

福神を詳細に研究した学者に喜田貞吉《きたさだきち》（一八七一〜一九三九）がいますが、その著書『福神の研究』（昭和一〇年）によると、七福神は以下のように定義されています。すなわち、「七福神とは、室町時代において流行しておった画軸の神仙人物などから意匠を得て、竹林の七賢人に倣って当時崇拝せられた七体の福神を取り合せ、もって仏教にいわゆる七福の数にあて、これを優遊嬉戯せしめたものが起源であった。」（「七福神の成立」より）と。

喜田は、福神が七柱になった理由を二つ掲げています。その一つ目は竹林《ちくりん》の七賢《しちけん》人《じん》に倣《なら》ったとする説、二つ目は仏教語の七福にあてたとの説です。前者の竹林の七賢人とは、中国の魏《ぎ》末から晋《しん》初の間、世俗を避けて竹林にて琴や酒を楽しみながら高尚な話に耽《ふけ》っていた七人の賢者のことで、阮籍《げんせき》・嵆康《けいこう》・山涛《さんとう》・向秀《こうしゅう》・劉伶《りゅうれい》・阮《げん》咸《かん》・王戎《おうじゅう》を指します。室町時代、これら七賢人が竹林で遊ぶ様を画軸に描いて鑑賞することが流行していました。

次の仏教語の七福（中世以降は一般的に「しっぷく」と読まれていた）とは、室町時代の辞書『易林本節用集《えきりんぼんせつようしゅう》』によると、无病《むびょう》（病気をしない）・端正《たんせい》（動作・態度・容姿・行状などが乱れない）・身香衣浄（身体は常によい香りがしており、衣服が清浄である）・肥躰《ひたい》（肥《こ》えた身体である）・多々人饒《たたじんじょう》（十分に豊かな人格である）・所説粛申《しょせつふくしん》（つつしんで意見を申す）・自然衣服（自然と衣服が備わっている）とあります。

さらに、「七福即生《しちふくそくしょう》」という祈りの言葉と七福神との関係性も指摘されています。これは「七つの徳が生ずる」との意味で、「七難即滅《しちなんそくめつ》」と対で用いられることが多くありました。つまり「七難即滅七福即生」と唱《とな》えたのであり、それは「七難がただちに消滅し、七福がただちに生ずる」という意味となるのです。現在、七福神のメンバーは寿老人《じゅろうじん》・大黒天・福禄寿《ふくろくじゅ》・恵比寿・弁才天・毘沙門天・布袋《ほてい》です。

かつては弁才天の代わりに吉祥天《きっしょうてん》がいました。また寿老人と福禄寿はもともと同一の神様であるため、一つにまとめられたこともあります。

えびすはもともとは海の神様だった！

「えびす」という神様は、「えびすさま」「えべっさん」などと親しみを込めて呼ばれています。一般的には恵比須と当て字されることが少なくありません。その他にも恵比寿・恵比酒・江美須・江比須などとも記されています。いずれも後世になってからの当て字で、これらの文字からえびすの本来の意味を知ることはできません。漢和辞典で「えびす」を引いてみると、夷・戎・狄・番・虜・蕃などの漢字を当てています。これらから判断するに、えびすとは外国人や異民族、辺境の地の住人などのことを指しているものと思われます。

えびすさまは釣り竿を持ち、鯛を抱えた格好をしており、その姿から漁民の間で信仰されてきた神様であることがわかります。

現在でも、漁村などで海岸に流れ着いた石をえびすとして祭ることがあるのは、えびすが辺境の神様であることを示しているように思います。

ところで、海の神様であるえびすは、室町時代、商業を中心とする世の中になると、商業神としての神格が顕著《けんちょ》になります。しかし、その歴史は古く、市の守護神として、長寛《ちょうかん》元（一一六三）年には東大寺《とうだいじ》に勧請され、また、建長《けんちょう》五（一二五三）年八月、鶴岡八幡宮では夷三郎《えびすさぶろう》大明神（大黒天社）を西門脇に勧請しています。

えびす信仰の根本社は西宮《にしのみや》神社（兵庫県西宮市）です。室町時代の七福神信仰の中心はえびすであり、よって同社では狂言や謡曲、人形操りなどの芸能を通してえびすのご利益《りやく》を人びとに説きました。つまり、西宮神社が商業神としてのえびすを広く伝えるきっかけとなったのです。

現在、国の重要無形文化財に指定されている大阪文楽《ぶんらく》や人形浄瑠璃《じょうるり》（淡路島）は、西宮神社の「えびす舞」がもとになっています。また、毎年一月一〇日に行なわれる「十日えびす」は毎年一〇〇万人以上の人びとが集まる祭りで、当日の朝六時に鳴る大太鼓を合図に、参拝者が本殿を目指して駆け抜ける「開門神事福男選び《かいもんしんじふくおとこえらび》」によって福男（一番から三番まで）が決まる光景は凄《すさ》まじいものです。

西宮神社の祭神は蛭児大神《ひるこのおおかみ》・天照大御神・大国主大神・須佐之男大神の四柱で、これらを総称して西宮大神といっています。

このなかでは、蛭児大神がえびすと深い関係にあることはいうまでもありません。『日本書紀』神代上によると、蛭児は伊弉諾尊《いざなぎのみこと》と伊弉冉尊《いざなみのみこと》の御子として生まれますが、身体が不自由で、三歳になるまで立つことができませんでした。そのため、船に乗せられて海に流されたとあります。

中世になると、この続きとして、蛭児は龍宮《りゅうぐう》に流れ着いて龍王に育てられて立派な神様となり、摂津《せっつ》の武庫浦《むこうら》に流れ着いて西宮神社に祭られるようになったと伝えられています。えびすと蛭児には「海の彼方からやってくる」という共通したイメージがあるためか、両者は次第に同一視されるようになったのでしょう。

大黒天はかつて、身体と顔が真っ黒だった！

日本の福の神様のなかでも人気が高いのは「大黒様《だいこく》」（大黒天）でしょう。

大黒天はルーツを辿っていくと、インドの神様・マハーカーラに行き着きます。梵語《ぼんご》（サンスクリット語）でマハーは「大きい」、カーラは「黒い」という意味を持つことから「大黒」となります。また、そのまま音写して摩訶迦羅天《まはからてん》・摩訶迦羅神などとも記されます。一説によると、カーラとは不吉や災《わざわ》いの女神・カーララートリ（黒闇天《こくあんてん》）の略ではないかともいわれています。ヒンドゥー教ではブラフマー（宇宙の創造神）・ヴィシュヌ（宇宙の維持神）・シヴァ（宇宙の破壊神）の三神が中心となっています。なかでも、大黒天と深い関係にあるのがシヴァで、大黒天はシヴァの化身《けしん》（姿を変えて現れたもの）であるとしています。

インドの神話によれば、シヴァは破壊や殺戮《さつりく》を行なう一方で恩恵をもたらす神様でもあります。古代の文献『ヴァラーハ・プラーナ』には、シヴァは象の皮と蛇を身にまとい、三叉戟《さんさげき》（先が三つに分かれている剣）を振り回し、従者を連れて魔神アンダカを退治するという神話が記されています。

さて、日本にはじめて大黒天を伝えたのは、伝教大師《でんぎょうだいし》と諡号《しごう》された最澄《さいちょう》であるといわれます。最澄は延暦《えんりゃく》二三（八〇四）年九月に入唐《にっとう》し、翌二四年五月に帰国しました。その際、大黒天が最澄の前に示現《じげん》したというのです。

以後、比叡山《ひえいざん》では延暦寺が造立《ぞうりゅう》された頃から大黒天が信仰されており、比叡山の由来を記録した『叡岳要記《えいがくようき》』によると、政所《まんどころ》の大炊屋《おおいや》（食物を調理する建物）に最澄が制作した大黒天神像を安置し、満山《まんざん》の守護神としたとあります。なお、最澄が大炊屋に安置した大黒天は三面六臂《さんめんろっぴ》の像であったと伝わります。中央には大黒天、右面には毘沙門天、左面には弁才天の像が彫られ、それぞれが手に武器などを持っています。

時代は下りますが、鎌倉時代につくられた大黒天像にも留意される作品が少なくありません。たとえば、比叡山里坊《さとぼう》の一つである律院《りついん》に所蔵されている大黒天立像は銘文《めいぶん》のある最古のもので、正安《しょうあん》二（一三〇〇）年につくられました。

この像は笑みを浮かべた表情が目を引き、身体はがっしりとしていて、現在の大黒様のイメージに近いものです。いかにも福徳を感じさせる形相で、狩衣《かりぎぬ》姿で頭巾《ずきん》を被《かぶ》り、左肩には大きな袋も背負っています。ただし、右手には打ちでの小槌《こづち》は持っておらず、固く拳印《けんいん》を結んでいるのが一般的な大黒様とは異なっています。

室町時代、比叡山において、里坊の各院の食厨《しょくちゅう》で大黒天が祭られるようになると、次第にその信仰は京都の町衆へと広まっていきました。

それに加えて、大黒天は大国主命と習合することによって、全国的に信仰されるようになっていきます。その理由の一つは、大国主命の「大国」の音読が「だいこく」であることによります。そのため、「大国」と「大黒」とが同一視されたものと思われます。

さらに、たびたび述べてきたように、大黒天は台所の神様であったことから竈《かまど》神の役割も持ちはじめ、農村では田の神様としても祭られるようになりました。現在見られる大黒様の像の多くが米俵を踏んだ姿になっているのは、田の神様としての大黒天を示しています。その福徳は農家だけではなく、やがて商家にも広まっていき、大黒様は全国区の神様として知られることになるのです。

「弁才天」と「弁財天」、どっちが正しい？

七福神のなかで唯一の女神である「弁天さま」。正しくは弁才天と書き、「べんざいてん」あるいは「べざいてん」と読みます。

弁才天の起源は、インド最古の聖典『リグ・ヴェーダ』に登場するサラスヴァティといわれます。古代インドに住みついたアーリア人が伝えた聖典を『ヴェーダ』といい、『リグ・ヴェーダ』『サーマ・ヴェーダ』『ヤジュル・ヴェーダ』『アタルヴァ・ヴェーダ』の四つからなっています。これらは、アーリア人がインダス川流域の五河《ごが》地方（現在のパンジャーブ地方北部）からガンジス川流域へ移住するまでの時代（前一二〇〇〜前五〇〇年頃）に成立したとされます。

アーリア人は中近東からインド大陸へ移住する旅を続けるなかで、その土地に流れる聖なる川を讃《たた》え、「サラスヴァティ」と呼んで、神として崇《あが》めました。サラスヴァティとは「水（または湖）を有するもの」という意味で、『リグ・ヴェーダ』

によるとサラスヴァティはあらゆる穢れを浄化するとともに、川辺に住む人びとに豊穣《ほうじょう》・食物・勇気・子孫を与えてくれる女神として祭られていました。

なお、『ヤジュル・ヴェーダ』に属する『ヴァージャサネーイ・サンヒター』によると、サラスヴァティはヴァーチュ（言葉・弁舌）によってインドラ神（帝釈《たいしゃく》天《てん》）に精気を与えたと記していることから、サラスヴァティは言葉・弁舌の女神ヴァーチュと同一視され、このヴァーチュが弁才天の起源だといわれます。

日本における弁才天の信仰は奈良時代にはじまります。現存する最古の弁才天像は東大寺法華堂《ほっけどう》（三月堂《さんがつどう》）にある塑像《そぞう》の「八臂《はっぴ》弁才天立像」ですが、これは吉祥天《きっしょうてん》立像と対で作成されたものであるようです。当時の弁才天は単独で拝《おが》まれる神様ではなく、護法善神《ごほうぜんしん》のなかの一柱でした。

奈良時代の弁才天の功徳《くどく》は『金光明経《こんこうみょうきょう》』第七「大弁才天女品」に詳しいですが、それによれば、「弁才天は智慧《ちえ》を益し、言説をさわやかにし、悟《さと》りを開かしめ、不思議な福智《ふくち》と弁才と無尽《むじん》の智慧を与える」と記されています。

また、弁才天は勇猛でもあり、信仰する者を勝利へと導いてくれるという面も持っていました。つまり、戦闘の神としての功徳もあったのです。初期につくられた八臂弁才天立像の手には多くの武器が握られています。

さらに、弁才天の功徳に音楽があります。先述の『金光明経』によると、「弁才天は受持《じゅじ》・読誦《どくじゅ》・書写・流布《るふ》する如説《にょぜつ》修行者（正しく修行する人）を擁護するため、さまざまな眷属《けんぞく》を率いて天の伎楽《ぎがく》を演奏し、歌う」とあります。

これより、弁才天は音楽神としての功徳を持ち、「妙音天《みょうおんてん》」「妙音楽天《みょうおんがくてん》」などと称されるようになりました。

鎌倉時代になると、弁才天は神道の宇賀神《うがじん》と習合し、宇賀弁才天となります。宇賀神とは食物を司る神様で、宇迦之御魂神《うかのみたまのかみ》（『古事記』によれば、須佐之男命が大《おお》山津見神《やまつみのかみ》の娘・大市比売《おおいちひめ》を妻として生んだ御子）あるいは倉稲魂命《うかのみたまのみこと》（『日本書紀』では伊弉諾尊の御子）と同神とされます。いずれも稲に宿る神秘な精霊という意味です。

また、弁才天は観音《かんのん》や愛染明王《あいぜんみょうおう》の権化《ごんげ》、龍女《りゅうにょ》の化身などといわれ、福神としての神格を強く持つようになりました。ここに至って、弁才天という表記に「財」という意味が加わることになり、「弁財天」とも記されるようになりました。

四章

「神社信仰」がわかる11項

伊勢神宮が天皇のための神社になったのはなぜ？

「お伊勢《いせ》さん」と親しみを込めて呼ばれる伊勢神宮《いせじんぐう》（三重県伊勢市）は、内宮《ないくう》（皇大神宮《こうたいじんぐう》）と外宮《げくう》（豊受大神宮《とようけだいじんぐう》）からなる神社です。

伊勢神宮の正式名称は「神宮」といい、内宮に天照坐皇大御神《あまてらしますすめおおみかみ》、外宮に豊受大御神《とようけのおおみかみ》を祭っています。その他、伊勢神宮には一二三の宮があり、全部で一二五の宮社が所在することになります。これを「神宮一二五社」と呼びます。

天照大御神は、黄泉国《よみのくに》から戻った伊耶那岐命《いざなぎのみこと》が禊《みそぎ》をしようと左目を洗った際に生まれ、太陽のような神として日本神話の中心に位置づけられた神様です。

豊受大御神は天照坐皇大御神の食物神すなわち御饌都神《みけつかみ》として祭られた神様で、毎朝毎夕、天照坐皇大御神に御饌（神饌《しんせん》）を供えます。そのことから、日本国の食の安定をご守護される神様でもあります。

『日本書紀《にほんしょき》』による天照大御神の御霊代《みたましろ》とされる八咫鏡《やたのかがみ》は、第一〇代の崇神《すじん》天皇の御代《みよ》まで宮殿内に祭られていましたが、天皇はその霊威《れいい》を恐れ、宮殿内で祭ることが難しくなりました。そのため、大和《やまと》国の笠縫邑《かさぬいのむら》に移しました。そして、第一一代の垂仁《すいにん》天皇の御代に、そこから各地をめぐられ、ついには伊勢国度会《わたらい》郡五十鈴《いすず》川のほとりへと至り、そこに祭られたのです。

一方、外宮は、『止由気宮儀式帳《とゆけぐうぎしきちょう》』によると、第二一代の雄略《ゆうりゃく》天皇二二年、天照大御神のお告げによって丹波《たんば》国より豊受大御神を伊勢国山田原《やまだのはら》に迎えたとありま す。以来、天照大御神の宮を内宮、豊受大御神の宮を外宮と称するようになりました。

ところで、天武《てんむ》天皇（在位六七三〜六八六）が在位前、大海人皇子《おおあまのみこ》として直面した壬申《じんしん》の乱（六七二年）に際し、神宮に祈願し、勝利を得たため、伊勢神宮は天武天皇によって厚く信仰されるようになりました。また、同時期に斎宮《さいぐう》や式年遷宮《しきねんせんぐう》の制度が定まったことも加わり、伊勢神宮は天皇のための神宮であるとの性格を強めていきます。

なお、時代が下って桓武《かんむ》天皇の御代（在位七八一〜八〇六）になると、祭祀《さいし》制度はさらに厳格に行なわれ、神宮には天皇以外は三后《さんこう》（太皇太后《たいこうたいごう》・皇太后・皇后）や皇太子といえども幣帛《へいはく》を奉《たてまつ》ることができませんでした。これを「私幣禁断《しへいきんだん》」といいます。これにより、伊勢神宮は本当の意味での「天皇のための神宮」になりました。ところが、律令《りつりょう》制度が崩壊し、神宮は経済的に困難な状況に陥ってしまいます。そこで伊勢神宮は天皇のための神宮としてだけでなく、貴族や武士、庶民へと徐々に参詣《さんけい》できる範囲を広げていき、日本全国にその名を浸透させていったのです。

江戸時代には「伊勢講《こう》」「伊勢太太講《だいだい》」などと呼ばれる信仰集団が形成されて、伊勢神宮へ詣《もう》でる慣習が定着していきます。これは地域のみんなで旅費を積み立て、籤《くじ》を引いて当たった者が彼らを代表して伊勢へ詣でるというものでした。また、神明社《しんめいしゃ》という、内宮・外宮を勧請《かんじょう》した社が全国に建てられていき、神宮の名は全国区になりました。全国の神明社は一万八千余社あるとされています。

一〇月になると出雲大社に神様が集まるワケ

俗に「大社《たいしゃ》」といえば、出雲《いずも》大社（島根県出雲市）といわれるように、この神社は古くから社殿の巨大さで知られています。

平安時代中期に記された『口遊《くちずさみ》』には、「雲太《うんた》、和二《わに》、京三《きょうさん》」という表現を用い和、当時の巨大な建築物が紹介されています。雲太とは杵築《きづき》大社（出雲大社）、二は東大寺《とうだいじ》大仏殿、京三は京都御所の大極殿《だいこくでん》を指しており、このことからも出雲大社の社殿が巨大であったことがわかります。

平安時代の記録によると、本殿は高層建築であったといい、高さは一六丈《じょう》（四八メートル）もあったといいます。ですが、これはいくら何でも高く、伝説かと思われていましたが、平成一二（二〇〇〇）年に境内《けいだい》から直径三メートルの柱（実際には三本の柱を合わせたもの）が出土し、このことから古記録が現実味を帯びていることが判明しました。その後の研究により、柱は宝治《ほうじ》二（一二四八）年に造営された中世期の本殿のものではないかとの説があります。なお、社殿の大きさについては諸説が見られ、今後のさらなる研究が待たれるところです。

さて、旧暦の一〇月は「神無月《かんなづき》」と一般的にはいわれていますが、大社の建つ出雲では、一〇月は「神在月《かみありづき》」と呼んでいます。

出雲大社では旧暦の一〇月一〇日の夜、「国譲《くにゆず》り」の舞台となった稲佐《いなさ》の浜《はま》で「神迎《かみむかえ》神事（神在祭《かみありさい》）」が行なわれます。これにより全国から神様が集まってくるのです。出雲に参集した神様たちは、大国主神《おおくにぬしのかみ》の前で人びとの縁組の相談をしているともいわれます。

なお、神迎神事のとき、出雲大社の祭神である大国主神の使者の「龍蛇様《りゅうじゃ》」が稲佐の浜にやってこられて、もろもろと災いを払ってくれると信じられています。

ところで、大社の境内に所在する東十九社《ひがしじゅうくしゃ》・西十九社は、全国からお迎えした神様たちの宿泊のための建物とされています。稲佐の浜から龍蛇様の先導により宿泊先の十九社へ向かうのです。そして、旧暦一〇月一七日の夕方に神様たちを送る「神等去出祭《からさでさい》」が執《と》り行なわれるまで、そこに宿泊されます。

出雲大社の主祭神は大国主大神で、記紀《きき》によると天之冬衣神《あめのふゆぎぬのかみ》と刺国若比売《さしくにわかひめ》との間に生まれた御子《みこ》で、兄神たちのいじめによって二度も殺され、その度に母神によって蘇生《そせい》した神です。

二度目に蘇生した後、地底の国である根堅洲国《ねのかたすくに》に赴《おもむ》き、須佐之男命《すさのおのみこと》の娘である須世理毘売《すせりびめ》と結婚します。根堅洲国での数々の試練に耐えて葦原中国《あしはらのなかつくに》(地上の国)に戻った大国主神は、海の彼方からやってきた少彦名神《すくなひこなのかみ》の協力のもとに国土の経営にあたり、葦原中国に君臨することとなりました。

そして、高天原《たかまのはら》(天上の国)から天下ってきた天照大御神の使者により、葦原中国を譲り渡すよう勧告され、「自分の子どもたちが同意するならば国を譲り渡す」と大国主神は答え、葦原中国は高天原を統治する天照大御神の手に渡ったのです。

大国主神という神名は「偉大な国土を治める神」という意味で、『古事記《こじき》』には大国主神の他に大穴牟遅神《おおなむじのかみ》・葦原色許男神《あしはらしこおのかみ》・八千矛神《やちほこのかみ》・宇都志国玉神《うつしくにたまのかみ》との別名を記し、『日本書紀』にも大国主神の他に大物主神《おおものぬしのかみ》・国作大己貴神《くにつくりのおおなむちのかみ》・葦原醜男《あしはらのしこお》・八千戈神《やちほこのかみ》・大国玉神《おおくにたまのかみ》・顕国玉神《うつしくにたまのかみ》といった別名を挙げています。このように、多くの別名を持つことから、この神はさまざまな機能（はたらき）を有する神様であるといえます。特に、「顕国玉（現実の国土に宿る霊力）」という名称から考えると、大国主神こそ「この国土の主宰神」であることになります。

上賀茂神社と下鴨神社どっちが古い？

一般的な言い方によれば、賀茂御祖《かもみおや》神社は「下鴨《しもがも》神社」、賀茂別雷《かもわけいかづち》神社は「上《かみ》賀茂《がも》神社」と呼ばれています。下鴨神社には賀茂建角身命《かもたけつぬみのみこと》と娘の玉依媛命《たまよりひめのみこと》が、上賀茂神社には玉依媛命の御子の賀茂別雷神が祭られています。

下と上の二社を総称して「賀茂神社」といいます。また、「賀茂下上《げじょう》」とも称します。祭神の系譜から見ても賀茂御祖神社の方が縁起《えんぎ》としては古いといえましょう。しかし、この問題はそのように単純なものではありません。

上賀茂の「上」、下鴨の「下」は、鴨川の上流と下流に位置していることによる俗称ともいいます。

創祀《そうし》は賀茂下上とも不詳ですが、社伝によれば、両社とも神武《じんむ》天皇の御代に降臨《こうりん》したとされます。平安遷都後は平安京を鎮護《ちんご》する神様とされ、伊勢の神宮に次ぐ待遇を受けました。

『山城国風土記《やましろのくにふどき》』逸文《いつぶん》に伝える賀茂神社の最古の縁起には、以下のようにあります。

ある日、玉依媛命が賀茂川で遊んでいたところ、上流から赤く塗られた丹塗矢《にぬりのや》が流れてきた。玉依媛命がその矢を拾って家に帰ると、その夜、丹塗矢は美しい男性となり、玉依媛命と結婚した。

やがて玉依媛命は身ごもり、男の子を生んだが、父が誰だかわからないまま成長していったので、不安に思った父の賀茂建角身命は宴を催し、男の子に向かって「お前の父にこの酒を飲ませるがよい」と問いかけたところ、男の子は盃《さかずき》を天上に向けて高くさしあげ、そのまま天に昇っていってしまったといいます。

これにより、その男の子は雷神《らいじん》（天神）の御子《みこ》であることがはじめてわかり、賀茂別雷神と名づけられたのでした。この縁起《えんぎ》により、賀茂別雷神は雷神すなわち天神として信仰されてきました。それは農業にも繋《つな》がるものでもあることから、賀茂神社として全国に広まっていく要因にもなったのです。

毎年五月一五日に催される「葵祭《あおいまつり》」（賀茂祭）は、両社で行なわれる例祭です。その起源は古く、別雷神が現社殿の北北西にある神山《こうやま》に降臨した際、祭りを行なったのにはじまるといいます。また、欽明《きんめい》天皇の御代に賀茂大神の祟《たた》りがあり、それを鎮めたのが賀茂祭の発祥であるともいわれます。ただ、葵祭と呼ばれるようになるのは江戸時代からで、いまでは華々しい行列などによって町なかを彩る祭礼となっています。

春日大社にはなぜ鹿がたくさんいるの？

現在、春日神《かすがのかみ》を祭る神社は全国に三千余社あるとされます。それらの総本社が奈良の春日大社（奈良県奈良市）で、春日大社には「春日四所明神《かすがししょみょうじん》」と総称される神々が祭られています。すなわち、第一殿には武甕槌命《たけみかづちのみこと》、第二殿には経津主命《ふつぬしのみこと》、第三殿には天児屋根命《あめのこやねのみこと》、第四殿には比売神《ひめがみ》が祭られていますが、いずれも藤原《ふじわら》氏の氏神《うじがみ》であり、社伝によれば、神護景雲《じんごけいうん》二（七六八）年に藤原永手《ながて》が創祀《そうし》したといいます。

第一殿の武甕槌命は鹿島《かしま》神宮（茨城県鹿嶋市）の祭神です。ちなみに、現在、春日大社に隣接する奈良公園の鹿苑《ろくえん》には一一〇五頭（二〇二二年七月一六日現在、財団法人奈良の鹿愛護会調べ）の鹿が棲息《せいそく》していますが、この鹿の起源は天迦久神《あめのかくのかみ》にあります。また、鹿は春日の神様のお使いとされています。

前述したように、武甕槌命（『古事記』には「建御雷之男神《たけみかづちのおのかみ》」と記す）はそもそも鹿島神宮の神様であり、神話によれば、天照大御神から「大国主神と国譲りの交渉をするように」とのお言葉を受けました。このとき、そのお言葉を建御雷之男神の父神に伝えたのが、天迦久神です。この神は鹿の神様とされ、武甕槌命とともに春日の地にやってきたとの伝えもあります。

その後、春日大社には、香取《かとり》神宮（千葉県香取市）より経津主命が、枚岡《ひらおか》神社（大阪府東大阪市）より天児屋根命と比売神が勧請《かんじょう》されました。『日本書紀』神代によると、経津主命は武甕槌命とともに出雲国の五十田狭《いたさ》の小汀《おはま》（稲佐の浜《いなさのはま》）に下り、大己貴神に国を譲るよう求めたとあります。また、天児屋根命と比売神は配偶神で、このうち天児屋根命は藤原（中臣《なかとみ》）氏の祖神《おやがみ》です。

春日大社はこうして藤原氏の氏神として祭られましたが、それ以前より春日山の一部をなす三笠山《みかさやま》が信仰の対象となっており、神霊が宿る「神域」として狩猟や伐採が禁じられ、磐座祭祀《いわくらさいし》が行なわれてきたといわれています。

一般には、春日大社は平城京《へいじょうきょう》に遷都された和銅《わどう》三（七一〇）年、藤原不比等《ふひと》が平城京を守護するために鹿島神（武甕槌命）を春日の三笠山に祭ったのをはじまりとしています。

しかし社伝では、前記したように、神護景雲二年、藤原永手が現在の地に神殿を四宇造営して、春日四所を創祀したとあります。

社殿造営後は、例祭の春日祭は賀茂祭・石清水祭《いわしみずさい》と並ぶ三勅祭《さんちょくさい》の一つに数えられるなど、春日大社は全国に広くその名を知られることになっていきました。

熊野三山の神々が「記紀神話」に登場しない理由

苔蒸《こけむ》した石段が特徴的である熊野古道《くまのこどう》は、全国的にその名が知られています。熊野古道を含む一帯は、「紀伊《きい》山地の霊場と参詣道」として、平成一六（二〇〇四）年にユネスコの世界遺産リストに登録されました。

これは、三重・和歌山・奈良の三県にまたがる広大な範囲で登録された稀有《けう》な例で、他ではスペインの「サンティアゴ・デ・コンポステーラの巡礼路」が有名です。

熊野は、古来「熊野三山《さんざん》」と呼ばれています。熊野三山とは熊野本宮《ほんぐう》大社（和歌山県田辺《たなべ》市）・熊野速玉《はやたま》大社（和歌山県田辺市）・熊野那智《なち》大社（和歌山県東牟婁《ひがしむろ》郡那智勝浦《なちかつうら》町）の総称で、熊野三山は「熊野三社」「熊野三所」「熊野三所権現《ごんげん》」といわれます。さらに五所王子《おうじ》や四所明神を合わせて「熊野十二所権現」と称されてもきました。

現在の主祭神は、熊野本宮大社は家津美御子大神《けつみみこのおおかみ》、熊野速玉大社は熊野速玉大神・熊野夫須美《ふすみの》大神、熊野那智大社は熊野夫須美大神となっていますが、実はこれらの神名は記紀神話には登場してきません。ただし、家津美御子大神は素戔嗚尊《すさのおのみこと》、熊野速玉大神は伊邪那岐《いざなき》神、熊野夫須美大神は伊邪那美《いざなみ》神のことであるとされています。

ちなみに、速玉大神は『日本書紀』神代上に「速玉之男」と登場する神様で、伊弉諾尊《いざなぎのみこと》が伊弉冉尊《いざなみのみこと》と離婚したとき、その約束を固めるために吐《は》いた唾《つば》から生まれたと伝えられています。

また、熊野は「死者の国」とも表現されますが、『日本書紀』神代上によると、日本の母神である伊弉冉尊は紀伊国熊野の有馬《ありま》村に葬られたと記されています。これによれば、熊野は「妣《はは》の国（＝死んだ母のいます国）」ということになるのです。

なお、このことをさらに深く考えてみると、「死者の国」は「生者の国」、つまり「蘇生の国」ともなり得ます。それは、「生きながらにして死ぬこと」を体現できることになり、そこに宗教の救済があると思われます。この「生きながらにして死ぬ」ということが熊野信仰の根本にあると思われます。

さて、後世になると、熊野三山の神様は仏と結びついて民衆を救済する役割も果たしていきました。本宮の本地は阿弥陀如来《あみだにょらい》で「来世《らいせ》の加護《かご》と救済」、速玉は薬師《やくし》如来《にょらい》で「過去の世の罪科《ざいか》救済」、那智は千手観音《せんじゅかんのん》で「現世の救済」をそれぞれ担ったのです。

このように、熊野信仰には神道《しんとう》のみならず仏教も取り入れられ、さらには修験道《しゅげんどう》や民間信仰なども混在しています。それらを統合した複雑な信仰形態が熊野信仰なのです。

厳島神社の「厳島」は、もともとは「斎く島」

海に浮かぶ朱塗《しゅぬ》りの大鳥居《おおとりい》で有名な厳島神社《いつくしまじんじゃ》（広島県廿日市市《はつかいちし》）の創建は推古《すいこ》天皇元（五九三）年と伝えられ、平安時代後期の久安《きゅうあん》二（一一四六）年、平清盛《たいらのきよもり》が安芸《あき》国の国司《こくし》として赴任したことが機縁となり、当社は平氏《へいし》の氏神《うじがみ》となりました。その後、仁安《にんあん》三（一一六八）年までには平清盛の援助のもと、現在見られるような廻廊《かいろう》がめぐらされた社殿が造営されていきます。

厳島の「いつく」とは、「斎《いつ》く」という意味といわれます。つまり、「神を祭る島」であり、それゆえ、島内は清浄が保たれ、葬儀や出産などの穢《けが》れた行為は禁じられてきたのです。

厳島神社に祭られている神様は「宗像三女神《むなかたさんじょしん》」といいます。詳しくは田心姫神《たごりひめかみ》・湍津姫神《たぎつひめかみ》・市杵島姫神《いちきしまひめかみ》の三柱《みはしら》です。そもそも宗像の三女神とは宗像大社（福岡県宗像市）の祭神で、『古事記』によると、高天原《たかまのはら》の天《あめ》の安《やす》の河《かわ》をなかに挟んで須佐之男命が身の潔白を証明するため天照大御神との間で行なった誓約《うけい》の際に出現した神様たちです。

そのとき、天照大御神が須佐之男命の十拳剣《とつかのつるぎ》を噛み砕いて吹き出した息吹からお生まれになりました。

同様の神話は『日本書紀』神代上にもあります。

また歴史的に見ると、宗像三女神は北九州地方を鎮護し、大陸交流の海路を守る神様として信仰されてきました。

宗像大社は田心姫神を祭る沖津宮《おきつみや》、湍津姫神を祭る中津宮《なかつみや》、市杵島姫神を祭る辺《へ》津宮《つみや》の三宮の総称で、なかでも沖津宮のある玄界灘《げんかいなだ》に浮かぶ沖《おき》ノ島《しま》は太古から神聖な島として崇《あが》められ、禁足地《きんそくち》ともされてきました。昭和二九（一九五四）年以来、学術調査が進められ、古代祭祀の宝物や遺物が大量に発掘されたことから「海の正倉院《しょうそういん》」とも称されます。

ついでながら、宗像三女神のなかでは市杵島姫神がとりわけ美人とされ、この神が音楽や芸能を司る弁才天《べんざいてん》と習合《しゅうごう》し、民衆により広く信仰されることになりました。つまり弁才天信仰であり、その有名なものとしては前述した安芸の宮島《みやじま》の厳島神社（祭神の一柱である市杵島姫神は、弁才天とも称された）の他、湘南《しょうなん》の江ノ島《しま》の江島神社（神奈川県藤沢市）、琵琶湖《びわこ》の竹生島《ちくぶしま》の都久夫須麻《つくぶすま》神社（滋賀県長浜市）が挙げられ、これらを「日本三大弁天」と呼んでいます。

諏訪大社の「御柱祭」の勇壮さの意味とは

開催年も含めて七年に一度の寅《とら》と申《さる》の年に行なわれるのが諏訪《すわ》大社の「御柱祭《おんばしらさい》」です。御柱の用材には樅《もみ》の木が使われ、大きな柱は周囲が三メートル、長さ一六メートル余、重さ一二、三トンにもおよぶといいます。そのような巨木を切り出し、人力だけで上社《かみしゃ》（二宮）下社《しもしゃ》（二宮）の四宮に運ぶというもので、木の上に氏子《うじこ》を乗せたまま坂を下る「木落《きおと》し」は御柱祭を代表する勇壮な場面。御柱祭の正式名称は「式年造営御柱大祭《しきねんぞうえいみはしらたいさい》」です。

御柱祭は、室町時代の諏訪大社の縁起『諏訪大明神画詞《すわだいみょうじんえことば》』によると、平安時代の桓武天皇の御代（在位七八一〜八〇六）に「寅・申の干支《えと》に当社造営あり」との記録が見えるのが最初とされますが、その起源はさらにさかのぼるようです。

諏訪大社は諏訪湖を挟んで上社と下社に分かれ、諏訪湖の南に上社（本宮《ほんみや》・前宮《まえみや》）、北に下社（春宮《はるみや》・秋宮《あきみや》）の合計四か所から成っています。主祭神は建御名方神《たけみなかたのかみ》とその后神の八坂刀売神《やさかとめのかみ》であり、相殿《あいどの》には建御名方神の兄神の八重事代主神《やえことしろぬしのかみ》が祭られています。

『古事記』によると、主祭神の建御名方神は大国主神の御子とあり、高天原《たかまのはら》からの使者である建御雷神《たけみかづちのかみ》が訪れてこられたとき、建御名方神は国譲りに承服せず、建御雷神に力比べを挑むことにしました。

しかし、建御雷神に簡単に投げ捨てられてしまい、建御名方神は恐れをなして諏訪湖まで逃げてきます。そこで、追ってきた建御雷神に二度と諏訪の外へ出ないことを約束させられてしまうのでした。

平安時代末期の『梁塵秘抄《りょうじんひしょう》』に「関より東の軍神、鹿島、香取、諏訪の宮」とうたわれているように、古来、諏訪大社は軍神としてその名が知られています。御柱祭の勇壮さも、その武神に求められるかもしれません。

なお、明治四（一八七一）年、神社の世襲神職が廃止されるまで、上社には「大祝《おおほうり》」という神主が存在していました。大祝は諏訪大明神（建御名方神）のご子孫として崇《あが》められ、神様が下りるとされたいわば「現人神《あらひとがみ》」でした。事実、大祝は在位中に諏訪郡より外には決して出てはいけないという禁忌《きんき》が設けられていましたが、これは建御名方神の神話と符合《ふごう》する点があって興味深いところです。

地元の伝承によると、上社は男神（建御名方神）、下社は女神（八坂刀売神）とされ、年に一度だけ男神が女神のもとに会いに出掛けるといわれています。男神は蛇体《じゃたい》とされます。

真冬の諏訪湖は湖面が結氷します。その氷が膨張して割れ、その割れ目が盛り上がることがありますが、それは男神が通り過ぎた跡だと信じられ、地元では「お神《み》渡《わた》り」と称しています。

諏訪神社は全国に一万余社あります。それらの総本社が、長野の諏訪大社なのです。

八坂神社に祭られる素戔嗚尊は善悪両面を持った神だった

「祇園《ぎおん》さん」と親しみを込めて呼ばれる八坂《やさか》神社（京都府京都市）。この神社を中心に一一〇〇年以上もの歴史を繋いできた「祇園祭」は有名で、いまも数多くの山鉾《やまぼこ》が都大路《みやこおおじ》を巡行《じゅんこう》する豪壮で華麗な祭です。

祇園祭の起源は、貞観《じょうがん》一一（八六九）年に京の都をはじめ日本各地で疫病《えきびょう》が流行《はや》ったとき、平安京の庭園である神泉苑《しんせんえん》で六六本の鉾を立てて（六六とは、当時の国の数にちなむ）祇園の神を祭り、神輿《みこし》を出して、疫病や災厄を退散させることを願ったことにあります。

八坂神社の祭神は素戔嗚尊、后神の櫛稲田姫命《くしいなだひめのみこと》、八柱御子神《やはしらのみこかみ》などです。なかでも素戔嗚尊は出雲国で八俣大蛇《やまたのおろち》を退治し、日本中に植林の道を教えたという善神として知られています。

ところが、素戔嗚尊の内面までをたずねてみると、この神は疫病や災厄を防ぐと同時に、それらを流行らせるという、善悪両面を持っている神であることがわかります。

『備後国風土記《びんごのくにふどき》』逸文《いつぶん》の疫隈《えのくま》の国社《くにやしろ》の縁起には、武塔《むとう》の神が登場します。この神は素戔嗚尊のことです。その縁起によれば、同書によると、武塔の神は蘇民将来《そみんしょうらい》と巨旦《こたん》将来（単に「将来」とも）という兄弟に宿を請《こ》うたとき、富裕な弟の巨旦将来はその願いを断ったが、貧しい兄の蘇民将来は快くもてなした。そこで武塔の神は蘇民将来に、自分の正体は速須佐雄《はやすさのお》の神であることを明らかにし、疫病が流行ったときには茅《ち》の輪《わ》を腰につければ疫病から免《まぬか》れることができると教えた。その後、武塔の神は疫病を流行らせたため、弟の巨旦将来は一族もろとも滅んだとのことです。

この縁起から、たとえ疫病をもたらす神様であっても、きちんと自分が行ない正しく、その神を真心から祭れば、疫病を防ぐ神様になると読み取ることができます。つまり、疫神とは疫病を流行らすとともに、疫病を防止することのできる神であることがわかります。

さて、京都の八坂神社（祇園社）の創祀は、社伝では平安遷都よりもおよそ一五〇年前の斉明《さいめい》天皇二（六五六）年となっていますが、他に貞観一八（八七六）年に僧円如《えんにょ》が播磨《はりま》国（現在の兵庫県）の広峯《ひろみね》の牛頭天王《ごずてんのう》を山城《やましろ》国（現在の京都府）愛宕《おたぎ》郡八坂郷に移した後、藤原基経《もとつね》が精舎《しょうじゃ》（寺院）を造営し、さらに承平《じょうへい》四（九三四）年に、修行者が観慶寺《かんけいじ》に祇園感神院《かんじんいん》を建てたのがはじまりというなど、諸説ありま す。

牛頭天王とはインドの祇園精舎《しょうじゃ》の守護神で、薬師如来の化身《けしん》ともいわれる神様で、播磨国広峯とは広峯神社（兵庫県姫路市広嶺山）のことを指します。

なお、津島《つしま》神社（愛知県津島市）は中世・近世を通じて津島牛頭天王社と称し、中部や東海地方を中心に祭られている約三〇〇〇の天王社の総本社です。津島神社の主祭神も素戔嗚尊で、祇園信仰は祇園社だけでなく、天王社への信仰も含んでいるのです。

浅間神社の読み方は「あさま」それとも「せんげん」?

日本一の高峰であり霊峰である富士山《ふじさん》は、最古の歌集『万葉集《まんようしゅう》』にもうたわれており、また平安時代末期の歌謡集『梁塵秘抄』には富士山は伊豆《いず》の走湯山《そうとうさん》、信濃《しなの》の戸隠山《とがくしやま》、伯耆《ほうき》の大山《だいせん》とともに「四方《よも》の霊験所《れいげんしょ》」の一つに挙げられています。しかし、富士山を神として崇拝してきた歴史は、実はそれよりもずっと古いものです。縄文時代中期から後期にかけての集落跡ないし配石遺構が発見された千居《せんご》遺跡（静岡県富士宮市）は、富士山の西南麓の裾野《すその》にあり、富士山を遥拝《ようはい》して祭祀を執り行なった聖地であるとされています。

このような、霊峰富士に対する信仰を浅間《せんげん》信仰（または富士信仰）といいます。浅間神社は火の神である浅間神《あさまのかみ》を祭神とし、その総本宮は富士山本宮浅間大社（静岡県富士宮市）です。

富士山本宮浅間大社の場合の「浅間」は「せんげん」と読みます。ところが「浅間」という字は「あさま」とも「せんげん」とも読むことができ、実は「せんげん」よりも「あさま」の方が呼び名としては古いとされています。

「あさま」という言葉の語源は諸説があります。「火を吹く燃える岩」をアイヌ語で「アサマ」ということから、アイヌ語にもとを求める説、あるいは「あさま」の「あさ」は、阿蘇山《あそさん》（熊本県東部）の「あそ」に通じ、火山や噴火と深い関係性が認められるとの説などがあります。

ところで、富士山本宮浅間大社をはじめとする浅間神社の主祭神は木花之佐久夜毘売命《このはなのさくやひめのみこと》です。記紀神話によると、木花之佐久夜毘売命は山の神である大山津見神《おおやまつみのかみ》の娘で、高天原から高千穂《たかちほ》の峰《みね》に降臨した天孫《てんそん》の邇邇芸命《ににぎのみこと》に見初《みそ》められて結婚しました。

そのとき、父の大山津見神は美しい容貌の佐久夜毘売命とともに、その姉で醜い容貌の石長比売《いわながひめ》も添え、たくさんの結納品《ゆいのうひん》を持たせてさしあげました。その意味は、邇邇芸命の生命が「石のように長くなる」ことを願ってのことだったのですが、石長比売は醜さのせいで大山津見神のもとへ送り返されてしまいました。これにより、以後の歴代天皇の生命は花のように儚《はかな》いものとなっていったといいます。

さて、邇邇芸命と結ばれた佐久夜毘売命は、一夜の契《ちぎ》りで御子神を身ごもるのですが、たった一度で身ごもったことに対して邇邇芸命は佐久夜毘売命に不倫の疑いを掛けました。

そこで、佐久夜毘売命は身の潔白を証明するために「他の神の子であるならば、無事に生まれてくることはないだろう」といって出入口のない産屋《うぶや》に入り、火を放ったなかで出産しました。そのとき生まれた御子は、火照命《ほでりのみこと》・火須勢理命《ほすせりのみこと》・火遠《ほお》理命《りのみこと》という三柱でした。

このようにして佐久夜毘売命は、邇邇芸命の御子を宿したことを証明したのでした。

この神話には焼畑農耕ないし稲叢《いなむら》を燃やすことで新たな穀霊《こくれい》が誕生するという収穫儀礼が背景になっているともいいます。また、佐久夜毘売命が農耕神であることを示したものとの説もあります。

ところで、佐久夜毘売命が生んだ火照命は『古事記』において「海幸彦《うみさちひこ》」と呼ばれる水神としての性格を持つところから、佐久夜毘売命の出産神話は、火を制御する水神の誕生神話とも解釈できるといいます。

そのように見てくると、富士の神である佐久夜毘売命には、火と水の神格があり、あるいは、北口本宮冨士浅間神社の「吉田《よしだ》の火祭り」は、佐久夜毘売命の火中出産の場面をモチーフにしているともいわれるのです。

なぜ熱田神宮に草薙剣が祭られるようになったのか

愛知県名古屋市熱田《あつた》区に鎮座する熱田神宮《あつたじんぐう》は、熱田信仰の中心です。一般には、「熱田さま」と称されて親しまれています。熱田神宮の主祭神は熱田大神《あつたのおおかみ》で、相殿神《あいどののかみ》として天照大神・素戔嗚尊・日本武尊《やまとたけるのみこと》・宮簀媛命《みやすひめのみこと》・建稲種命《たけいなだねのみこと》の五座を祭っています。

そして、熱田大神のご神体《しんたい》は、三種神器の一つである草薙剣《くさなぎのつるぎ》です。この霊剣は素戔嗚尊が八岐大蛇《やまたのおろち》を退治したときに、その尾から出たとされ、天照大神に献じられました。神剣は、はじめは天叢雲剣《あめのむらくものつるぎ》と称していました。

では、なぜ草薙剣が熱田神宮に祭られることになったのかといえば、これに関係するのが相殿に祭られている日本武尊と宮簀媛命です。

『古事記』は、次のように記しています。

西国の服従しない者どもを平定して都に帰った倭建命《やまとたけるのみこと》（日本武尊）に対し、父の景行《けいこう》天皇は、また重ねて東国の服従せぬ者を平らげるようにと仰せられた。「父である天皇はわたしなんか死んでしまえと思っていられるのでしょうか」と悩んだ倭建命は、叔母の倭比売命《やまとひめのみこと》を訪ねられた。そして自分に対する父の行ないを嘆き、涙をこぼされた。倭比売命は、その姿をいとおしく思われ、大切な草薙剣を命にお授けになった。

こうして倭建命は東国へ歩《ほ》を進ませましたが、途中、尾張国造《おわりのくにのみやつこ》の祖先の家に立ち寄ったとき、美夜受比売《みやずひめ》（宮簀媛命）を見初め、「東国から無事に戻ったら結婚する」といって立ち去りました。道中、草薙剣などの霊験によりさまざまな難を逃れ、無事に戻ってきた倭建命は美夜受比売と結ばれるのですが、今度は伊吹山《いぶきやま》の神を退治しに出なければならなくなります。そのとき、倭建命は「素手で退治する」として、草薙剣を美夜受比売のもとに預けていかれたのです。

しかし、倭建命は病に倒れ、能煩野《のぼの》（現在の三重県亀山市《かめやま》）で亡くなってしまう。こうして美夜受比売の手元には、草薙剣が残されることになったのです。

その後、美夜受比売は残された神剣の霊威をかしこみ、熱田の地に奉斎《ほうさい》しました。熱田神宮の起源はここにあるとのことです。

さて、相殿に祭られている建稲種命とは、熱田神宮の由緒書《ゆいしょがき》『尾張国熱田太神宮縁起』によると、宮簀媛命の兄神とされ、日本武尊の遠征のお供をしたことになっています。その名から推測されるように、尾張地方の豊穣・豊年および開墾・開拓を守護する神様です。

熱田神宮では年間に七〇以上もの祭典・神事《しんじ》が行なわれています。その年の農作物の豊凶を占う神秘的な神事「世様《よだめし》神事」や、大地を踏んで土地の精霊を鎮め、除厄《じょやく》と招福を祈る「踏歌《とうか》神事」など、建稲種命と関係の深い神事が多数含まれているところに、熱田信仰の源流を見ることもできます。

菅原道真が学問の神様になったのはいつ？

菅原道真《すがわらのみちざね》（八四五〜九〇三）の別名を「天神《てんじん》」といいますが、この呼称は「地祇《ちぎ》」に対するものではなく、「天満自在天神《てんまんじざいてんじん》」あるいは「天満天神」の略です。

菅原道真は幼少より学問に接して和歌や漢詩に才を発揮し、貞観四（八六二）年に一八歳で文章生《もんじょうしょう》となり、元慶《がんぎょう》元（八七七）年に式部少輔《しきぶすないのすけ》に任ぜられ、文章博士を兼任しました。

以後、出世を重ねていき、宇多《うだ》天皇、醍醐《だいご》天皇に信任され、政治家としても活躍します。そして昌泰《しょうたい》二（八九九）年には、右大臣に昇進し、右大将を兼任するというまでに出世しました。

しかし、宇多天皇とその子の斉世親王《ときよしんのう》に娘を入内《じゅだい》させるなどしたことが、左大臣である藤原時平《ときひら》に危機感を抱かせることになり、時平一族の讒言《ざんげん》によって道真は右大臣の職を解かれ、九州の太宰府《だざいふ》（大宰権帥《だざいのごんのそち》）に左遷《させん》させられてしまいます。そして二年後の延喜《えんぎ》三（九〇三）年、食を断っていた道真は謫所《たくしょ》（配所）で失意のうちにこの世を去ったのでした。

延喜五（九〇五）年、味酒安行《うまさけやすゆき》は道真の遺骸の上に廟所《びょうしょ》を築き、霊を祭りました。これが現在の太宰府天満宮の起源となりました。なお、同宮は明治初年に神仏分離が成る前までは安楽寺《あんらくじ》、または天満宮安楽寺、あるいは安楽寺天満宮と呼ばれていました。

ところで、道真の没後、世には不思議な出来事が頻発します。延喜八（九〇八）年には道真の左遷に深く関わった藤原菅根《すがね》が亡くなり、その半年後には時平が三九歳の若さで病死しました。また、延長《えんちょう》元（九二三）年には皇太子が二一歳という若さで薨去《こうきょ》しました。

そこで、時の醍醐天皇は道真を従二位大宰権帥から右大臣に復し、正二位を贈り、左遷の詔書《しょうしょ》も破棄して、祟《たた》りを鎮めようとします。

しかし、不運はまだまだ続き、次の皇太子も五歳で薨去し、ついには延長八（九三〇）年には清涼殿《せいりょうでん》に落雷があり、藤原清貫《きよつら》をはじめ多くの朝廷の要人に死傷者が出ました。これらは道真の祟りであるとして恐れられ、さらにその後、醍醐天皇も崩御《ほうぎょ》されました。

天慶《てんぎょう》五（九四二）年、多治比奇子《たじひのあやこ》（文子）という娘が、右近《うこん》の馬場《ばば》に祠《ほこら》を建てて祭るようにとの天神の託宣《たくせん》を受けましたが、奇子は身分の卑《いや》しさから自宅の近くに天神の霊を祭る禿倉《ほくら》（祠）を築きました。なお、奇子は道真の乳母《うば》であったともいわれます。次いで、天慶九（九四六）年には近江《おうみ》国の比良《ひら》宮の神官の神良種《みわのよしたね》の子の太郎丸《たろうまる》にも、天神から同じく右近の馬場に祠を建てよとの託宣があり、翌天《てん》暦《りゃく》元（九四七）年に、現在地の北野《きたの》に天神を祭ることにしました。これが北野天満宮（京都府京都市）の創祀です。

鎌倉時代になると天神縁起が数多くつくられるようになり、室町時代には天神様は和歌や連歌《れんが》の神様となります。

天神様は、そもそものはじめから学問の神様であったが、それが著しくなるのは江戸時代です。たとえば寺子屋の守護神として道真の肖像画を飾ることもありました。幼少の頃から学に才を発揮した道真にあやかることはいうまでもありません。庶民の間では洛陽《らくよう》天満宮めぐりや東都《とうと》天神めぐりなども流行しました。

現在、太宰府天満宮と北野天満宮、両宮の分社は一万以上を数えます。また、各地の天満宮の境内には梅の木が植えられていることが多いのですが、これは道真が太宰府に左遷させられるに際して詠《よ》んだ、以下の句にまつわるものです。

東風《こち》吹かばにほひおこせよ梅の花　あるじなしとて春なわすれそ

五章

「神主さんや祭祀」がわかる10項

祭りはなぜ行なわれるようになったのか？

「祭り（マツリ）」の語源は諸説があります。神を「マツ（待つ）」意であるとか、神に物を供える意の「タテマツル（献）」からきたとかいわれています。

祭りはさまざまな儀礼や所作《しょさ》から成り立っていますが、実際、祭りにおける大切な要素は「神にお供《そな》え物《もの》を献る」ということであり、それに加えて祝詞《のりと》（称《とな》えごと）を唱《とな》えることです。

古代の日本人の考え方では、神は祭りが行なわれるごとに来臨《らいりん》され、祭りが終わると帰っていかれるとされています。

そのため、いまでも祭りの基本的な順序は、まず神を迎え、次に御酒《みき》・御食《みけ》（神饌《しんせん》）を供え、感謝・願いの祝詞を捧げ、最後に神をお送りする、となっています。

各神社の年中祭祀《さいし》においては、祈年祭《きねんさい》と新嘗祭《しんじょうさい》が特に重要です。その他に各神社に特有の「特殊神事」も行なわれます。

また、一般に「お祭り」と呼ばれる例祭《れいさい》（大祭《たいさい》）があります。例祭はその神社にとってもっとも重要な祭りで、これは氏子《うじこ》（地域の住民）のための祭りでもあります。氏子はこれに参加することによって互いに親睦《しんぼく》を深めます。地域の祭りは人と人を結びつける重要な役割も担っているのです。

ところで、例祭日は神社の祭神や由緒《ゆいしょ》によって定められているので、神社の創立との関わりが深くあります。言い換えれば、例祭とは、その神社が創祀《そうし》されたいわば誕生日を祝う祭りでもあるのです。

神道《しんとう》の祭りの特徴の一つは、季節と密着していることです。つまりは、祭りが一年の季節を定める根拠にもなっていたということです。

春《ハル》・夏《ナツ》・秋《アキ》・冬《フユ》の言葉の語源は、祭りとの関係のなかで生まれてきたともいわれます。ハルは「張る」に通じ、「草木の芽がふくらむこと」、また「田畑をハル（墾《は》る）」、さらに「気候がハル（晴る）」などの説もあります。ナツは、災厄をものに撫《な》でつけて祓《はら》い流す、つまり「撫づ」と関係があるように思います。疫病《えきびょう》が発生しやすい季節でもあり、また、稲の生育には害となる虫が多く発生する時期でもあります。このような不安な出来事を追い払うのが夏祭りであるといわれています。

次のアキは「飽《あ》き食《ぐ》い」が語源といいます。秋は収穫の季節で、豊穣《ほうじょう》な穀物など「飽き満《み》ちる」ほどもたらしてくれた神に感謝し、次の年もまたそのようになることを願う季節です。

最後のフユは寒い時期ですから、温かくなる春を待つ間に、いままで消耗していた体に再び活力を蓄える時期でもあります。この冬に行なわれるのが「ミタマノフユ」という神道ではもっとも大切な祭りで、「恩頼」という字をあてます。ミタマは御霊、フユは「増える・増やす」の意で、祭りに参加した人は神と共食にあずかることでミタマノフユを身に受けます。霜月《しもつき》（一一月）に重要な祭りや神楽《かぐら》（霜月神楽）が行なわれる意味もそこにあるのです。こうして神の恩恵にあずかり、また新たなハルを迎えるのです。

神輿や山車が祭りに欠かせない理由

祭りの華《はな》といえば、神輿《みこし》と山車《だし》でしょう。

神輿（御輿とも）は、一般的に「みこし」と呼ばれますが、「しんよ」ともいいます。神輿は「神が乗る輿」のことで、神霊《しんれい》は本殿より神輿に乗ってお旅所《たびしょ》までお出ましになります。神輿は氏子たちによって担《かつ》がれ、氏子地域を練り歩きます。これを神輿の「渡御祭《とぎょさい》」「神幸祭《しんこうさい》」「神幸式」などと称します。また、お旅所から神輿が本殿に帰ることを「還御祭《かんぎょさい》」「還幸祭《かんこうさい》」などといいます。

神幸祭で有名なのは鳥取県米子《よなご》市の日吉《ひよし》神社に伝わるもので、寛永《かんえい》一四（一六三七）年以前からといいますから三八〇年以上の歴史があります。二〇〇人以上の氏子が参加して行列を組みます。

先導役の発するかけ声である「えんよいーやな、えんよいとまかせ、さささ、さーよいとまかせ」は「いい世の中だな、さあ、もっといい世の中でありますように」という意味です。このようなかけ声から、この神幸祭は「よいとまかせ」とも呼ばれています。

そもそも祭りに神輿が用いられるようになったのは、「神霊は移動するものである」との考えからでしょう。

また、御霊《ごりょう》信仰（怨《うら》みを残して亡くなった人びとの御霊の祟《たた》りを恐れ、そのような御霊をなぐさめることにより、平穏な世にしようとした信仰）や疫病神（疫病を司る神）への信仰などが合わさって、御霊を村境の外へと送り出す儀礼が行なわれるようになり、神輿がその際に用いられるようになったといいます。

一方、山車は祭りに曳《ひ》く屋台《やたい》のことで、これに神霊を招き寄せるために突き出した飾りに由来するといい、祭礼のときに種々の飾り物などをして引き出す車のことです。

山車の起源は大嘗祭《だいじょうさい》で使用される「標山《しめやま》」にあり、山車の山頂にある尖《とが》った鉾《ほこ》は神霊が依《よ》り憑《つ》くためのものといいます。要するに、神霊が山頂に降臨《こうりん》するという古くからの神観念にもとづくものと思われます。

山車で有名なのは、京都の祇園《ぎおん》祭の山鉾《やまぼこ》です。現在、三三基ある山鉾の先端にも、それぞれ神の依代《よりしろ》としての装飾が見られます。

神職の間にはどんな職階があるのか

一般的にいえば、神社で働いている人のことを「神主《かんぬし》さん」と称していますが、これは正式な呼び名ではありません。

「神主」とは、奈良・平安時代においては、「神を祭る主」すなわち「神職《しんしょく》の長」

を指していました。

第一〇代の崇神《すじん》天皇の御代《みよ》、大物主神《おおものぬしのかみ》の祟りにより疫病が流行し、多くの人びとが亡くなったとき、崇神天皇の夢に「自分の子孫である意富多々泥古《おおたたねこ》に祭りを行なわせれば、天下太平が訪れるであろう」との神託《しんたく》がありました。そこで、託宣《たくせん》の通りに意富多々泥古を「神主」として祭祀《さいし》を行なわせたところ、祟りは止んだといいます。『古事記《こじき》』にはこのように記されており、すでに「神主」という言葉が現れています。ここでの神主は祭祀を主宰する地位にある者の意です。

古代の律令《りつりょう》制においては、国家の祭祀を司《つかさど》る役所を神祇官《じんぎかん》といい、そこには伯《はく》(長官)・副《ふく》(大副・少副)・佑《ゆう》(大佑・少佑)・史《し》(大史・少史)、その他、神部《かんべ》・卜部《うらべ》・御巫《みかんなぎ》などの職員が置かれていました。

なお、この時代の祝詞には「神主、祝部等《はふりべども》」という記述が見られますが、これらは現在の神職を指しており、神主や祝部と呼んでもいたようですが、古くは神主は神そのものになる存在でした。それが後に、人びとに代わって人びととの願いを神に奏上《そうじょう》する立場となったのです。

さて、このようにさまざまな名称が混在していましたが、明治になると神職制度は改正され、明治二〇（一八八七）年、官国幣社《かんこくへいしゃ》の神官が廃され、神職の名称に改められました。

さらに、その後も神職の職制は改定されていき、神社の格式によって、たとえば、官国幣社においては宮司《ぐうじ》・禰宜《ねぎ》・主典《しゅてん》と呼び、さらに宮司・権《ごん》宮司・禰宜・主典（宮掌《くじょう》）の神職が置かれました。その他の神社においては社司《しゃし》・社掌《しゃしょう》が置かれましたが、この呼び名は終戦後に占領軍（ＧＨＱ）によって神道指令が出されるまで続きました。

昭和二一（一九四六）年二月三日に神社本庁が設立され、全国のほとんどの神社を包括する宗教法人となります。

現在、神社本庁によって定められた神職の職階には、宮司・権宮司・禰宜・権禰宜があります。

ただし、伊勢神宮《いせじんぐう》は別格であるので、祭主《さいしゅ》・大宮司・少宮司・禰宜・権禰宜・宮掌という職階より構成されています。

禰宜の語源は「ねぐ（祈ぐ）」すなわち「神の心をねぎらい、神の加護《かご》を願う」という意味からきているとされています。

巫女さんには神と人を繋ぐ役割があった

現代の神社における巫女《みこ》さんの役割といえば、お守りや神札《おふだ》を授与したり、祈禱《きとう》をする際に神前で御鈴《みすず》を鳴らして舞を行なうことなどですが、本来は「神子《みこ》」とも書き、神に仕える未婚の女性を指し、神懸《かみが》かって神意をうかがって神託を告げるという重要な役割を果たしていました。

「巫女」は一般的に「みこ」と読みますが、「ふじょ」と音読することもあります。巫女の「巫」をかつては「かむなぎ」と読みましたが、「かむ」は神であり、「なぎ」は「なごめる」の意味、つまり、神に仕えて神楽や舞などを行なうことによって神慮《しんりょ》をなだめ、神意をうかがい、神おろしを行なったのです。

たとえば、記紀《きき》には神功《じんぐう》皇后が神懸かりなされて、夫の仲哀《ちゅうあい》天皇が熊曾《くまそ》を征伐しようとされたとき、神託を授かる場面が描かれています。その際、仲哀天皇は御《み》琴《こと》を弾かれています。この琴を弾くのは、そのことにより、神を招き寄せるためであり、引いては皇后に神が懸かりやすくするために行なわれたものです。

これにより、皇后は神懸かり、神は皇后の口を借りてお告げをします。しかし、天皇はこの託宣を信じませんでした。すると、天皇は、神の怒りにふれて崩御《ほうぎょ》したのです。

この記事は、巫女が神懸かりして託宣を告げることにより、神と人を繋ぐ役目を果たしたことを物語っています。また、巫女の口から出た託宣は、直接、政《まつりごと》に反映されていたこともわかります。

古代における巫女の役割は現代へと受け継がれています。それは、神懸かりの舞が様式化したという巫女神楽のなかに、いまも面影を残しています。ところが、時代が下って、神社の建物が多く建てられていくと、神は本殿に常在するようになっていったため、神懸かり・神おろし、あるいは託宣がなされる意義が徐々に薄れていき、祭祀の中心的な務めは男性の神職へと移っていきます。現代の巫女さんたちに神懸かりや神託を告げる役割が見られなくなった要因です。

しかしながら、民間に生きる巫女たちのなかには、いまでも神懸かりや神おろし、神託を行なうことが見られます。たとえば、恐山《おそれざん》（青森県むつ市）のイタコや沖縄のユタなどがそれにあたります。

社務所が建てられるようになったのは明治以降

神社の境内《けいだい》には本殿《ほんでん》や幣殿《へいでん》、拝殿《はいでん》、舞殿《まいどの》など、祭祀に欠かせない建物が数多く配置されていますが、神職と参拝者とを直接結ぶ建物といえば、それは社務所《しゃむしょ》です。

社務所は神職が日々祭祀に奉仕するための事務・運営一般を執《と》り行なう建物であると定義できますが、お守りや神札などを参拝者に授ける授与所や、正式参拝を行なう際の受付などを兼ね備える場合が少なくありません。

もともと、社務所という決まった施設はなく、世襲《せしゅう》制の神職家では邸宅がその役目を兼ねていました。

ところが、維新《いしん》が成って時代が明治と変わり、神社神道が国家の管轄下に置かれるようになると、神社諸般の制度も整備されていき、公的な目的を遂げるための施設として社務所が設けられるようになります。それまでは、庁舎《ちょうのや》（庁屋）とか政所と称された建物がありましたが、明治七（一八七四）年、社務所と称すべきとされました。また、明治三〇（一八九七）年の内規によれば、村社においてさえも社務所は必要不可欠な施設と位置づけられていたのです。

社務所の内部には、宮司室や応接室の他、神符《しんぷ》（神札）を調製するための部屋や、夜間の境内を警備するための宿直室などを設けてある神社もあります。また、祭典が行なわれた後、神職や参列者が、神へ供えられた神酒や神饌をともに飲食する「直会《なおらい》」の場としても使用されています。

なお、社務所には参籠所《さんろうしょ》（斎館《さいかん》とも）といって、祭典奉仕の神職が精進潔斎《しょうじんけっさい》する建物が併設されている場合も少なくありません。

神様に供える食べ物は、完全な無農薬！

神を饗応《きょうおう》するときに供える食事を「神饌」（「御饌」とも）といいます。現在、神饌には、生のものをそのまま供える「生饌《せいせん》」と、調理された状態で供える「熟《じゅく》饌《せん》」がありますが、そもそもは熟饌を供していました。

伊勢神宮の外宮《げくう》（豊受大神宮《とようけだいじんぐう》）では、毎朝夕二度、担当の禰宜一名、権禰宜一名、宮掌一名、出仕二名、合計五名が忌火屋殿《いみびやでん》（厨房）で調理した御饌（大御饌）を御饌殿に供える神事が行なわれています。これを「日別朝夕大御饌祭《ひごとあさゆうのおおみけさい》」といいます。

調理に使われる火は、縄文時代に使用されていたとされる御火鑽具《みひきりぐ》によって鑽《き》り出された清浄な火で、これを「忌火《いみび》」と呼んでいます。また、お供えする水は上御井《かみのみい》神社からいただいています。

神宮においては、神嘗祭《かんなめさい》をはじめとする祭祀に使われる神饌用の食材だけではなく、食器も独自にまかなっています。

また、各調整所や神田《しんでん》には潔斎所が設けられており、神職は古式にのっとり、浄衣《じょうえ》（純白の狩衣《かりぎぬ》）に烏帽子《えぼし》をつけ、それぞれの神事に奉仕します。

神様にお供えする神饌や衣服の御料《ごりょう》は神宮の御料地の神宮神田《しんでん》、神宮御園、御塩殿、神服織機殿《かんはとりはたどの》神社・神麻続機殿《かんおみ》神社、鰒《あわび》調製所などで栽培・精製されたものであり、当然ながら、完全無農薬でなければなりません。

熟饌のなかでも、米を蒸したものを「御飯《おんいい》」と称しますが、御料米は神宮の施設である神宮神田でつくられています。神宮神田は内宮《ないくう》の別宮《べつぐう》の一つである月読宮《つきよみのみや》の東にあり、うるち米や餅米《もちごめ》もつくられています。また、伊雑宮《いざわのみや》御料田では、古代米の赤米や黒米も栽培されています。

天照大御神《あまてらすおおみかみ》に奉られる御神酒（白酒《しろき》・黒酒《くろき》・醴酒《れいしゅ》・清酒《せいしゅ》）は、外宮にある御酒《みさか》殿《どの》でつくられていましたが（現在は忌火屋殿でつくられている）、その際に使用される水は、高天原《たかまのはら》の天《あめ》の忍穂井《おしほい》の水を引いているとされる、前述した上御井神社から汲み出された水です。

伊勢神宮の神饌には欠かすことのできないものに鰒があります。加工法によって身取《みとり》鰒・玉貫《たまぬき》鰒・生《なま》鰒・乾《ほし》鰒などに分けられますが、これらの鰒は町の古老により、神宮御料鰒調製所というところで昔の手ぶりのまま調製されています。その他、乾栄螺《ほしさざえ》・ひじき・わかめ・あらめなどの海産物も同所で手を加えられています。

初宮参りと七五三は氏神神社へ

生後、はじめて産土《うぶすな》神社（氏神《うじがみ》社）へお参りすることを「お宮《みや》参り」（「初宮《はつみや》参り」とも）といいます。一般的には、男児が生後三二日目、女児が生後三三日目に行なわれています。これを「氏子入り」という地方もありますが、以後、その子は氏神様の氏子として生涯にわたり誕生の奉告《ほうこく》を行ない、氏神様のご加護をいただくことになります。

なお、お宮参りの日は地方によって異なりますが、三〇日前後を目安にして行なう場合が多いです。また、男児と女児の日にちが入れ替わることもあり、最近は産土神ではなく、有名な大社にお参りする人も少なくありません。

母方の実家から贈られた宮参り用の晴着を着せ、神社へは祖母が抱いて行くしきたりもあります。かつては両親と父方の祖母が同行していましたが、いまでは母方の祖母が付き添う場合が多いようです。

初宮参りは、前述したように「氏子入り」といわれる通り、産土神に新生児の顔を見せることによって、氏子の一員として認められるための儀礼です。そのため、参拝する際に社前でわざと顔をつねって泣かせることで、参拝にきたことを神様に知らせるということも行なわれました。

次に、七五三は、子どもが健《すこ》やかに成長したことに感謝する一方、今後の無事もお願いするための参拝です。男児は五歳、女児は三歳と七歳のときに行なわれ、基本的には一一月一五日に参拝することになっています。

中国の思想によれば、七・五・三という数字は陽《よう》として勢いのある数字ですが、同時に危険を意味する数字でもありました。そのため、子どもがこの年齢に達して節目を迎えるにあたり、産土神に詣《もう》でることにより、さらなるご加護をいただくことによって、危機を回避しようとの願いも込められているようです。なお、雛祭り《ひなまつ》（三月三日）や端午《たんご》の節句《せっく》（五月五日）、七夕《たなばた》（七月七日）なども、陰陽説《いんようせつ》にもとづく年中行事です。

地鎮祭は何の神を鎮めるためのもの？

家を新築したり、ビルを建築したりする際、本格的な工事を行なう前に執《と》り行なわれるのが「地鎮祭《じちんさい》」です。

地鎮祭は鎮地《ちんち》祭・鎮《ちん》祭・地祭《じまつり》などとも称されます。その土地の霊を鎮めるとともに、建築工事の安全を願うための祭儀です。

『日本書紀《にほんしょき》』の持統《じとう》天皇五（六九一）年十月の条によると、天智《てんじ》天皇の第二皇女で天武《てんむ》天皇の皇后である持統天皇（在位六九〇～六九七）が、藤原京《ふじわらきょう》を造営するにあたって新益都《しんやくのみやこ》（藤原京を指す）を鎮め祭ったこととあります。これが地鎮祭についての初出といいます。なお、地鎮祭は「とこしずめのまつり」とも称します。

さて、一般的に地鎮祭は神職によって執り行なわれます。まずは地鎮祭を執り行なう祭場を調え、次に祭場の四隅に忌竹《いみたけ》をさし立て、その竹にはしめ縄を張りめぐらし、しめ縄には紙垂《しで》を垂らします。祭場の中央の上部に祭壇（神籬《ひもろぎ》）を設けます。神籬を立てるのは、土地の神様である産土神または大地主神を降臨《こうりん》させ、その土地の守護を祈るためで、祭壇には米・酒・塩・果物・野菜・海産物などが供えられます。

大地主神は「おおとこぬしのかみ」と読み、この国土の守護神です。

神職による地鎮祭の式次は、まず修祓《しゅばつ》、そして降神、献饌《けんせん》、祝詞奏上《のりとそうじょう》などがあり、敷地を祓《はら》う（四方祓）ための切麻《きりぬさ》や散米《さんまい》を行ないます。それが終わると、施主や建築士による鍬《くわ》入れ（手斧始《ちょうなはじめ》）や地鎮がなされ、その後、場合によっては土地に鎮《しずめ》物《もの》や埋物《うめもの》をすることもあります。

前述した藤原京の場合も埋物がなされたものと思われます。埋物には、鉄製の人形や刀子《とうす》、鏡、経典、水晶などが使われ、次いで玉串奉奠《たまぐしほうてん》が行なわれます。次に、撤饌《てっせん》（神饌をおろす）、昇神《しょうしん》（降臨した神様にお帰りいただく）の儀を行ない、その後、直会を行なって終了します。

新嘗祭は天皇陛下が神々に豊穣を報告される祭り

毎年一一月二三日は勤労感謝の日です。「国民の祝日に関する法律（祝日法）」によれば、勤労感謝の日は「勤労をたっとび、生産を祝い、国民たがいに感謝しあう」と説明されています。

それでは、なぜ一一月二三日が勤労感謝の日になったのかというと、この日は古来、新嘗祭の日であったことと深い関係があります。

その新嘗祭は「にいなめさい」「しんじょうさい」「にいなめのまつり」などともいわれ、また、単に「新嘗」とも称しました。「にいなめ」とは「にひ（新穀）の（助詞）あへ（饗）」という意味で、「新穀を神々に供えること」です。なお、詳しくいえば、天皇は新穀を天神地祇《てんじんちぎ》に供え、自らもこれを食するのであり、そのことにより、その年の収穫に感謝を捧げるのです。神社本庁の『神社祭祀規定』においても、新嘗祭は大祭とされており、重要な祭祀であることがわかります。

古くは、新嘗祭は旧暦の十一月の下卯日《しものうのひ》と定められており、新暦に直すと一二月下旬頃にあたります。明治六（一八七三）年に改暦が行なわれた際、新暦の一一月の下卯日が二三日であったことから、これ以降、新嘗祭は毎年一一月二三日に固定されることになったのです。

新嘗祭の記事として注目されるのは、天照大御神が「新嘗《にひなへきこ》しめす時を見て」素戔嗚尊《すさのおのみこと》が、その新嘗祭を行なっていた新宮を穢《けが》したとあることです。この記事は記紀ともに見えるものです。その他、新嘗祭の記述は多く見られますが、注目されるのは『日本書紀』神代下に、天照大御神が「吾《わ》が高天原にきこしめす斎庭《ゆにわ》の稲穂《いなほ》を以て、また吾が児《こ》にまかせまつるべし」と仰せになって、天孫《てんそん》の邇邇芸命《ににぎのみこと》が降臨する際に斎庭の稲穂を「まかせ」られたことです。「まかせる」とは、代わりに行なうことです。

つまり、高天原で育てられていた穀物の種は、天孫が天下ることによって葦原《あしはらの》中国《なかつくに》でも栽培されることになったのであり、これが神話においては、日本における農業のはじまりということになっているのです。

現在の新嘗祭は、宮中三殿《きゅうちゅうさんでん》の西の神嘉殿《しんかでん》において行なわれています。身を清められた天皇は、お一人で夕《ゆうべ》の儀《ぎ》（午後六時～八時）と暁《あかつき》の儀（午後一一時～翌日の午前一時）を執り行なわれます。新米の蒸し御飯と御粥《おかゆ》、粟の御飯と御粥、白酒と黒酒、魚の鮮物《なまもの》と干物などを、天皇が竹の御箸《みはし》で自ら枚手《ひらで》（柏《かしわ》の葉）に盛りつけ、神座《かむくら》に供されてから、天皇も召し上がるといいます。

神楽のルーツは天照大御神の「天岩屋戸伝説」にあり

神楽《かぐら》とは、神慮を慰めるために神前で奉奏《ほうそう》する芸能を指します。一説によると、神楽の語源は「カムクラ（神座）」にあるといいますが、神座とは、なかにご神体《しんたい》を入れて持ち歩く移動式の神座という説や、かつて森のなかで舞楽《ぶがく》が行なわれていたことに対する言葉であるなど、諸説あってはっきりしません。

神楽には大きく分けて二種類あります。宮中で上演される御神楽《みかぐら》と、民間の里《さと》神楽です。

御神楽は毎年一二月半ば頃、宮中の内侍所《ないしどころ》（現在の賢所《かしこどころ》）の前庭において、天皇ご臨席のもとに演じられるもの。簡略化されているものの、現在も宮内庁式部職楽部によって披露されています。

里神楽は一般的な神楽であり、大まかには伊勢流神楽・出雲流神楽・巫女神楽・獅子《しし》神楽などに分類することができます。

なかでも、出雲国（現在の島根県）の佐陀《さだ》大社の御座替《ござがえ》神事を源流とする出雲流神楽は娯楽色の強い神楽としてその名が知られています。その支流には石見《いわみ》神楽があり、「大蛇」という演目において演じられるスサノオの八岐大蛇《やまたのおろち》退治の場面は、広く知られるところです。

神楽の起源は、『古事記《こじき》』神代巻では、天照大御神が天岩屋《あめのいわや》にお隠れになったとき、天宇受売命《あめのうずめのみこと》が岩戸の前で神懸かりし、俳優《わざおぎ》をしたことにあります。

天宇受売命はこのとき、天香具山《あめのかぐやま》の日陰蔓《ひかげかずら》を襷《たすき》がけにし、真析蔓《まさきかずら》を髪飾りにし、天香具山の笹の葉を束《たば》ねて持ち、伏せた桶《おけ》の上で音を立てて狂ったように踊り、神懸かりの状態となりました。そして、天宇受売命は乳房を露《あらわ》にし、裳《も》の紐《ひも》を女陰《にょいん》のあたりまで押し下げたのです。

この姿を見て、その場にいた多くの神々は高天原が鳴動《めいどう》するほどに大声を上げ、笑い転げたといいます。神楽という言葉は、「神恵良岐《かんえらぎ》（神々の笑み）」が略されたものという説もあるほど、この神話と神楽は深い関係にあります。

天宇受売命の神懸かりしたような踊りは、その後、五穀豊穣や家内安全などの願いを神々に祈り、あるいは秋の収穫を無事に迎えることができたことに対する謝意としての歌舞となっていますが、現在見られるような神楽の起源であるともいわれています。

江戸時代に入り、いままで神様へ向けて表現されていた神楽は、庶民のための娯楽へと徐々にその姿を変えていきました。神道には聖典がないため、神話や信仰を伝える神楽は、庶民の神道の世界を語るには格好の史料となっています。

六章

「神道」がわかる9項

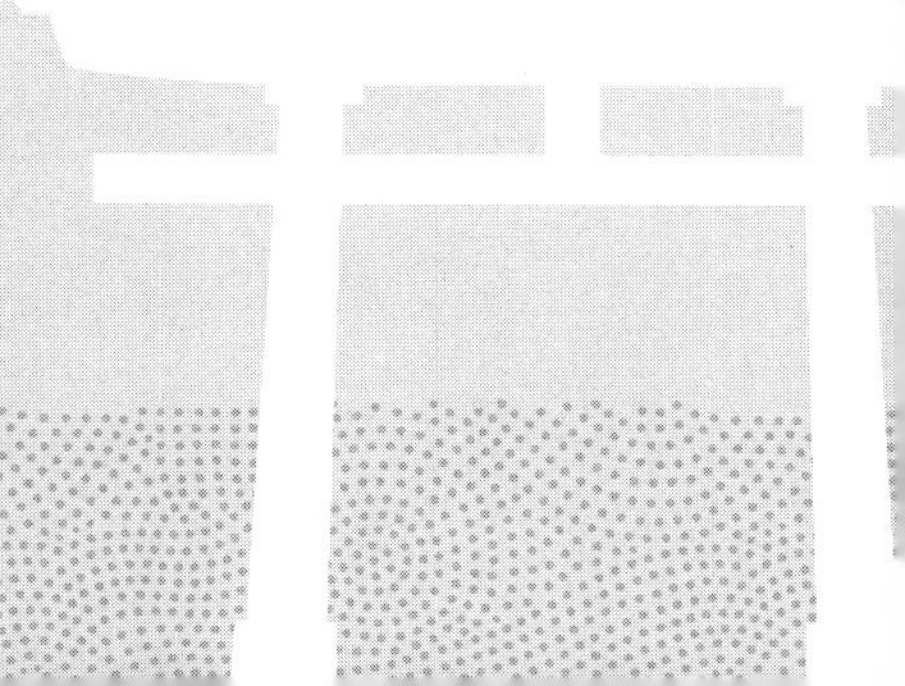

カミの語源は「上」？ 「鏡」？

　ここまでは日本の神様を数多く紹介してきましたが、実は「カミ」という語の意味はいまだに明らかになってはいません。

　カミ（神）の語源については諸説があります。主なものとしてはカミ（上）・カガミ（鏡）・アカミ（明見）・カクリミ（隠身）などの説です。

　最初の「カミ＝上」説は、南北朝時代の忌部正通《いんべのまさみち》にまでさかのぼることができ、彼の代表的著作の『神代巻口訣《じんだいかんくけつ》』に見えています。以後、この説は江戸時代の新井《あらい》白石《はくせき》（一六五七～一七二五）や賀茂真淵《かものまぶち》（一六九七～一七六九）に受け継がれ、明治時代まではほとんど定説となっていました。

　しかし、橋本進吉《はしもとしんきち》（一八八二～一九四五）は音韻上から判断して、この説は適当ではないと説きました。橋本説は、上代特殊仮名遣い《じょうだい》にもとづくもので、上代にはミ音が二つ存在したといいます。これによると、カミ（神）のミはmïと発音するのですが、これは乙《おつ》類の音、一方、カミ（上）のミはmiと発音し、これは甲《こう》類の音、つまり、神《カミ》の「ミ」と上《カミ》の「ミ」は音が違っており、ゆえに「カミ＝神」「カミ＝上」説は成り立たないというのです。

次の「カミ＝鏡」説は、鏡のなかに神の尊像を描いて崇《あが》めていたことによります。さらに、カガミからガを抜いたらカミになる、という説教的な説ですが、カガミのミもやはり甲類の音であるので、別語ということになります。

「アカミ＝明見」説は、神が常に上にいて明るく照らしておられるところから考えられたものですが、アカミのミも甲類の音です。

「カミ＝隠身」説はどうか。カクリミのミはカミと同じく乙類で、音韻に関しては問題がありません。『古事記《こじき》』のはじめに神は「隠身」とあることが注目されています。つまり、神とはもともと人間の肉眼で見ることのできないものということになります。

カミを古くは「カム」や「カン」と読みました。カムナビ（神名備・神奈備・神南備）、カンサビ（神さび）、カムヅマル（神留〈神として鎮まっていること〉）という言葉を見るとそのことがわかります。

また、ワタツミ（海神・綿津見）やヤマツミ（山神・山祇）のように、単に「ミ」

とのみ称された神々があります。これらは「カミ」になる前の精霊であるとも思われます。さらに、ミよりも神格が低いとされる「チ」という霊があります。オロチ（大蛇）やイカヅチ（雷）、カグツチ（迦具土）などです。

なお、参考までに、以下に『古語辞典』（岩波書店）の「かみ〔神〕」の項目の一部を掲げておきます。この解説にはカミ（神）の語義が全体にわたってよくまとまっているように思われるからです。

「上代以前では、人間に対して威力をふるい、威力をもって臨むものは、すべてカミで、カミは人間の怖《おそ》れと畏《かしこ》みの対象であった。人間はこれに多くの捧げ物をして、これがおだやかに鎮まっていることを願うのが基本的な対し方であった。（中略）平安時代以後、古いカミの観念の大部分は引きつがれたが、奈良時代に始まる本地《ほんじ》垂迹《すいじゃく》の説が広まり、仏とカミとに多少の融合が起り、カミは荒荒しく威力をふるう存在としてよりも、個個人の行為に禁止や許可を与える面が強く現われる。しかし仏が人間を救い、教導し、法を説くものとして頼られたのに対し、カミは好意・親愛の念で対されることなく、場合によっては鬼・狐・木魂《こだま》と同類視されて畏れ憚られた。また、中世末期キリスト教の伝来に際し、デウスはカミと訳されず、日葡《にっぽ》辞書のカミの項には「日本の異教徒の尊ぶカミ」とだけ説明されている。」（ルビは監修者による）

日本の神様は「八百万《やおよろず》の神」といわれ、また、地域や崇敬者によっても語義が異なります。カミの語源を辿ることは、容易なことではないのです。

神道という名称は、実は漢語

わたしたちは「日本固有の民族宗教」（神祇《じんぎ》信仰）を「カミの道」と呼び、これに「神道《しんとう》」という漢字を用いています。「神道」という語は実は漢語、つまり中国から輸入した語です。それが日本に伝えられたのは奈良時代とされています。

神道という言葉が日本の文献にはじめて現れるのは『日本書紀《にほんしょき》』（養老《ようろう》四〈七二〇〉年成立）においてであり、わが国最古の歴史書である『古事記』（和銅《わどう》五〈七一二〉年成立）に「神道」という語を見出すことはできません。

『日本書紀』に見られる神道という語は、以下の二か所です。

①信二仏法一尊二神道一（仏法《ほとけのり》を信《う》けたまひ、神道《かみのみち》を尊びたまふ）

②尊二仏法一軽二神道一（仏法を尊び、神道を軽《あなづ》りたまふ）

①は用明《ようめい》天皇即位前紀の記事で、「天皇は仏法を信じ神道を尊敬された」とあり、②は孝徳《こうとく》天皇即位前紀の記事で、「天皇は仏法を尊び神道を軽んじられた」と記しています。これらの記事から注目されるのは、二例とも、仏法すなわち仏教と神道とが対比して用いられているということです。つまり、いままで名前のなかった在来の神祇信仰に「神道」という名称をつけたのは、恐らく『日本書紀』を編修した者であり、神道という語を使った背景には、日本独自の民族宗教を他国に向けてアピールする意図があったということになります。

よって、『日本書紀』は『古事記』と異なり、日本の歴史を外国へ知らせるために編纂《へんさん》されたといわれます。書名に「日本」と冠されているのが何よりの証拠です。

そこで、日本の神祇信仰に名前をつける際にも、中国の古典から借用するのが適当と考えました。かつ、神道と外来の宗教である仏教とを対比させることで、日本独自の信仰形態を外国へ知らしめることにしたのでしょう。

大正・昭和期の歴史学者である津田左右吉《つだそうきち》（一八七三〜一九六一）は徹底した史料批判にもとづく研究者として知られますが、日本の神道を科学的に研究した成果である『日本の神道』において、「日本で神道といはれてゐるものにシナ思想がいかにはたらいてゐるか」を考察しています。

津田によると、中国の文献で神道という語がはじめて出るのは『易経《えききょう》』の「観《かん》の卦《け》の彖伝《たんでん》」であるとし、以下の用例を掲げています。

観天之神道、而四時不、聖人以神道設教、而天下服矣
(天の神道を観るに、四時忒《たが》はず、聖人神道を以て教を設けて、天下服す)

神道は一般的には「神《かみ》の道《みち》」と読むことができますが、ここに記されている「天の神道」の「神」は「道」を形容する語であって、津田によると「霊妙なる」と解されます。そして、「道」は「自然の理法（法則）」という意味であるから、神道と

はすなわち「霊妙なる道」ということになるといいます。

「お祓い」はなぜしなければならないのか？

身の周りに何か不幸なことが起こると、「お祓《はら》いをしてもらわなければ」という気持ちになります。神社に参拝する目的の一つに「お祓い」があることは間違いありません。神道において、人間は本来、善であり清浄《せいじょう》な存在としています。ところが、生活をしていくなかで罪を犯したり、また穢《けが》れた状態になるので、神前で神職に祝詞をあげてもらい、祓っていただくのです。そのように「お祓い」を受けることにより身の穢れが落とされ、善で清浄なもとの姿に戻ることができると信じられてきました。

昔から、日本の罪悪感を表す言葉には「罪《つみ》」と「穢れ」がありました。これらを捨て去り、清らかな心身に立ち返るための神道的儀式が「禊《みそぎ》」と「祓《はらえ》」です。

禊と祓は言葉が異なるように、そもそもは異なる儀式でした。しかし、機能が似ているということもあって、奈良時代の初期にはすでに混合されていました。禊はミソギ（古くはミソキと清音で読んだ）と読むべきですが、これをハラへといったり、一方、祓はハラへないしハラヒと読みますが、これをミソギといったりしていました。「禊祓」「祓禊」と複合語にして、二字でミソギあるいはハラへと読んでいたこともあります。ところが、元来は別のものであり、禊は穢れを除去するための儀式で、祓は罪を除去するための儀式でした。

禊の儀式の起源が伊耶那岐神《いざなぎのかみ》にあることは前に述べましたが、では、祓の儀式の場合はどうでしょうか。

『古事記』によれば、須佐之男命《すさのおのみこと》は高天原《たかまのはら》で種々の罪を犯されたとあり、その罪の償いとして多くの贖物《あがもの》を差し出さねばなりませんでしたが、それでは足りず、髭《ひげ》や手足の爪を切られてしまい、ついには高天原を追放されたとあります。祓の起源はこの段にあるとされます。

わたしたちが行なう祓の儀式は、身を不幸にする罪や穢れを除去するものですが、罪穢れを贖《あがな》うための料《りょう》として祓具《はらえつもの》（祓物・祓柱・祓種《はらえぐさ》とも）を差し出すのです。したがって、水中に身を浸け、穢れを振るい落とそうとする禊とは、やはり異なるものです。

六月と一二月には大祓《おおはらえ》の神事が行なわれます。このときに祓具として形代《かたしろ》・人《ひと》形《がた》などが差し出され、これらの祓具で身体を撫《な》で、それに罪穢れを移して川や海へ流します。大祓では大祓詞《ことば》が読み上げられます。そこには人間の犯した、あるいは人間がこれから犯すであろうさまざまな罪が列挙されており、その罪がどのような道筋を経て祓われていくかが述べられます。このとき登場するのが瀬織津比咩《せおりつひめ》・速開都比咩《はやあきつひめ》・気吹戸主《いぶきどぬし》・速佐須良比咩《はやさすらひめ》という祓戸《はらえど》四柱《よはしら》の神様で、これらにより罪や穢はすっかり祓われることになります。

神道には「神社神道」と「教派神道」の二つがある

神道を体系的に見ると、大きく神社神道系と教派《きょうは》神道系との二つに分けられるでしょう。そのうち神社神道系とは、全国に所在する八万余の神社を中心とする神道で、これらを統括しているのが神社本庁です。なお、神社本庁では神宮《じんぐう》（伊勢《いせ》神宮）を本宗《ほんそう》と仰いでいます。

一方、教派神道系とは、教祖が神道的な教義にもとづいて創始した神道です。これはさらに教派神道と神道系新宗教とに分けられます。教派神道は明治期に国家により公認された「神道十三派」（「教派神道十三派」とも）を指し、神道系新宗教は新たに設立されたそれ以外の教団をいいます。

昭和二〇（一九四五）年一二月にＧＨＱによって発せられた「神道指令」によれば、教派神道とは国家神道ないし神社神道に対する用語です。そこには、「宗派神道或ハ教派神道ナル用語ハ一般民間ニ於テモ、法律上ノ解釈ニ依ツテモ、マタ日本政府ノ法令ニ依ツテモ、宗教トシテ認メラレテ来タ（十三ノ公認宗派ヨリ成ル）神道ノ一派ヲ指スモノデアル」と記されています。

なお、国家神道は、明治維新後の神道国教化政策により、神社神道を皇室神道の下に再編成してつくられた国家宗教のこととも説明されます。国家神道は第二次世界大戦の敗戦後、「神道指令」により解体されました。

ところで、「十三ノ公認宗派」とは以下のものです。現在の名称・教祖（創始者または組織者）の順に掲げます。

黒住教《くろずみ》　黒住宗忠《むねただ》（一七八〇～一八五〇）

神道修成派《しんとうしゅうせい》　新田邦光《にったくにてる》（一八二九～一九〇二）
出雲大社教《いずもおおやしろ》　千家尊福《せんげたかとみ》（一八四五～一九一八）
實行教《じっこう》　柴田花守《しばたはなもり》（一八〇九～一八九〇）
神道大成教《しんとうたいせい》　平山省斎《ひらやませいさい》（一八一五～一八九〇）
神習教《しんしゅう》　芳村正秉《よしむらまさもち》（一八三九～一九一五）
扶桑教《ふそう》　宍野半《ししのなかば》（一八四四～八四）
御嶽教《おんたけ》　下山応助《しもやまおうすけ》（生没年不詳）
神理教《しんり》　佐野経彦《さのつねひこ》（一八三四～一九〇六）
禊教《みそぎ》　井上正鐵《いのうえまさかね》（一七九〇～一八四九）
金光教《こんこう》　金光大神《だいじん》（川手文治郎《かわてぶんじろう》・赤沢文治《あかざわぶんじ》とも、一八一四～八三）
天理教《てんり》　中山みき《なかやま》（一七九八～一八九八）
神道大教《しんとうたい》　稲葉正邦《いなばまさくに》（一八三四～九八）

教派神道は各教団が独自の教義や教典を持ち、布教や教化によって多くの信者を獲得していくようになります。さらに、神道十三派は組織の特徴から三つに分類することができます（井上順孝「教派神道」〈薗田稔編『神道 日本の民族宗教』所収〉による）。

A　明治維新以前に教団が形成されていて、組織としての統一性の高いもの（黒住教・天理教・禊教・金光教）

B　明治政府の宗教政策を強く反映させて、あらたに教団が形成されたもの（神道大教〈神道本局〉・神道修成派・神理教・神道大成教・神習教）

C　明治維新以前にあった組織を基盤としながら、明治政府の宗教政策に合致させる形で、教団を形成したもの（出雲大社教・御嶽教・扶桑教・實行教）

特に、Cのグループは、江戸時代に存在した富士信仰や御嶽信仰などを中心とした「講《こう》」が基盤となっており、人びとが多く集まる要因ともなりました。

明治二八（一八九五）年には教派神道連合会が結成され、現在も「教派神道連合会」という団体名で活動しています。ちなみに、当初は神道十三派に含まれていなかった大本《おおもと》教が加盟し、一方では天理教や大成教が脱退するなどし、現在の構成教団は一二となっています。

なお、明治初年、伊勢信仰を基盤として、伊勢神宮の神官の指導のもとに神宮教《じんぐう》が設立されました。しかし、明治三二（一八九九）年に解散し、神宮奉斎会《ほうさいかい》として新たに出発しましたが、昭和二一（一九四六）年にまたもや解散、神宮奉賛会《ほうさんかい》となりました（現在の名称は、伊勢神宮崇敬会《すうけいかい》という）。

祝詞にはいったい何が書かれている？

祭祀のときに神前で唱える古い言葉を「祝詞《のりと》」といいます。祝詞は奉書紙に書かれており、それを齋主《いわいぬし》が唱えるのです。

祝詞で大切なことは、言霊《ことだま》に対する信仰です。つまり、祝詞は言霊を信じて神前で唱える言葉です。神の御前での言葉であるので、そこには嘘や偽りがなく、それゆえ祝詞は古代人の信仰や思想、生活、言語を知る上では貴重な文献でもあります。

祝詞の語源には諸説あります。「のり」は「宣《の》り」、「と」は「呪言《じゅごん》」の意との説が有力です。古くは「神の御言《みこと》」として、祭祀の場に集まった人びとに対して宣り聞かせたのです。また、古い祝詞に「称辞《たたえごと》」という重要な語がしばしば見られますが、これは神徳を讃えたことからきています。

現存する最古の祝詞は『延喜式《えんぎしき》』巻第八に収録されている二七篇で、『延喜式』に見られることから「式祝詞《しきのりと》」「祝詞式《のりとしき》」などと呼ばれます。

二七篇の一部を挙げると、祈年祭《としごいのまつり》・春日祭《かすがのまつり》・広瀬《ひろせ》大忌祭《おおいみのまつり》・竜田風神祭《たつたのかぜのかみのまつり》・大殿祭《おおとのほかい》・六月晦大祓《みなづきつごもりのおおはらえ》・大嘗祭《おおにえのまつり》などです。

式祝詞には載っていませんが、藤原頼長《ふじわらのよりなが》（一一二〇～五六）の『台記別記《たいきべつき》』康治《こうじ》元（一一四二）年一一月一六日の条《じょう》に見える「中臣寿詞《なかとみのよごと》」（「天神寿詞《あまつかみのよごと》」とも）も、古代の祝詞では重要視されています。また、中臣寿詞は、中臣氏が践祚大嘗祭《せんそだいじょうさい》のときに奏上した寿詞です。また、『延喜式』巻第一六、陰陽寮《おんみょうりょう》の「儺祭の料《なのまつり》」の条に見える「祭文《さいもん》」も、古い祝詞のうちの一つです。この祭文は一二月晦日の儺祭りに陰《おん》陽師《みょうじ》が読むものです。

『延喜式』の祝詞のなかでもっとも重要な一つは「大祓詞」です。この祝詞は、もっぱら中臣氏が唱えたことから「中臣祓詞」とも呼ばれました。

大祓神事は六月三〇日の夏越祓《なごしのはらえ》と一二月三一日の年越祓《としこしのはらえ》の二回行なわれます。

現在では、大祓神事以外でも唱えられることが少なくありません。

大祓詞の内容は大きく前段と後段の二部構成で、前段では日本の建国神話が唱えられ、後段では大祓神事を執り行ない、また「天津祝詞《あまつのりと》の太祝詞《ふとのりと》」（高天原で神々によってつくられた素晴らしい祝詞。すなわち「大祓詞」のこと）を唱えることにより、罪穢れが祓われていく過程が記されています。

神道に存在する「聖典」って何？

キリスト教には『旧約聖書《きゅうやくせいしょ》』『新約《しんやく》聖書』、イスラム教には『クルアーン（コーラン）』、仏教には各種の経典が存在していますが、神道にはそれらに相応する「聖典」はありません。

しかし、神道には「神典《しんてん》」と称する書籍が伝わっています。神典には神々の事跡や神事などが記され、そこにこそ神道の本質が述べられているといっても過言ではありません。神典という語は「神道古典」の略で、神道書ともいい、かつては神《しん》書《しょ》・神経《しんけい》・皇典《こうてん》・本書《ほんしょ》・国典《こくてん》・経典《けいてん》・教典《きょうてん》などとも称しました。

神典のなかで根本的なのは「記紀二典《ききにてん》」すなわち『古事記』と『日本書紀』です。「国学の四大人《うし》」と称される荷田春満《かだのあずままろ》・賀茂真淵・本居宣長《もとおりのりなが》・平田篤胤《ひらたあつたね》も、記紀二典の、特に神代巻《じんだいかん》の研究を通して神道の道理を究明しようとしたのであり、この研究態度は現在にも通じるものです。

神典にはどのようなものがあるかを知る上で参考になるのは、大倉精神文化研究所編の『神典』（昭和一一〈一九三六〉年刊）です。同書には『古事記』『日本書紀』の記紀二典をはじめ、『古語拾遺《こごしゅうい》』『宣命《せんみょう》』『中臣寿詞』『令義解《りょうのぎげ》』『律《りつ》』『延喜式』『新撰姓氏録《しんせんしょうじろく》』『古風土記《こふどき》』『万葉集《まんようしゅう》』などが収録されています。

また、神道大系編纂会編『神道大系』「古典篇」には、これらの他に、『先代旧事本紀《せんだいくじほんぎ》』『類聚三代格《るいじゅうさんだいきゃく》』『海部氏系図《あまべしけいず》』『八幡愚童記《はちまんぐどうき》』『新撰亀相記《しんせんきそうき》』『高橋氏文《たかはしうじぶみ》』『天書《てんしょ》』『神別記《しんべつき》』などが所収されており、「古典注釈篇」には『古事記』『日本書紀』『祝詞』『宣命』『延喜式神名帳《えんぎしきじんみょうちょう》』『中臣祓《なかとみのはらえ》』などの注釈書が掲載されています。

これらは神典としてもちろん重要なもので、さらに、各神社に伝わる縁起《えんぎ》や祝詞も神典として貴重です。

はじめて神前結婚式を執り行なったのは？

現在見るような神前結婚式は、昔から伝えられていると思われるでしょうが、実はそれほど古いものではありません。神前結婚式のはじまりは、明治三三（一九〇〇）年五月一〇日に宮中三殿（賢所《かしこどころ》・皇霊殿《こうれいでん》・神殿《しんでん》）の賢所で行なわれた、時の皇太子・嘉仁《よしひと》親王（後の大正天皇）と九条節子《くじょうさだこ》姫との結婚の儀にあります。

ご婚約後、同年二月一一日に宮中三殿にて、現在の婚約奉告祭《ほうこくさい》にあたる「皇太子殿下御結婚成約《せいやく》奉告祭」が行なわれました。そして、ご成婚当日は早朝に「皇太子殿下告成婚御祭典」が宮中三殿で執り行なわれました。

まず、皇太子同妃両殿下は賢所の内陣《ないじん》において、玉串《たまぐし》をお供えになり、御拝（一礼）され、御告文《おつげぶみ》を奏上されました。

次いで、賢所の外陣《がいじん》に赴き、両殿下は神酒《みき》を受けられて婚儀は固められました。

それから皇霊殿・神殿へ移られ、御拝になり、玉串を供えられて御結婚をご奉告されたのです。

この両殿下による神前結婚式は、日本国民に深い感銘を与えたようで、国民の間にも神前で結婚式を行なう気運が高まりました。

そして、日比谷《ひびや》大神宮（現在の東京大神宮〈東京都千代田区〉）において一般国民を対象として模擬結婚式が開かれました。これは明治三四（一九〇一）年三月三日のことで、一般国民が神前結婚式を行なうはじまりとなったのです。

なお、明治時代に日比谷大神宮において行なわれた神前結婚式がどのような様子だったかというのは、夏目漱石《なつめそうせき》の『行人《こうじん》』（大正元〈一九一二〉年）に詳しく記されています。

昭和二二（一九四七）年秋、明治神宮の憲法記念館が改装され、明治記念館という名で総合結婚式場として開館しました。結婚式から披露宴までを一貫して行なう式場のさきがけとなりました。

神前結婚式の式次第は、はじめに修祓《しゅばつ》が行なわれ、次いで献饌《けんせん》（神様に食事をお供えする）した後、祝詞を奏上します。そして、三三九度《さんさんくど》の盃を交わして新郎新婦は誓詞《ちかいのことば》を述べ、玉串奉奠《たまぐしほうてん》して神前に夫婦となった誠心を誓います。最後に、神前にお供えしていた神酒を一同でいただき、神と心を一つにして終えます。

神前で結婚式を挙げるということは、神世七代《かみよななよ》の最後に夫婦神として登場した伊耶那岐神と伊耶那美神《いざなみのかみ》二神の結婚が起源とされます。

それは結婚式で述べられる祝詞の意味が、

「二人は伊耶那岐神と伊耶那美神の二神がはじめて結婚をなさいましたのにならって結婚いたします」

という内容になっていることからも明らかです。

結婚式だけではなく神道式のお葬式もある

神道における葬送儀礼を「神葬祭《しんそうさい》」と称し、前儀《ぜんぎ》（準備）・通夜《つや》・告別式・埋葬・帰家《きか》（後儀《こうぎ》）という流れで、数日間をかけて執り行なわれます。

まずはじめは帰幽奉告祭《きゆうほうこくさい》といって、故人の帰幽（御霊《みたま》が神霊の鎮まる幽宮に帰ること。つまり、人が亡くなること）を神棚《かみだな》と祖霊《それい》に奉告します。

次に、通夜祭。これは一般的にいう通夜にあたり、常饌《じょうせん》（故人の好きな食べ物）や玉串を供えて故人の霊を慰めます。仏式と異なり、あまり暗くせず、むしろ明るく過ごすことが好ましいとされます。

遷霊祭《せんれいさい》は移霊祭《いれいさい》ともいい、遺体から故人の霊魂を霊璽《れいじ》（仏式の位牌《いはい》にあたる）に遷《うつ》す儀式。霊璽には木主《もくしゅ》・笏《しゃく》・幣帛《へいはく》などを用い、表には「□□□之霊」や「□□□之霊璽」、裏には「□年□月□日、帰幽、享年□」と墨書《ぼくしょ》します。斎主《さいしゅ》（神職が務める）は柩《ひつぎ》の前に置かれてある霊璽帊《おおい》をとって柩の方に向け、故人の霊魂が遷るように遷霊詞《せんれいのりと》を唱えます。最後に斎主から順番に玉串奉奠を行なって、通夜祭は終わります。

仏式における告別式を神道式では葬場祭《そうじょうさい》と呼びます。葬場祭の式次第は通夜祭とほぼ同様で、この後に柩を開けて最後の対面を行ない、火葬祭・埋葬祭をします。最後に、帰家祭といって、埋葬に携わった参列者が家に帰ったときに、神職によって修祓が行なわれ、家の内と外が浄《きよ》められます。

神葬祭が終わると、仮霊舎《かりたまや》に霊璽を祭り、葬儀翌日祭・十日祭・二十日祭・三十日祭・四十日祭が行なわれます。そして、五十日祭が最後の十日祭となり、これをもって忌明《きあ》けとし、その翌日に神職と遺族によって清祓《きよばらい》の儀が営まれます。これを「忌明けの祓い」といいます。以後は、仮霊舎の霊璽を御霊舎《みたまや》に合祀《ごうし》すると、後は霊祭となり、百日祭の後は一年・五年・一〇年・三〇年・五〇年といった節目に年祭が営まれ、神格が祭り上げられていくことになります。なお、神葬祭は神社を使って行なうのでなく、斎場や集会場、自宅などが使用されます。

神葬祭が行なわれるようになったのは、本居宣長や平田篤胤などの国学者らによる復古神道思想の台頭によるもので、仏教や儒教《じゅきょう》の葬送儀礼に対抗する意味合いがあったようです。神道において「死」というのは穢《けが》れであるという観念が強いため、それまでの神道には葬祭を行なうという方法が生み出されなかったとも考えられます。それが、慶応《けいおう》四（一八六八）年三月に出された「神仏分離令《しんぶつぶんりれい》」によって、同年四月には神職の家族に至るまで神葬祭を執り行なってもよいという達しが出、明治五（一八七二）年には、一般の国民も神葬祭を執り行なってもよいとの許可が出て、神葬祭は徐々に広まっていくこととなりました。

神棚を設けるのにもっとも適した場所は？

現在見られるような神棚が設けられるようになったのは近世以降のことで、庶民の間に伊勢信仰が広まってからといわれます。

中世になって武士が台頭しはじめ、伊勢神宮の領地が荒らされるようになって祭りに支障がきたすようになったため、神宮の神職《しんしょく》（御師《おし》）が年末になると、庶民に御祓《おはらえ》や暦《こよみ》を配ったりして伊勢信仰を広めていきました。

この御祓とは御祓箱《おはらいばこ》のことで、その箱のなかには大麻《たいま》が入っています。大麻は伊勢神宮から配られた神札のことです。この神札を略称したのが「御祓」で、それを家内に祭るために設けたのが神棚です。現在、どの神棚にも「大神宮」が祭られていますが、これが神宮のお札（正式には神宮大麻という）である理由はここにあります。

さて、一般家庭で神棚を設けるときは、どのようにしたらよいのでしょうか。

いちばんの条件は、家のなかでもっとも清らかで明るく、静かなところであることです。だから、神棚の下を人が頻繁に通る場所もよくないし、また、神棚の上は何もないほうがよいとされることから、マンションなどで神棚を置く場合は、その室が最高層階以外の場合は神棚の上に「雲」と書いた紙を張っておけばよいといわれています。これは天井を空の代わりとするためです。

神棚は日々拝むことから、高いところに設けるのはもちろんですが、もしも低い位置に置かざるを得ない場合は、拝む人が座ればよいでしょう。

また、神棚の向きは南向きか東向きに据えるのがよいとされます。

神棚の神殿を「宮形《みやがた》」といい、一社造《いっしゃづくり》や三社造などの種類があります。一社造の場合は神宮大麻をいちばん前にし、次に氏神《うじがみ》社のお札、三番目に崇敬《すうけい》神社のお札という順に納めます。三社造の場合は、中央に神宮大麻を据え、向かって右側に氏神社のお札、向かって左側に崇敬神社のお札を入れます。

神殿を据えたら、次にしめ縄《なわ》を張り、榊立《さかきたて》に榊を挿《さ》し、米・水・塩、そしてお神酒《みき》をお供えします。鎮守《ちんじゅ》の森を思い浮かべてもわかるように、神の宿る場所に供える木々は青々としていることが望ましいです。榊の葉はいつも青々として、枯れないうちに取り替えるように心掛けましょう。

なお、はじめて神棚をつくるときは神職にお願いして清祓を受けることになります。それとは逆に神棚を壊さないといけない場合も同様で、神職に神あげをしてもらいましょう。

基本情報

これだけは知っておきたい！

日本の神様と神社

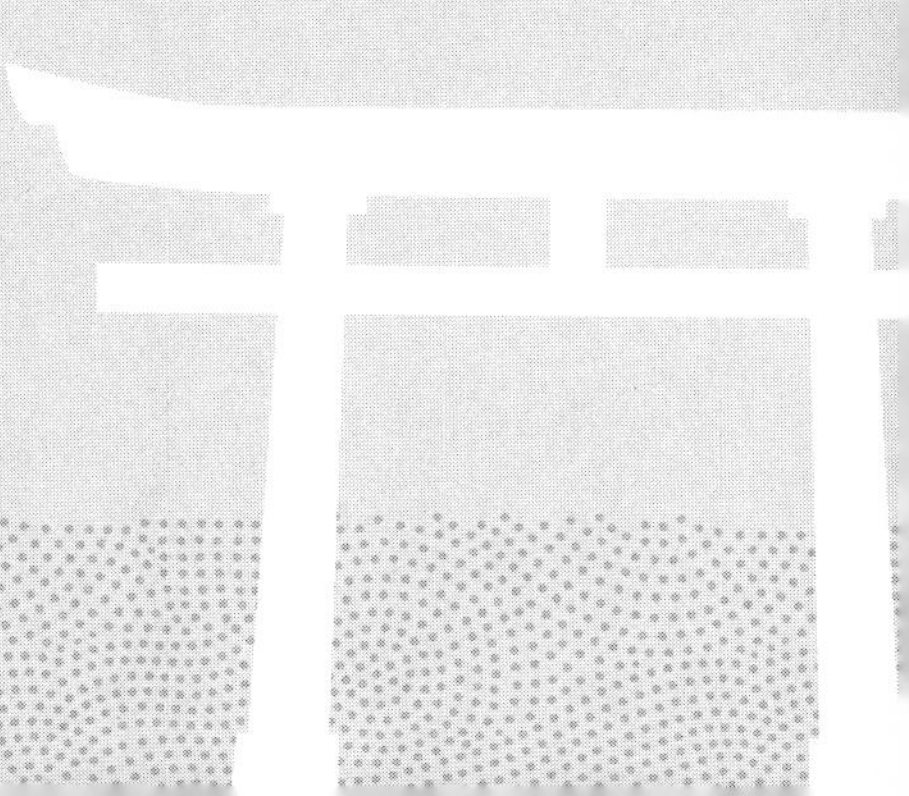

神様

造化三神《ぞうかさんしん》　天地生成で現れた万物の祖。天と地が分かれ、最初に天之御中主神《あめのみなかぬしのかみ》が現れ、次に高御産巣日神《たかみむすひのかみ》、神産巣日神《かみむすひのかみ》が生まれた。『古事記《こじき》』ではこれらを造化三神と呼ぶ。

伊耶那岐神《いざなぎのかみ》・伊耶那美神《いざなみのかみ》　神世七代《かみよななよ》の最後に登場する夫婦神。この二神が高天原《たかまのはら》の神々から委任されて完成させたのが日本の国土で、その後二神は自然や住居などの神々も生んだ。

天照大御神《あまてらすおおみかみ》　高天原の総支配神で、日本国民の祖神《おやがみ》。皇室の祖先神でもある。天岩屋戸《あまのいわやと》の神話から、天照大御神は太陽のような神であり、天を照らす統治者ともされた。

月読命《つくよみのみこと》　伊耶那岐神が黄泉国《よみのくに》から帰り、禊《みそぎ》をしたとき、右目を洗って生まれた神。月読は「月齢を数える」という意味を持ち、暦の神、占いの神ともされる。

須佐之男命《すさのおのみこと》　伊耶那岐神が黄泉国から帰り、禊をしたとき、鼻を洗って生まれた神。暴風神のような荒々しい神格を持つが、出雲《いずも》へと天降《あまくだ》った後は善神として活躍する。

大国主神《おおくにぬしのかみ》　出雲大社《いずもたいしゃ》の主神。縁結びの神様としても知られる。神名には「国土を治める偉大な神」という意味が含まれるが、大穴牟遅神《おおなむじのかみ》、葦原色許男神《あしはらしこおのかみ》とも呼ばれる。

少名毘古那神《すくなびこなのかみ》　大国主神の国づくりに協力した神で、奈良の大神《おおみわ》神社に祭られている。「風土記《ふどき》」では、国づくりの神のほか、国土開発や温泉の神など多彩な神徳《しんとく》も持っている。

天宇受売命《あめのうずめのみこと》　天岩屋戸の前で神懸《かみがか》りして踊ったことで知られる女神。その神懸った踊りからは、神託《しんたく》や祭事の原型を見ることができ、また、鎮魂《たましずめ》祭の要素も持つとされる。

建御雷之男神《たけみかづちのおのかみ》　伊耶那岐神が火之迦具土神《ひのかぐつちのかみ》の首を斬った際、岩に飛び散った血から生じた三神のうちの一神。古くから武神や軍神として信仰され、鹿島神宮《かしまじんぐう》などに祭られている。

邇邇芸命《ににぎのみこと》　天照大御神の孫で葦原中国《あしはらのなかつくに》に降り立った神。この出来事は「天孫降臨《てんそんこうりん》」と呼ばれている。その後、木花之佐久夜毘売《このはなのさくやびめ》と出会って結婚し、日子穂々手見命《ひこほほでみのみこと》などを生んだ。

木花之佐久夜毘売《このはなのさくやびめ》　邇邇芸命の妻。一夜で妊娠したため邇邇芸命から不義《ふぎ》を疑われ、身の潔白を示すために火中で三神（火照命《ほでりのみこと》・火須勢理命《ほすせりのみこと》・火遠理命《ほおりのみこと》）を生んだ。

猿田毘古神《さるたびこのかみ》　邇邇芸命の天降りを先導した神。猿田毘古神の「猿田」は琉球《りゅうきゅう》語で先導を意味する「さだる」が変化したか、「神稲の田」の意味であるともいわれ、定かではない。

玉依毘売《たまよりびめ》　海神である大綿津見神《おおわたつみのかみ》の娘で、のちの神武《じんむ》天皇である神倭伊波礼毘《かむやまといわれび》古命《このみこと》の母神。その神名には、「神霊が憑依《ひょうい》する」という意味が含まれ、巫女《みこ》的な性格も持つ。

神倭伊波礼毘古命《かむやまといわれびこのみこと》（神武天皇《じんむてんのう》）　邇邇芸命の曾孫にあたり、日本で最初の天皇となった。神倭伊波礼毘古命という名は「神聖な大和《やまと》国の伊波礼という地方の男性」という意味。

倭建命《やまとたけるのみこと》　景行《けいこう》天皇の第三皇子で、『日本書紀《にほんしょき》』では「日本武尊」と記された。はじめは「小碓命《おうすのみこと》」と呼ばれた。小碓命として気比《けひ》神宮、日本武尊として大《おお》鳥《とり》神社に祭られている。

建内宿禰《たけのうちのすくね》　日本初の宰相《さいしょう》として、大和朝廷で長く活躍したとされる人物。『古事記』によると、孝元《こうげん》天皇の孫とされ、成務《せいむ》・仲哀《ちゅうあい》・応神《おうじん》・仁徳《にんとく》の四代に仕えたと伝えられる。

菅原道真《すがわらのみちざね》　学問の神、和歌の神として、寺子屋などに祭られた。大宰府《だざいふ》への左《さ》遷《せん》後、失意のうちに没したことを契機とし、その後は御霊《ごりょう》として崇《あが》められるようになった。

平将門《たいらのまさかど》　朝廷に敗れてさらし首となった後、さまざまな伝説が誕生し、その祟《たた》りを鎮めるため神田明神《かんだみょうじん》に祭られることになった。江戸城の鎮守《ちんじゅ》としても厚く信仰された。

安倍晴明《あべのせいめい》　吉凶判断などを用いた陰陽師《おんみょうじ》の大家。死後、その能力を惜しまれた晴明は一条《いちじょう》天皇の勅《ちょく》により神社に祭られ、病気平癒《へいゆ》などのご利益《りやく》があると親しまれるようになった。

豊臣秀吉《とよとみひでよし》　慶長《けいちょう》三（一五九八）年に病没後、神格化され、豊国大明神《とよくにだいみょうじん》として豊国神社に祭られた。徳川家光《とくがわいえみつ》の時代に同神社は廃されたが、明治になり豊国神社が建立された。

徳川家康《とくがわいえやす》　天和《てんな》二（一六一六）年の死後、遺言により久能山《くのうざん》に埋葬されたのち、東照大権現《とうしょうだいごんげん》として日光《にっこう》東照宮に祭られた。同宮は厄除《やくよけ》開運など多くのご利益で崇拝されている。

東郷平八郎《とうごうへいはちろう》　死後、日本海海戦を勝利に導いたその功績により、顕彰《けんしょう》を望む声が相次ぎ、各地に社が建立されるようになった。なかでも東京都渋谷区の東郷神社が有名である。

乃木希典《のぎまれすけ》　大正元（一九一二）年、妻・静子《しずこ》とともに自刃《じじん》したのち、中央乃木会が設立され、東京都港区に乃木神社が創建。文武両道の神、夫婦和合の神として崇められている。

道祖神《どうそじん》　別名を「さえのかみ」といい、集落に侵入する悪神や邪霊《じゃれい》を防ぎ、旅人の安全を守る神。石神や塞《さい》の神といった「岐《くなと》の神」と同じ神様で、多くは村境に祭られている。

庚申《こうしん》　一般的に「庚申」とは福の神の一つで、風邪や咳を治すご利益があるとされる。かつては六〇年ごとの庚申の日に庚申塔を建てる習慣があり、道祖神と似た性格も見られた。

市神《いちがみ》　市を開くにあたり、市の安全や繁栄を祈って祭られる神。船着場や村境、辻《つじ》などにも祭られることがある。市神として人気が高いのは恵比寿《えびす》、大黒天《だいこくてん》、弁才天《べんざいてん》など。

稲荷神《いなりしん》　庶民の間にもっとも親しまれている神様。「お稲荷さん」とも呼ばれる。古典に現れる宇迦之御魂大神《うかのみたまのおおかみ》のことで、稲の精霊が神格化したものともいわれる。

オシラサマ　東北地方で祭られる家の神で、養蚕《ようさん》の守護神。ご神体《しんたい》は二体一対の棒状のもので、頭部には男女や馬の顔が彫られている。オシラボトケ、オシラガミとも称される。

ザシキワラシ　東北地方の旧家の座敷の真ん中に住むとされている家の神。幸福の象徴とされていることから、ザシキワラシが座敷からいなくなると、その家は衰退するとされる。

神社

八幡神社《はちまんじんじゃ》 ——仏教と習合し、「八幡大菩薩」と称される

DATA

●総本社／宇佐神宮《うさじんぐう》 ●祭神／八幡大神（誉田別尊《ほんだわけのみこと》＝応神天皇《おうじん》）・比売大神《ひめのおおかみ》・神功皇后《じんぐうこうごう》

●社数／約二万五〇〇〇社

●主な祭り／宇佐祭（例祭。三月一八日）・仲秋祭《ちゅうしゅうさい》（放生会《ほうじょうえ》。一〇月）など。

●主な八幡神社／宇佐神宮・石清水八幡宮《いわしみず》・鶴岡八幡宮《つるがおか》・平塚八幡宮《ひらつか》・筥崎宮《はこざきぐう》など。

概略 神社のなかでは稲荷《いなり》神社に次いで多いとされ、「八幡さま」と呼ばれて親しまれている。ただ、八幡神の神格は単純ではなく、神名の読み方も「はちまん」「やはた」と読まれることもあるし、鍛冶《かじ》の神、農業神、焼畑神など、多彩なご利益《りやく》を持つ神として崇《あが》められている。八幡神は古くから仏教と習合《しゅうごう》し、菩薩号《ぼさつ》を付されて「八幡大菩薩」とも呼ばれるようになったが、これは日本の神が菩薩行をおさめることで仏に近づくという神仏習合思想による。

伊勢神宮《いせじんぐう》――一二五の宮・社から成る「お伊勢さん」

DATA

●総本社／内宮《ないくう》（皇大神宮《こうたいじんぐう》）・外宮《げくう》（豊受大神宮《とようけだいじんぐう》）
●祭神／天照坐皇大御神《あまてらしますすめおおみかみ》（内宮）・豊受大御神《とようけのおおみかみ》（外宮）
●主な祭り／祈年祭《きねんさい》（二月一七日～二三日）・神嘗祭《かんなめさい》（一〇月一五日～二五日）・新嘗祭《しんじょうさい》（一一月二三日～二九日）など。

概略　正式名は「神宮」というが、一般的には「お伊勢さん」と呼ばれて親しまれている。神宮は内宮（皇大神宮）と外宮（豊受大神宮）の両正宮の他、別宮《べつぐう》・摂社《せっしゃ》・末社《まっしゃ》・所管社《しょかんしゃ》を合計すると一二五の宮社を数える。内宮は伊勢市宇治館町の五十鈴《いすず》川の右岸に鎮座し、敷地は五五〇〇ヘクタールという広大なもの。外宮は内宮から約六キロ離れた伊勢市豊川町に鎮座している。外宮内の御饌殿《みけでん》では、毎日朝夕、天照坐皇大御神に食物を奉る祭りが行なわれているが、これは古来より一日も欠かされたことはない。

天満宮《てんまんぐう》——受験生に人気の高い菅原道真公を祭る社

DATA

●祭神／菅原道真公《すがわらのみちざね》（太宰府《だざいふ》天満宮）
●社数／約一万社　●主な祭り／紀元祭《きげんさい》（二月一一日）・祈年祭（二月一七日）・秋思祭《しゅうしさい》（旧暦九月一〇日）など。
●主な天満宮／北野《きたの》天満宮・太宰府天満宮・大阪天満宮・防府《ほうふ》天満宮・湯島《ゆしま》天満宮など。

概略　天神・天満とは、前者が天満大自在天神、後者が天満天神の略で、祭神である菅原道真公を神格化した呼び名である。延喜《えんぎ》三（九〇三）年、左遷《させん》先の大宰府で道真が亡くなると、京には日照りや落雷が続き、醍醐《だいご》天皇の皇子が次々に病死するなどしたため、それを「道真の怨霊《おんりょう》の祟《たた》りである」とした朝廷により、北野の地に天満宮を建立してその祟りを鎮めようとした。北野の地にはもともと「火雷《からい》天神」という地主神《じぬしのかみ》が祭られていたことから、それと道真の怨霊が結びついたものと思われる。

稲荷神社《いなりじんじゃ》――全国各地に三万社以上もある「お稲荷さん」

DATA

●総本社／伏見稲荷大社　●祭神／宇迦之御魂大神《うかのみたまのおおかみ》

●社数／約三万社　●主な祭り／初午大祭《はつうまたいさい》（二月初午の日）・稲荷祭（四月二〇日頃の日曜）・還幸祭《かんこうさい》（五月三日）など。

●主な稲荷神社／伏見《ふしみ》稲荷大社・豊川《とよかわ》稲荷・祐徳《ゆうとく》稲荷神社・笠間《かさま》稲荷神社など。

概略

「お稲荷さん」と呼ばれて親しまれている神社。祭神名の宇迦之御魂大神の「宇迦」とは「食《うけ》」のことで、穀物を意味する。「お稲荷さん」といえば狐《きつね》が連想されるが、これは食物を司《つかさど》る御饌津神《みけつのかみ》が転訛《てんか》して「御狐神」とされたためと伝わる（古くは、狐を「けつね」といったことによる）。また、仏教の荼枳尼天《だきにてん》と稲荷が結びつき、荼枳尼天の配下が狐だったため、狐が神使《しんし》になったともいわれる。なお、稲荷神社は全国に三万あるといわれるが、四万とも五万ともいわれており、定かではない。

熊野神社《くまのじんじゃ》——いまでも厚い信仰を集める「熊野詣」

DATA

●総本社／熊野本宮《ほんぐう》大社・熊野速玉《はやたま》大社・熊野那智《なち》大社 ●祭神／家津美御子大神《けつみみこのおおかみ》（本宮）・熊野速玉大神（速玉）・熊野夫須美《ふすみ》大神（那智） ●社数／約三〇〇〇社

●主な祭り／本殿祭《ほんでんさい》（四月一五日）（本宮）・例大祭《れいたいさい》（十月一五日）（速玉）

●主な熊野神社／熊野三山《さんざん》（本宮・速玉・那智）が信仰の中心。

概略 本宮・速玉・那智の三社を総称して「熊野三山」「熊野三所権現《ごんげん》」などと呼び、熊野信仰の中心地となっている。平安中期より、上皇《じょうこう》・天皇・貴族から庶民に至るまで、熊野三山をめぐる「熊野詣《もうで》」が流行。現在でも人びとの崇敬《すうけい》を集めている。主祭神の三神である熊野三所権現は記紀《きき》には登場しないが、家津美御子大神は素戔嗚尊《すさのおのみこと》のことで、速玉大神は伊弉諾尊《いざなぎのみこと》、夫須美大神は伊弉冉尊《いざなみのみこと》のことである。

諏訪神社《すわじんじゃ》——武田・徳川などからの尊崇を集めた「お諏訪さま」

DATA

●総本社／諏訪大社上社《かみしゃ》（本宮《ほんみや》・前宮《まえみや》）・下社《しもしゃ》（春宮《はるみや》・秋宮《あきみや》）

●祭神／建御名方神《たけみなかたのかみ》・八坂刀売神《やさかとめのかみ》・事代主神《ことしろぬしのかみ》（下社）　●社数／一万社以上

●主な祭り／御頭祭《おんとうさい》（四月一五日・上社本宮）・お舟祭り《ふねまつ》（八月一日・下社秋宮）など。

●主な諏訪神社／諏訪大社（上社：本宮・前宮、下社：春宮・秋宮）が信仰の中心。

概略　全国に一万社以上あるとされる諏訪神社の総本社は諏訪大社だが、同社は諏訪湖の南北に二社ずつ都合四社から構成されるという特殊な形態を持つ。諏訪大社最大の神事は「御柱祭《おんばしらさい》（式年造営御柱大祭《しきねんぞうえいみはしらたいさい》）」で、七年目ごとの寅《とら》と申《さる》の年に行なわれ、御柱に人を乗せたまま急斜面を落とす「木落《きお》し」は祭りで最大の見所となっている。諏訪大社は古来より武神あるいは軍神として崇められ、源《みなもとの》頼朝《よりとも》をはじめ、北条《ほうじょう》、足利《あしかが》、武田《たけだ》、徳《とく》川《がわ》といった武家が武運や国家安泰を祈願しにやってきたとされる。

住吉神社《すみよしじんじゃ》 ——大阪で初詣といえば「すみよっさん」へ詣でること

DATA

●総本社／住吉大社　●祭神／底筒男命《そこつつのおのみこと》・中《なか》筒男命・表《うわ》筒男命

●社数／約二〇〇〇社　●主な祭り／御田植神事《おたうえしんじ》（六月一四日）・住吉祭（夏祭り）（七月海の日・七月三〇日〜八月一日）・初辰《はったつ》まいり（毎月の初辰日）

●主な住吉神社／住吉大社・住吉神社（福岡市博多区）・下関《しものせき》住吉神社など。

概略　住吉神社は海や河口の近くに祭られていることが少なくないが、それは住吉神社の祭神である「住吉三神」が海神や航海の神様であることによる。住吉大社の本殿は第一から第四本宮の四棟から成るが、第一から第三本宮までが縦に西（海）に面して並ぶという特殊な配置を成しており、まるで大海原《おおうなばら》を行く船団の様相を呈している。このような配置は全国的にも極めて珍しい。大阪で初詣《はつもうで》といえば「すみよっさん」（＝住吉大社）へ詣でることを指すほどで、正月三が日の参拝客数は毎年二〇〇万人を数えるという。

第二部
仏様編

監修者のことば

観光地の寺院には多くの人びとが訪れる。

また、初詣《はつもうで》ともなれば有名寺院には多くの人が参詣《さんけい》する。

しかし、親族の眠る墓地があるもっとも身近なはずの寺院にお参りする人は少ない。お墓参りをしても、その寺の宗旨《しゅうし》も知らず、本尊《ほんぞん》様が何であるかにも関心がない。ところが、そのような近くのお寺に、仏教に親しみを持つきっかけが意外とあったりする。昔はいわばその地域のテーマパークであったお寺は、意外と面白い場所なのである。

この本では仏教に親しみを持っていただき、その関心を寺参りに役立ててもらえる素朴な疑問を取りそろえた。ちょっとした知識が新しい発見を生み出すものである。その発見をお寺で楽しめるのがこの本の特徴である。

いままでは遠慮がちに遠目で見ていたお寺に、実際に足を運び、できたらお堂《どう》のなかに入り、参拝《さんぱい》してみたらいかがかと思う。すると、知識として知るお寺のなかで、仏様と出会い、心が洗い清められる思いになる。それが仏教に親しみを懐《いだ》く第一歩である。

廣澤 隆之

一章

「お寺の建物」がわかる9項

そもそもお寺は何をするところなのか

町を歩けば、いまもところどころに見られる「お寺さん」。そもそも「お寺」とは、いったい何をするところなのでしょうか。

まずいちばん大切なことは、お寺には仏様が祭られている、ということです。仏様にはお釈迦《しゃか》様や観音《かんのん》様、阿弥陀《あみだ》様、薬師《やくし》様などいろいろな種類があり、お寺によって祭られる仏様が違います。

仏様の偉大な力によってわたしたちが救われる、あるいは、仏様がわたしたちの願いを叶《かな》えてくれる。

そう思うことによって、心の平安を得ることができ、人びとは昔からお寺に出向いていました。

仏様はわたしたちに正しい教えを説《と》いてくださる存在。ですから、わたしたちは仏様の前で手を合わせ、静かに耳を澄ませて、仏様が語りかけてくれる声（お経《きょう》）に耳を傾けることも大事なことです。

しかし、仏教にあまり詳しくない人がいきなりお経を聞いたり読んだりしても、その内容を理解するのは容易なことではありません。そこでわたしたちはお坊さんから説法《せっぽう》をしてもらうことによって、仏様が伝えようとしていることを理解するのです。

「寺」とはもともと中国では外国の使節を泊める役所（または官庁）を指します。西域《さいいき》（シルクロード沿いの地域）の僧が中国に仏教を伝えるときに、鴻臚寺《こうろじ》という、国賓《こくひん》に関する事務を扱う役所に滞在したのですが、ここから僧が住むところを「寺」と呼ぶようになったといわれます。

町でお寺を見つけたら、そこにはどんな仏様が祭られているのかご覧になり、語りかけてくる言葉に耳を傾けてみてはいかがでしょうか。

お寺の名前に「山」がついている理由とは

「高野山《こうやさん》」や「比叡山《ひえいざん》」という呼び方があります。その一方で、「金剛峯寺《こんごうぶじ》」や「延暦寺《えんりゃくじ》」という名前も聞いたことがあるでしょう。

なぜお寺にはそれぞれ名前があるのに、山の名前でも呼ばれることがあるのでしょうか。

お釈迦様は悟《さと》りを開く前の修行僧時代、人里離れた土地で修行をしました。悟りを開き、お釈迦様の周りに人が集まってきて教団ができて、精舎《しょうじゃ》（僧院）が建てられるようになると、出家《しゅっけ》修行者は雨期の間だけそこに住んでいました。

王様に寄進された「竹林《ちくりん》精舎」や、『平家物語《へいけものがたり》』にも出てくる「祇園《ぎおん》精舎」などが有名です。

その後、インドではレンガ造りの壮大な僧院が建造されるようになりました。

インドからシルクロード、中国を通って仏教が伝わった日本でも、伝来当初は平地に寺を建てていましたが、平地よりも空気がよく、深く瞑想《めいそう》できる山の上のほうが修行ができると考えられるようになり、寺が築かれるようになりました。

仏教が伝わる以前から日本にあった山岳信仰からの影響も、寺が山の上に建てられるようになった要因の一つです。

このようなことがもとになって、寺には「○○山」という名がつくようになりました。これを「山号《さんごう》」といいます。寺の名前は「寺号《じごう》」といいます。

「山号」「寺号」とならんで「院号《いんごう》」というものもあります。

院とは寺の別舎のことで、寺のなかにある僧の住むところを指します。高野山の敷地内には一一七の小院があり、蓮花院《れんげいん》や正智院《しょうちいん》、報恩院《ほうおんいん》など、それぞれに名前がつけられています。

その院の名前が「院号」です。

三種類の呼び名のどれを使うかは、お寺に対する人びとの親しみぐあいによって異なるでしょうが、それぞれの名前で広く呼ばれるようになった結果、たとえば「高野山」と「金剛峯寺」が同じものを指すことになったのです。

「高野山」といえば多くの寺院がある山上の地域を指し、「金剛峯寺」といえばそれら多数の寺院の中心となる寺ということになります。

「山門」と「三門」はどこがどう違う？

仏殿の前にある門を「山門《さんもん》」といい、禅宗《ぜんしゅう》の寺院に多く見られます。

「山門」があるのは、何も山に建てられたお寺だけに限りません。

これは先ほどもいいましたように、お寺の山号にならってのことです。

かつて山のなかに多く建てられたお寺の名残《なごり》が、いままで続いているといえるでしょう。

ただし、山門は、一方では「三門」とも書きます。

これは「三つの門」という単純な意味ではなく、「三解脱門《さんげだつもん》」の略です。

三解脱門とは、悟りへとつながる三つの瞑想を指します。

その三つの瞑想とは、

①空《くう》解脱門（あらゆるものは実体を持たない、と心のなかで思い続ける）

②無相《むそう》解脱門（あらゆるものは実体を持たないのだから、特徴を持つこともない、と心のなかで思い続ける）

③無願《むがん》解脱門（あらゆるものは実体を持たないし、特徴もないから、わたしたちの欲求に値するようなものは何もない、と心のなかで思い続ける）

です。

つまり、お寺の門（三門）をくぐることによって、悟りの境地に達するという意味があるのです。

七堂伽藍の「七つの建物」っていったい何？

何十畳もあるようなだだっ広い部屋なのに、何もモノなどがないとき、「がらーんとしている」などと表現します。

この「がらーん」という言葉は、お寺の建物を指す言葉の「伽藍《がらん》」からきています。「伽藍」とはサンスクリット語（古代インドの言葉）の「サンガーラーマ」（サンガ＋アーラーマ）を「僧伽藍摩《そうぎゃらんま》」と音訳したものを略した言葉です。サンガは「和合《わごう》」という意味を持ち、「お坊さんの集まり」も指すようになった言葉で、アーラーマには「休息」という意味があります。

これらの意味合いより、「サンガーラーマ」という言葉は「お坊さんたちの住むところ」、つまり「お寺」ということになりました。

「七堂伽藍《しちどうがらん》」ですが、この場合の「七」が何の建物を指すのかは時代によってまちまちなので、きちんと決まったものはありません。

ただ、比較的大きなお寺でしたら境内《けいだい》にある建物は、おおよそ決まっています。

伽藍配置

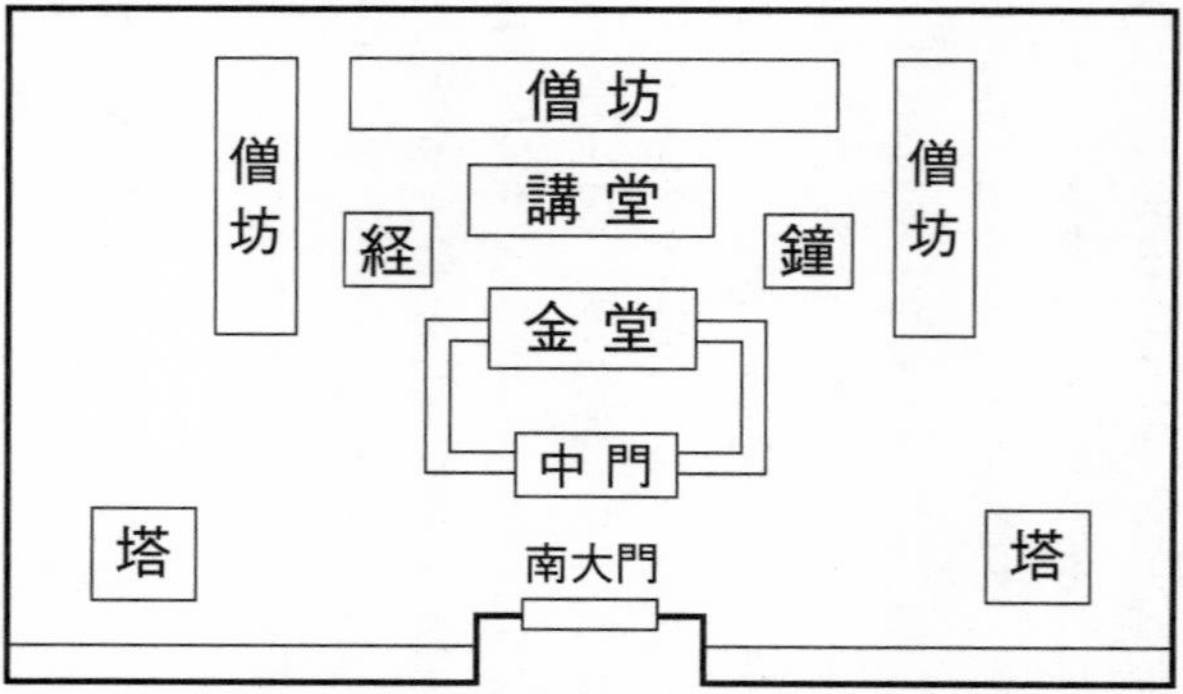

東大寺式

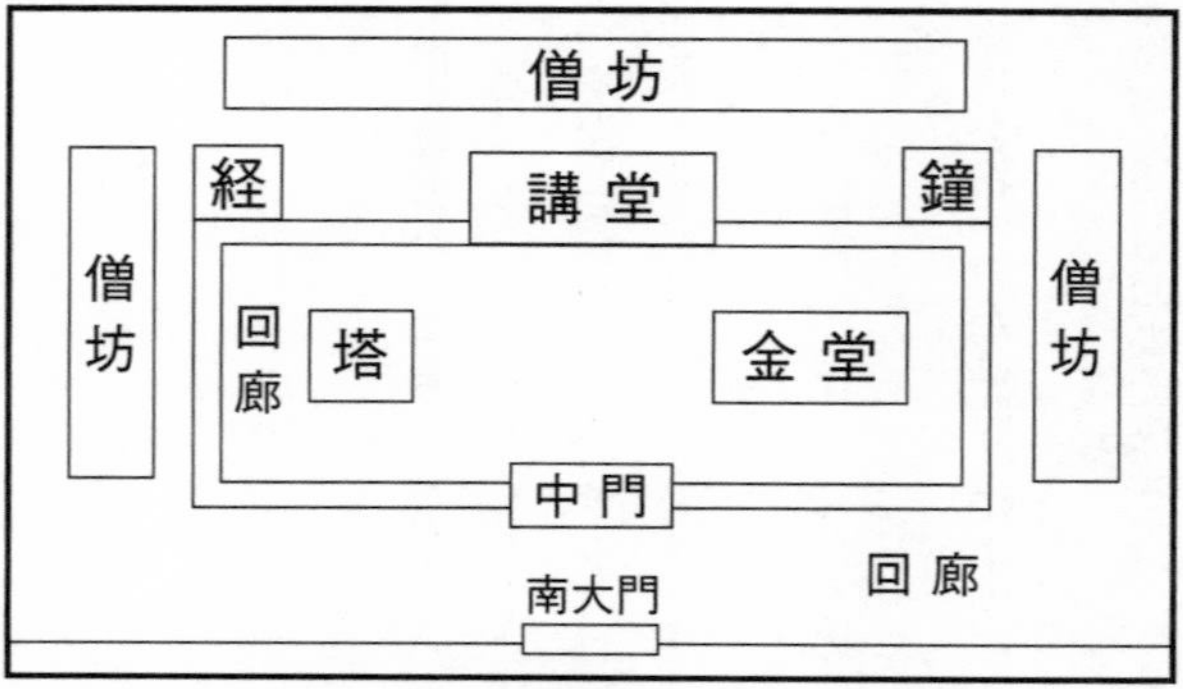

法隆寺式

それを七つ挙げてみましょう（以下は、禅宗のお寺の場合）。

①本堂《ほんどう》（本尊の仏様を祭る建物。金堂と同じ）
②法堂《はっとう》（説法や法要を行なう建物。講堂と同じ）
③僧堂《そうどう》（修行僧が坐禅《ざぜん》をしたり、経を読んだり、寝起きする建物）
④庫裡《くり》（僧侶の食べ物を調理する建物）
⑤山門《さんもん》（お寺の入り口にある門）
⑥浴司《よくす》（禅寺で風呂場のこと）
⑦東司《とうす》（禅寺でトイレのこと）

なお、これらの建物のほかにも、塔《とう》（三重塔や五重塔）、経蔵《きょうぞう》（経典類を納めるお堂）、鐘楼《しょうろう》（梵鐘《ぼんしょう》を吊るすお堂）などを備えているお寺も多くあります。

なぜお寺の門などにはお札が貼られているの？

お寺や神社の山門や本堂の柱などに、人の名前が書かれたシールが貼《は》られていることがあります。

意外と知られていない日本のお墓のルーツ

あれは「千社札《せんじゃふだ》」といって、江戸時代の中頃からの風習といわれています。その時代、「千社参り」といって、数多くのお寺や神社にお参りするという風習がありました。

お寺や神社を参拝したとき、自分がそこにきた証《あかし》として、小さい短冊《たんざく》のような紙切れに自分の生まれたところや名前を書き、建物に貼り付けて帰ったことがはじまりだったようです。

千社札に書かれている文字は「江戸文字」という、江戸時代に考えられた字体です。落語や歌舞伎、大相撲などでよく見られるような、太い毛筆体の文字といえばおわかりでしょう。

現在ではゲームコーナーに設置されている機械などで簡単に千社札をつくることができます。ただし、いまは千社札を貼るのを禁止しているお寺や神社も多くありますので、ご注意を。

お墓が境内にあるお寺は日本にたくさんあります。お葬式の場を提供するお寺も多く見られます。なぜお寺は、お墓やお葬式と関係が深いのでしょうか。

実は、お墓は仏教が日本に伝わってくる以前はなく、それ以前は「お墓」といえば、「遺体を棄《す》てておく場所」にすぎなかったようです。

というのも、古代の日本人は人の死を「穢《けが》れ」として忌《い》み嫌っていたため、人が死ぬと死者の祟《たた》りを恐れて、山など、人が住んでいる場所から遠いところへ棄てに行っていたからです。

平安時代に京都にあった葬送地として有名なのが、鳥辺野《とりべの》、化野《あだしの》、蓮台野《れんだいの》です。

鳥辺野は吉田兼好《よしだけんこう》の『徒然草《つれづれぐさ》』にも、「鳥辺野、船岡《ふなおか》、さらぬ野山にも、送る数多かる日はあれど、送らぬ日なし」と表現されている地です。鳥辺野から火葬の煙が立ち上らない日はなかった、ということがこの一文から読み取れます。

京都市右京区の嵯峨野《さがの》にある化野念仏寺《ねんぶつじ》は、境内の「西院《さい》の河原《かわら》」に祭られている無縁仏《むえんぼとけ》で有名ですが、このお寺がある場所は古来より葬送の地で、はじめは風《ふう》葬《そう》だったといいます。

蓮台野は船岡山の西側一帯を指し、ここも平安時代はじめは風葬の地でした。枝《し》垂《だ》れ桜で有名な上品《じょうぼん》蓮台寺は、蓮台野墓地の墓守《はかもり》として建立されました。

風葬とは、遺体を埋めないでさらし、自然に風化させる葬制です。シベリアやモンゴル、東アフリカなどで古くは行なわれ、日本でも沖縄などで見られました。

仏教が伝来して以後、このような風習は徐々に変わっていきます。

なぜなら、仏教は人の死を穢れとして忌み嫌うことがなかったからです。

仏教では、肉体はすべて地・水・火・風の「四大」でできているとされています。人の病気は、この四大のバランスが崩れたときに起こる、と捉《とら》えられます。

つまり、人は死ねばこの四大に分解され、また自然に戻っていくという考えが仏教にはあり、人の死が穢れにはならないのです。

なお、庶民がお墓をつくるようになったのは室町時代頃のこととされ、墓石は江戸時代半ば頃に築かれるようになったようです。

三重塔や五重塔は何のために建てられたのか

塔でいちばん有名なものといえば、奈良の法隆寺《ほうりゅうじ》にある五重塔でしょうか。約三一・五メートル（基壇《きだん》を除く）の高さを持つ日本最古の木造の塔で、初重《しょじゅう》の内部では、東西南北のそれぞれの面で、お釈迦さまにまつわる話が塑像《そぞう》（心木《しんぎ》に粘土を盛りつけ、彩色した像）を用いて紹介されています。

また同じ奈良の興福寺《こうふくじ》にも五重塔がありますが、明治時代の廃仏毀釈《はいぶつきしゃく》の際には興福寺自体が廃寺《はいじ》になり、塔は二五円（現在の貨幣価値で約七五万円。なお、明治五年の入浴料一銭五厘をもとに換算）で売却されそうになったといいます。

お寺や檀信徒《だんしんと》にとっては大切な塔ですが、そもそも塔が建てられる理由はどこにあるのでしょうか。

塔（ストゥーパ）とは、お釈迦様の遺骨（「舎利《しゃり》」という）を納めるためのものです。お釈迦様が活躍したインドでは、メロンパンのような、半円球の形をしているのが、遺骨を納める建物のそもそもの形でした。世界遺産にもなっているサーンチー（インド中部）にある塔を見るとそれがよくわかります。

半円球の塔には基壇《きだん》ができ、頂上には傘蓋《さんがい》（傘を幾重《いくえ》にもしたような形の飾り）がつけられるようになりました。仏教がインドから中央アジアを通って中国に伝わると、塔の形も変わっていきました。

中国に仏教が伝わったのは漢《かん》の時代です。後漢《ごかん》時代（二〇〜二二〇）の末、相輪《そうりん》（塔の上につけられる、九重の飾りを持つ柱）がついた二重楼閣《ろうかく》が建てられたという文献も見られることから、この時代から楼閣建築を用いて塔がつくられるようになったようです。

そして六世紀に日本に仏教が伝えられると、日本では木造の塔が建てられるようになります。塔が木を用いてつくられたのは、やはり多湿の日本の風土に最適だったからでしょう。

ちなみに、層は三重塔がもっとも多く、五重塔がそれに続きます。奈良県多武峰《とうのみね》の談山《たんざん》神社には、世界で唯一の十三重塔（高さ一七メートル）という珍しい塔もあります。

お寺の境内に神社がある不思議

比叡山にあるお寺といえば延暦寺が有名ですが、一方で日吉大社《ひよしたいしゃ》もその名が知られています。

ここで、「なぜ一つの場所に仏教と神道《しんとう》が同居しているのだろう？」と思ったことはありませんか？　その謎を解くカギは、仏教がはじめて日本に伝わった欽明《きんめい》天皇七（五三八）年（五五二年説もあり）の頃にすでにありました。

百済《くだら》の聖明王《せいめいおう》（生年不詳〜五五四）は、新羅《しらぎ》と高句麗《こうくり》の攻撃によって窮地に陥り、日本に援軍を求める意味もあって、使者を遣《つか》わして朝廷へ仏像やお経を贈ります。これが、公的に仏教が伝来した最初のできごとです。

その後、日本では蘇我《そが》氏（崇仏《すうぶつ》派＝仏教を受け入れる側）と物部《もののべ》氏（排仏《はいぶつ》派＝仏教を受け入れない側）に分かれて争いが起こります。

勝ったのは蘇我氏で、以後、日本に仏教が根付くことになりました。

ただし、崇仏派も排仏派も、仏様を日本古来の神様（自然と結びついた畏《おそ》れ敬《うやま》うべき神）と同じような感じで捉えていたようです。

仏教は、各地の土着《どちゃく》の宗教と融合しながら、発祥の国インドからシルクロードを伝い、中央アジア、中国、朝鮮を通ってきました。

日本では、仏教伝来当初、神様が仏様によって救われるという論理を持ち、やが

仏教の伝播

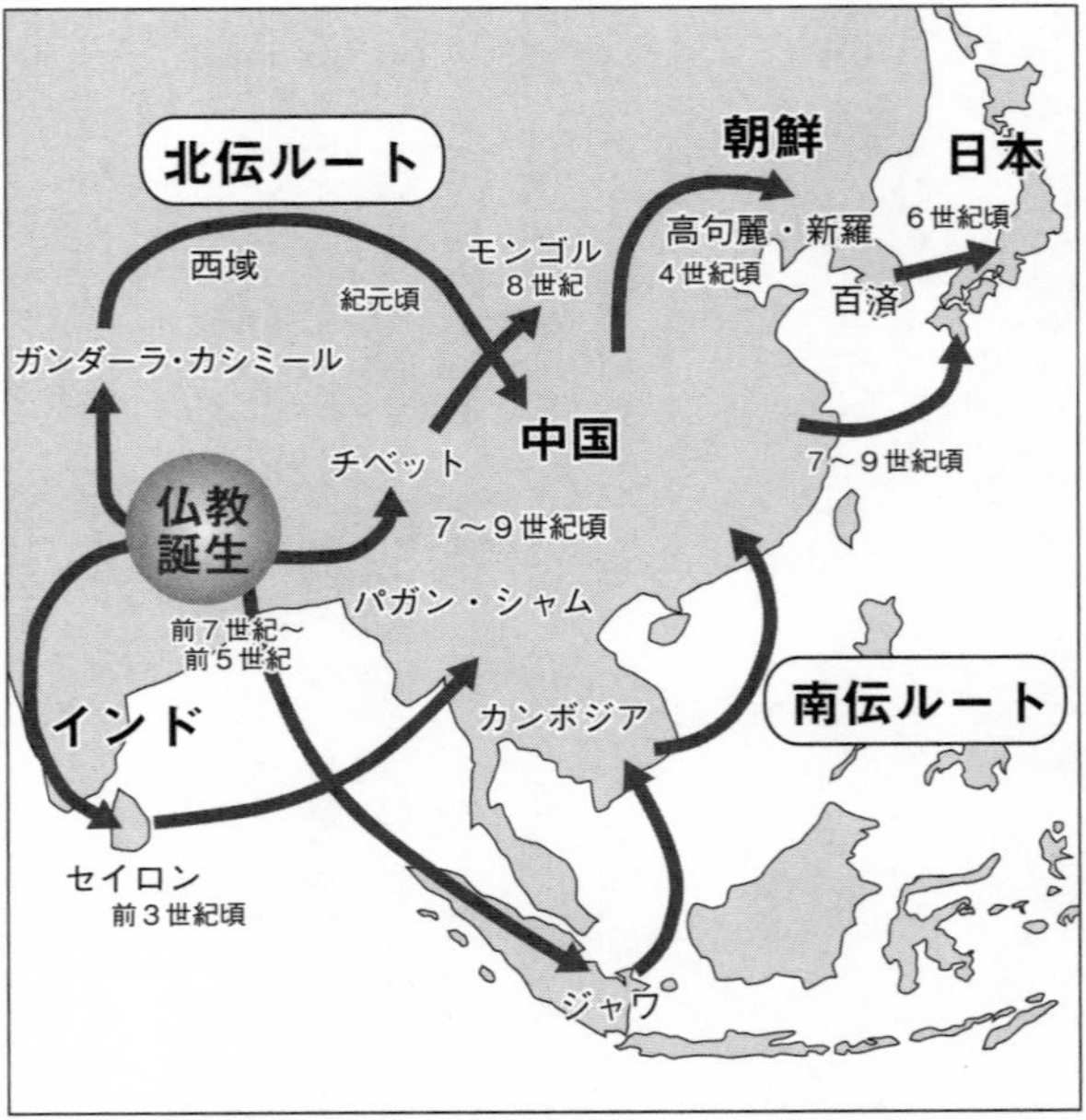

インドで生まれた仏教は、ガンダーラやパミール高原を通って西域に伝わり、中国、朝鮮、日本へ伝わった（北伝ルート）。一方、南下した仏教は、セイロン（スリランカ）やパガン（ミャンマー）、シャム（タイ）などに定着（南伝ルート）。カンボジアのアンコール・トムやジャワ（インドネシア）のボロブドゥール寺院などは、アジアを代表する仏教遺跡として名高い。

て神様は仏法を守護する存在とされ、平安時代半ば頃には仏様の具体的な現れが神様であるという論理が考え出されます。これを「本地垂迹説《ほんじすいじゃくせつ》」といいます。本地は「本来のあり方」を、垂迹は「仮に現れた形」を意味します。本地垂迹説の内容は、「神様は、仏様が衆生《しゅじょう》を救済するために仮に姿を変えて現れた（権現《ごんげん》）もの」ということです。つまり、仏様が「主」で、神様が「従」ということになります。これでは神様（神道）側にとっては面白いはずがなく、室町時代頃には「反本地垂迹説」も考え出されましたが、あまり広まりませんでした。

このような折衷《せっちゅう》・調和（「神仏習合《しんぶつしゅうごう》」という）が行なわれて、日本では明治維新の時代まで仏様と神様が同居していた、というわけです。

なお、もともとその地を守護していた神様は「鎮守《ちんじゅ》」と呼ばれ、延暦寺の山王《さんのう》権現、興福寺の春日明神《かすがみょうじん》、金剛峯寺の丹生《にう》明神などが有名です。

切っても切れないお寺と鐘の関係

夕暮れに響く鐘《かね》の音は、日本人の原風景として心にあります。また除夜《じょや》の鐘は、大晦日《おおみそか》の日本の風物詩といってもいいでしょう。

鐘は「梵鐘《ぼんしょう》」ともいわれ、梵はサンスクリット語の「ブラフマン」の音写で、すべてのものの本質を成すと思われる原理を指し、仏教ではもっとも尊いものに「梵」をつけることがあります。梵鐘は、インド発祥の鐘、といった意味です。鐘には「喚鐘《かんしょう》」というのがあり、「半鐘《はんしょう》」とも呼ばれ、ときを知らせるために打つ鐘のことです。つまり、いまのお寺にある鐘も、そもそもはときを知らせるためのものだったのです。インドのお寺では僧侶を集めるときに、木の板を鳴らしていました。それがインドから中国へ伝わると銅製になったようです。

中国では後周《ごしゅう》時代（九五一〜九六〇）頃から鐘がさかんにつくられるようになり、日本へは仏教の伝来とともに朝鮮経由で入ってきました。なお、国産で最古の鐘は京都の妙心寺《みょうしんじ》にあり、文武《もんむ》二（六九八）年につくられたものです。

その他、古い梵鐘には興福寺（七二七）、劔《つるぎ》神社（福井県丹生《にゅう》郡、七七〇）、西《さい》光寺《こうじ》（福岡県福岡市、八三九）のものなどがあります。

二章

「お寺の作法」がわかる15項

線香の煙を体にかけるのにはどんな意味があるの？

浅草寺《せんそうじ》など大きなお寺の本堂の前には、線香がたくさん焚《た》かれている場所があり、老若男女《ろうにゃくなんにょ》、めいめいが自分の体や頭、病気がちな部分に特に煙をつけているのを目にすることができます。仏教において、体によい香《かお》りをまとわらせることには、体を清めるという意味が込められています。また、仏様に香りをお供《そな》えするという意味があります。それは、仏様を尊崇《そんすう》している証《あかし》ともなります。

そもそもインドでは、酷暑というお国柄か、よい香りのするお香《こう》を体にまとわらせたり、部屋のなかをよい香りの煙で満たすというようなことが習慣としてありました。

その習慣が宗教のなかで意味づけられ、仏教では身心を清涼《せいりょう》にすると考えられ、それは生活を律する戒《かい》の象徴ともされました。

いまは、ご利益《りやく》を求めて煙を自分の体にかけますが、そもそもは仏様に出会うために心身を清めるためのものであり、また仏様への供養《くよう》の意味もあったのです。今度もしお寺に行って煙を体にかけるときには、そのことを思い出してみてはいかがでしょうか。

お賽銭は願いを叶えてもらうためではなかった！

お寺の本堂の前には「浄財《じょうざい》」と書かれた賽銭箱《さいせんばこ》があります。浄財とは、お寺や慈善のために寄付する金銭の意味です。

たとえば、「試験に合格しますように」とか「元気な赤ちゃんが生まれますように」など、さまざまな願いを込めてお金を投げ入れます。

しかし、お賽銭のそもそもの意味は、神様や仏様の力によって願いが成就したとき、そのお礼のしるしに参詣《さんけい》したときに奉《たてまつ》る金銭のことを指します。

つまり、願いを聞き入れてもらったお礼というわけです。現在の、願いを聞き入れてもらうためにお金を入れる感覚とはちょっと違うようです。

この習慣がはじまったのは中国とされ、遣唐使《けんとうし》とともに唐に渡った僧円仁《えんにん》（七九四～八六四）の書いた『入唐求法巡礼行記《にっとうぐほうじゅんれいこうき》』などによると、中国では唐代中期から仏前に銭を奉る風習が一般化し、「散銭《さんせん》」の名で呼ばれていた、とあります。

また、お米を撒《ま》くこともあったようで、こちらは「散米《さんまい》」といいました。

縁結《えんむす》びの願いを込める場合だけではなく、「願い事とご縁があるように」と五円を投げ、あるいは「五重にご縁があるように」と五〇円を投げることがありますが、お金を多く賽銭箱に投げたからといって叶《かな》う確率が上がるかどうかは、仏様のみぞ知るといったところでしょうか。

仏前で手を合わせる本来の意味とは

人は仏像を見たり、先祖のお墓に参ったりするときに、手と手を合わせて祈ります。

また、お寺に詣《もう》でて本堂の前にある賽銭箱にお賽銭を投げ、ガラガラと鈴を鳴らして、手を合わせます。

この「合掌《がっしょう》」という行為は、インドで古くから行なわれてきた敬礼法です。

インドでは習慣として、右手を清浄《せいじょう》、左手を不浄《ふじょう》の手と見なします。

たとえば、インドやネパール、スリランカなど、ヒンドゥー教の文化圏で食事をするときは、基本的に左手を使わず右手を使います。また、トイレでお尻を水で洗うときに主に使う手は、左手です。

この例からも、左手を不浄と捉《とら》えていることがわかります。

そのような意味をふまえて仏教的に解釈すると、「手を合わせる」という行ないは、清浄、不浄の両方の手を合わせることによって、人間のなかにある清浄と不浄を表現する、ということになります。

転じて、人間の本当の姿を表しているというわけです。

お釈迦様の誕生と甘茶の深い関係

仏様と甘茶《あまちゃ》の関係を示す前に、まずはお釈迦《しゃか》様の生まれた時代についてお話ししましょう。

インド思想・仏教学の世界的権威である中村元《なかむらはじめ》氏が『ゴータマ・ブッダ』（『中村元選集〔決定版〕』第11・12巻。現在は『ゴータマ・ブッダ　上・中・下〈普及版〉』として再編集されている）で採用している説によると、お釈迦様（本名はゴータマ・

シッダールタ。ゴータマ・ブッダとも呼ばれる）の生没年は前四六三〜前三八三年となっています。

お釈迦様の生没年に関しては異説が極めて多くあり、一〇〇種以上ありますが、中村氏がとった説は「新しいギリシア学研究の成果に準拠したままである」（前掲書）とのことで、お釈迦様が前四六三〜前三八三年に生きた人物であるとすると、悟《さと》りを開いたのは「三五歳」のときとされますから、前四二八年となります。すなわち、この年が「仏教成立の年」となるわけです。

さて、お釈迦様の誕生について、次のような伝説があります。

お釈迦様の母マーヤー夫人《ぶにん》は、子どもが白象に乗って自分の胎内《たいない》に宿ったという夢を見ます。それを夫シュッドーダナ（浄飯王《じょうぼんおう》）に話すと、王は夢占いを立てさせ、夫人が妊娠したことを知ります。

マーヤー夫人は出産のために里帰りしますが、その途中のルンビニー（現在のネパール南部）に寄ったとき、ふと目にしたアソーカ樹の花に気を取られて、その木の枝に手を伸ばしたところ、夫人の右の脇腹から子どもが生まれました。

それがのちのお釈迦様でした。

お釈迦様が生まれると、どこからか美しい音楽が流れてきて、天から甘い雨が降り注いでお釈迦様の体を洗い清めたと伝えられます。

これにより、誕生日である四月八日の灌仏会《かんぶつえ》（降誕会《ごうたんえ》とも）でお釈迦様を祝い、甘茶《あまちゃ》をかけるようになったとのことです。

生前に与えられるべき「戒名」がなぜ故人に変わったのか

現代の日本では、故人が僧侶からお葬式のときに授けられる名前を「戒名《かいみょう》」と呼んでいますが、本来、戒名は生前にもらう名前です。

戒名とは、戒を授けて仏教者になった人に与えられる名前で、「法名《ほうみょう》」「法号《ほうごう》」ともいわれることがあります。

何をもって仏教者になるかというと、僧侶ではない在家者《ざいけしゃ》の場合、「三帰五戒《さんきごかい》」を守ることとです。

「三帰」とは、「仏」と「法（仏の教え）」と「僧（仏教の教団）」の三つに帰依《きえ》すること。

「五戒」とは、「不殺生《ふせっしょう》（生き物を殺さない）」「不偸盗《ふちゅうとう》（盗みをはたらかない）」「不邪婬《ふじゃいん》（夫以外の男・妻以外の女とは性行為をしない）」「不妄語《ふもうご》（嘘をつかない）」「不飲酒《ふおんじゅ》（酒を飲まない）」の五つです。

この三帰五戒を誓うことによって、教団から戒名を授かることができました。

日本では仏教が伝来した当初から戒名の習慣が行なわれました。戒名は二文字でつくられていて、聖武《しょうむ》天皇が「勝満《しょうまん》」と称したといわれます。

二文字の上には、高貴な人の場合は院号《いんごう》や院殿号《いんでんごう》、庵号《あんごう》、斎号《さいごう》などがつき、末尾には居士《こじ》・大姉《だいし》、信士《しんじ》・信女《しんにょ》、童子《どうじ》・童女《どうにょ》、嬰児《えいじ》・嬰女《えいにょ》などの位がつくようになりました。

元来、二文字だけだった戒名は、時代が下ると一般庶民の間にも、貴族にあやかった院号や院殿号をつけることが喜ばれ、今日のような多くの文字の戒名に変化していきました。

また、生前に故人が菩提寺《ぼだいじ》に金銭的あるいは信仰的にどれだけ貢献していたかで、授ける戒名の下につける位号を変える場合もあります。

もともと生前にもらうはずだった戒名は、僧侶が故人に引導《いんどう》をわたす場合に戒を授ける儀式を行ないます。そのときに仏様の弟子となった名前として戒をつけます。名前をつけてもらって「戒名料」という料金を支払うという考えは、仏教では正しくありません。ただし、名前を授ける儀式を行なった場合にお布施《ふせ》を行なうことが大事なことです。

四十九日の法事がとっても大事な理由

法事《ほうじ》とは仏様や菩薩《ぼさつ》だけではなく、みなさんの先祖の霊を供養《くよう》する行事です。日本では平安時代以降行なわれており、江戸時代以降は法事といえば主に先祖供養を指すようになったようです。

仏教はお釈迦様が説いた教えですが、人びとの間では仏様の偉大な力に救われ、願いを叶えてもらうという信仰が根づよくあります。そして、死後に仏様の世界に生まれ、修行するという願いが広まりました。

仏教では、修行は生きている間だけではなく、死んでからも続くと考えられています。そこで、亡くなった人に、生きている人が功徳《くどく》を手向《たむ》けて応援しようという

法要の段取り

初七日（七日目）不動明王
↓
二七日（一四日目）釈迦如来
↓
三七日（二一日目）文殊菩薩
↓
四七日（二八日目）普賢菩薩
↓
五七日（三五日目）地蔵菩薩
↓
六七日（四二日目）弥勒菩薩
↓
七七日（四九日目）薬師如来
↓
忌明け　四十九日までを「中陰」といい、四十九日を「満中陰」という
↓
百か日忌　亡くなった命日から数えて一〇〇日目で、故人が亡くなった悲しみの区切りをつける日であることから「卒哭忌」ともいわれる。
↓
年忌法要

のが、法事が行なわれるようになったそもそもの考え方です。

これを「追善供養《ついぜんくよう》」といいますが、この追善とは「追福修善《ついふくしゅうぜん》」の略で、供養は「供給資養《くきゅうしよう》」の略です。生きている人が善事を施《ほどこ》して、その善事を死者に振り向け、死者が善根《ぜんこん》を追って積む祈りを「追善廻向《えこう》」ともいいます。

さて、法事には「四十九日《しじゅうくにち》」の法要がありますが、なぜこれがもっとも重視されるのでしょうか。

「輪廻転生《りんねてんしょう》」という言葉がありますが、これは簡単にいうと、「生あるものは生死を繰り返す」といった

意味になります。

法事にある四十九日はこの輪廻転生の考えに因《よ》ったものです。

人は死ぬと、七日ごとに七人の仏様に導かれるとされていて、初七日《しょなのか》、二七日《ふたなのか》、三七日《みなのか》、四七日《ししちにち》、五七日《ごしちにち》、六七日《ろくしちにち》、七七日《しちしちにち》（四十九日）とよばれます。

死んでから四十九日で、死者は次の生を亨《う》けるとされるため、四十九日の法要は盛大に行なわれることになります。次の生が餓鬼《がき》・畜生《ちくしょう》・地獄《じごく》といった悪い所へ行かないように祈るために、四十九日の法要がとりわけ重視されます。

ちなみに、前世《ぜんせ》で死んだときを「死有《しう》」といい、次の生を得たときを「生有《しょうう》」といいます。そして、死後から次の生を亨ける四十九日までを「中陰《ちゅういん》（中有《ちゅうう》）」と呼びます。

中陰が終わる四十九日を「満《まん》中陰」といい、大きな区切りとしています。

お彼岸は日本にしかありません！

お彼岸《ひがん》に先祖の墓参りをする、というのは日本人なら感覚として普通のことのように思えますが、実は彼岸という習慣は日本だけにしかありません。仏教発祥の地インドや、仏教文化が根付く中国にもありません。

そのため、外国からきた人には珍しかったのか、鎌倉時代に宋《そう》から日本へやってきた臨済宗《りんざいしゅう》の僧、大休正念《だいきゅうしょうねん》は、「日本国の風俗として春秋に彼岸がある」ということを『大休和尚《おしょう》語録』に書き残しています。

「彼岸」はサンスクリット語の「パーラミター」の漢訳で、「到《とう》彼岸」とも訳します。「パーラミター」はあまり聞き慣れない言葉かもしれませんが、『般若心経《はんにゃしんぎょう》』のはじめのほうに「般若波羅蜜多時《はんにゃはらみったじ》」とある、その「波羅蜜多」が「パーラミター」の音訳です。

彼岸はそのまま読めば「向こう側の岸」という意味ですが、仏教用語では「輪廻を超えた涅槃《ねはん》の境地」を指します。つまり、彼岸といえば「悟りの世界」すなわち仏の世界を表すことになります。そして死者を仏とみなす日本独特の考えと結びついて、お彼岸の日には先祖の墓参りをし、供養するようになったようです。

お彼岸は春と秋の年二回、春分の日と秋分の日に行なわれます。つまり、お彼岸の日は昼と夜の時間の長さが同じで、太陽が真西に沈む日です。

そこで考えられている説の一つが、西方浄土《さいほうじょうど》にいる阿弥陀《あみだ》様との関係です。

日本では飛鳥《あすか》時代から阿弥陀信仰が見られましたから、庶民の間に広く阿弥陀様が親しまれていました。そのため、阿弥陀様がいる真西に太陽が沈む日を彼岸という行事にあてたのではないか、というものです。そこに太陽に祈る願いが「日願」とされ、それが仏教の「彼岸」と結びついたという説もあります。

二つ目は、農耕生活との関係です。春と秋といえば、稲作でいえば田植えと収穫の時期にあたります。秋の収穫の際には、「田の神さあ（タノカンサア）」に感謝するという習慣もありました。この「田の神さあ」は祖先の霊ともいわれ、これに仏教の輪廻の考え方などが結びついて、お彼岸に先祖の供養をするという習慣ができたともいわれます。

なお、新潟では入り・中日《ちゅうにち》・明けのそれぞれに火を焚いて「じじたち、ばばたち、このあかりについてござれ、ござれ」と唱《とな》えるという地域もあります。これなどは、盆《ぼん》の迎え・送りと同じような習慣といえ、仏教と地域信仰が混ざったものかもしれません。

お盆の起源は、実は中国でつくられたお話

お盆の正式名は「盂蘭盆《うらぼん》」といい、サンスクリット語で「ウランバナ」といいます。漢訳では「倒懸《とうけん》」といって、「逆さ吊りにされたような苦しみ」の意味があります。つまり、お盆とは、亡きご先祖をこのような苦から救うための仏事といえます。

その起源は、『仏説盂蘭盆経』という、おそらく中国でつくられたお経によります。

お釈迦様の弟子である目連《もくれん》が、母親が餓鬼道《がきどう》におちてやせ衰えているのを見て、鉢《はち》に食事を盛って食べさせようとしたところ、まだ口に入れないうちに食事は火炭になってしまい、食べさせることができません。

目連はその倒懸の苦を見て嘆き悲しみ、お釈迦様に相談します。

すると、お釈迦様がいうには、「母親の罪は重く、目連一人ではどうすることもできないから、七月一五日の自恣《じし》（夏安吾《げあんご》の最終日に僧が集まり、修行中のことを互いに反省し、罪を告白懺悔《ざんげ》すること）の日に、食べ物を供えて十方衆僧《しゅうそう》を供養してその力にすがりなさい。衆僧は施主《せしゅ》のために七世の父母の成仏《じょうぶつ》を祈り、その

後に食べ物を受けよ」とのことでした。

いまの日本にも残されているお盆の仏事は、中国でつくられたこの話をもとにした風習に、正月に床の間に松を飾りトシガミ様を迎えるというような、日本古来の季節行事が合わさってできたようです。

日本では推古《すいこ》天皇一四（六〇六）年、寺ごとに七月一五日の斎会《さいえ》（仏事のとき僧尼に食べ物を供養する会）を設けたことが盂蘭盆会《え》のはじまりといいます。

中世以降になると、これに施餓鬼《せがき》供養（餓鬼道におちて苦しむ亡者《もうじゃ》を供養すること）が加えられるようになりました。

いまは多くが、一三日に「迎え盆」といって墓参りをし、家に精霊棚《しょうりょうだな》を設けて祖霊《それい》を祭り、お坊さんにお経を唱えてもらいます。一六日が「送り盆」となり、霊を送り帰す日になっています。

なぜお墓に水をかけてあげるの？

お彼岸などでご先祖のお墓に行ったとき、柄杓《ひしゃく》に水を汲んで、墓石に水をかけ流します。

この「水をかける」という行ないに、どのような意味合いがあるのか。改めて問われると、意外と知らないことに気づきます。

簡単にいえば、死者に末期《まつご》の水を与えることと関連するようです。死者が喉の渇きで苦しむことがないようにという思いが、死者に水を供養することになったのでしょう。

仏教と水は関係が深く、お釈迦様（ゴータマ・シッダールタ）が生まれたときには、天から甘い雨が降ってきましたし、密教《みっきょう》では「灌頂《かんじょう》」といって、職を継承するときなどに、頭頂に水を灌《そそ》ぎかける儀式があります。

この儀式は古代インドで国王が即位するときに四方の海水を頭頂に灌ぎ、世界を掌握《しょうあく》したとするものに由来するといいます。

人（成人）の体内はおよそ六五パーセントが水分で満たされています。

人間にとって水は大切なもの。仏教と「水」が深い関係なのも、当然といえるでしょう。

「卒塔婆」の上部がギザギザになっている理由

お墓で見かける「そとうば」と五重塔は由来が一緒だ、といったら、みなさんは驚かれるでしょうか。

「卒塔婆《そとうば》」はサンスクリット語の「ストゥーパ」の音写で、お釈迦様や高僧の遺骨を祭る塚のことを指します。

その後、舎利《しゃり》（遺骨）信仰の広まりに伴って塚《つか》も変化していき、中国から伝わった塔の建築様式が、日本では三重塔や五重塔などがお釈迦様の舎利を収める建物になっていきました。

一方、一般の人が亡くなるとお墓の後ろに立てられる木でできた卒塔婆は、仏教と日本古来の宗教が混ざってできたものといえます。

もともと日本では「神籬《ひもろぎ》」という、古代に神霊が宿るとされた森・山・老木の回りに常磐木《ときわぎ》を植えて玉垣《たまがき》をめぐらす習慣がありましたが、それが仏教に取り入れられて卒塔婆になったようです。

卒塔婆と五輪塔の対応

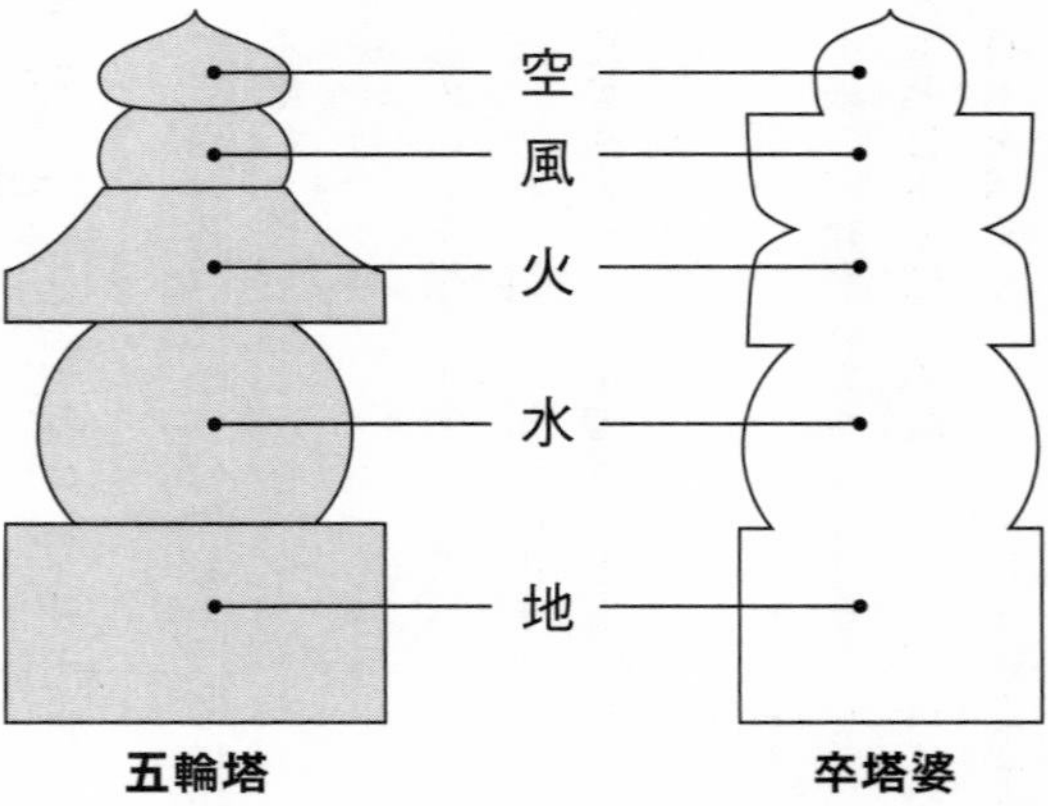

卒塔婆の頭のギザギザですが、これは密教における万物の構成要素を表す「五輪」をモチーフとしたものです。

五輪（「五大」とも）は空・風・火・水・地の五つです。

空は宝珠《ほうじゅ》、風は半月、火は三角、水は円形、地は方形で表されます。

では、なぜお釈迦様や高僧でもないのに、お墓に卒塔婆が置かれるようになったのでしょうか。

それは、日本では死んだ人は神（祖霊）になるという信仰があったからです。

仏教の広がりとともに死んだ人を

「ホトケ」と呼ぶようになったため、一般の人が亡くなったときにも供養のために卒塔婆を立てるようになったようです。

除夜の鐘はなぜ一〇八つ？

一二月三一日の大晦日《おおみそか》に行なわれる行事の一つに、除夜《じょや》の鐘《かね》を鳴らすというものがあります。

この除夜の鐘ですが、なぜ一〇八回という数が決まったのか、ご存じですか？

実はこの一〇八、煩悩《ぼんのう》の数を指すといわれていますが、定かではありません。

むしろ、よくいわれるのが、「四苦八苦《しくはっく》」からきているという説です。

この「苦」を「九」に置き換えてみると、「四九八九」になりますね。日本語ではこのような数字の連なりの場合はかけ算を指すことが多いので、「四×九」＋「八×九」としてみます。計算すればもうおわかりですね、三六＋七二＝一〇八になりました。

もう一つの説は、ちょっとややこしいものです。

まず、人が外からの情報を仕入れる手段には眼《げん》・耳《に》・鼻《び》・舌《ぜつ》・身《しん》・意《い》があります。これを「六根《ろっこん》」といいます。外にあるものから執着《しゅうちゃく》を断って浄らかな状態になることを「六根清浄《しょうじょう》」といいますが、この「六根」のことです。これに好《こう》・悪《あく》・平《へい》という「三種」の感情のパターンを掛けます。そうすると、六×三＝一八になります。まずこれを一つ目のグループとします。

もう一方のグループは、以下のようになります。

人には色《しき》・声《しょう》・香《こう》・味《み》・触《そく》・法《ほう》という、人の心を汚すものがあると考えられました。これを「六塵《ろくじん》」といいます。

これもまた苦《く》・楽《らく》・捨《しゃ》という三つの感情をもたらします。これを「三受《さんじゅ》」といいますが、六塵に三受を掛けると、六×三＝一八になります。これが二つ目のグループです。

この二つのグループを足すと一八＋一八で三六になりますね。

そして最後に、これらの煩悩は過去・現在・未来の「三世」にわたって続くと考えられますので、三六に三を掛けます。すると、一〇八になるのです。

煩悩は細かく数えれば数万にもなるともいいます。鐘を鳴らして、少しでも減らそうとするところにも、仏教の祈りは息づいています。

友引にお葬式をしてはいけない、は間違い？

いまでも、仏滅《ぶつめつ》の日は縁起《えんぎ》が悪いので、結婚式を開きたがらない傾向にあります。同様に、友引《ともびき》の日はお葬式をしないというのも、昔から受け継がれてきた習慣といえます。

ですが、実はこの習慣はまったくの俗信《ぞくしん》で、根拠はありません。陰陽道《おんみょうどう》で「友引日」というのがあり、これは、日にちや方向が悪いと友に災《わざわ》いがおよぶというもの。それがいつしか六曜《ろくよう》の友引と合わさり、間違って根づいてしまったようです。

六曜は暦法の一つで、先勝《せんしょう》、友引、先負《せんぶ》、仏滅、大安《たいあん》、赤口《しゃっこう》の総称です（読み方は一例）。

この六曜星を各日にあてはめて、その日の吉凶を占います。確かにこう説明されると、仏教の範疇《はんちゅう》ではありませんね。

実際、仏教辞典などに載《の》ることもありません。

なお、友引とお葬式の関係のついでに話しますと、「清め塩《きよめじお》」も仏教に由来するものではありません。

死を穢《けが》れと捉《とら》えてきた古来の風習と、仏教のお葬式が混ざった習慣のようです。

仏教は死を穢れと捉えないことから、清め塩を廃止する運動を進める宗派もあるようです。

縁起が悪いとされる仏滅の本来の意味は？

先ほど六曜の話をしましたが、お釈迦様の名前と関係のある「仏滅」についても、その起源をたどってみましょう。

簡単にいうと、お釈迦様が亡くなったことと仏滅は、関係ありません。

なぜ、仏滅は縁起が悪いのかといえば、それは名前の「仏滅」が悪い印象を与えるから、としかいえません。

六曜は室町時代の末期に中国から伝えられた「諸葛孔明六壬時課《しょかつこうめいりくじんじか》」という時刻の

六曜の意味

先勝	せんしょう・せんかち・さきかち　午前中は吉、午後は凶「先んずれば勝つ」
友引	ともびき・ゆういん　午前中は吉、午後は凶、夕方は吉「凶事に友を引く」
先負	せんぷ・せんまけ・さきまけ　午前中は凶、午後は吉「先んずれば負ける」
仏滅	ぶつめつ　万事に凶「仏も滅するような凶日」
大安	たいあん・だいあん　万事によい「大いに安し」
赤口	しゃっこう・しゃっく・せきぐち　午の刻（午前 11 時〜午後 1 時）のみ吉で、それ以外は凶。火の元や刃物に注意

吉凶占いが、日の吉凶に用いられたものです。

方法として、旧暦の朔日《さくじつ》（一日）を先勝（一月・七月）、友引（二月・八月）、先負（三月・九月）、仏滅（四月・一〇月）、大安（五月・一一月）、赤口（六月・一二月）に振り分けていきました。

お釈迦様の入滅《にゅうめつ》した日は二月一五日ですが、旧暦で仏滅になっているのは偶然です。

仏滅はもともと「空亡《くうぼう》」「虚亡《こもう》」といわれていましたが、「すべてがむな（空・虚）しい」と解釈されて「物滅」となり、その後「仏滅」になったようです。

仏滅の日は「一日中、何をしてもうまく行かない日」と捉えられがちですが、由来を知っていれば、少しは気が軽くなるかもしれませんね。

日本の火葬のはじまりとは?

仏教発祥の地インドでは、人が死ぬと、ふつうは川べりに薪《まき》を組み上げて火葬に付し、焼き終えた骨などはすべて川へ流します。

火葬は古代インドでは一般的に行なわれていたことで、お釈迦様も火葬に付されています。

仏教がインドから中央アジアを経て伝わった中国では、儒教《じゅきょう》の影響が強かったため火葬はあまり広まらず、インド文化に影響された僧侶だけが行なっていたようです。

さて、日本における火葬が広まったのはやはり仏教が伝わって以降の話で、最初に火葬された人は、記録によると法相宗《ほっそうしゅう》の僧道昭《どうしょう》(六二九~七〇〇)です。

その三年後、大宝三《たいほう》（七〇三）年に持統《じとう》天皇が火葬に付されましたが、これが天皇家初の火葬です（それ以前は土葬）。

都が奈良から京都へ移ると、船岡山《ふなおかやま》や鳥辺野《とりべの》が火葬場となりました。飢饉《ききん》や疫病《えきびょう》などで大量の死者が出ると、賀茂《かも》の河原《かわら》にいくつもの火があがったといいます。

いまではお寺と死者は強く結びついていますが、かつての僧は死者のための追善供養を行なうのが主な仕事で、死体の処理は「隠坊《おんぼう》」（御坊・隠亡・煙坊などとも書く）という半僧半俗《はんそうはんぞく》の念仏聖《ねんぶつひじり》が行なっていました。

死穢《しえ》に関する仕事だったので、隠坊は人びとに忌《い》み嫌われ、差別視されていたようです。

なお、火葬にすることを「茶毘《だび》に付す」といいますが、茶毘はパーリ語で「ジャーペーティ」といい、「点火する」「火葬する」などの意味を持つ動詞「ジャーヤティ」がもとになっています。

喪服はいつから黒くなったのか

仏教式のお葬式では、喪服《もふく》はおおよそ黒と決まっています。また、プロスポーツで貢献者などが亡くなると肩に喪章《もしょう》をつけたりしますが、その色も黒です。

かつての日本では、中国や朝鮮と同じように、実は喪服は白でした。白は清浄な色ですから、死の穢れから離れるには白色でなければいけません。

では、なぜ喪服が黒色に変わったのかというと、禅《ぜん》のお坊さんが黒色の衣を着ていたため、それが一般的な生活様式にも取り入れられたとする説があります。

タイやミャンマー、カンボジアなど南伝仏教の僧侶は、いまでも濃いえんじ色の糞掃衣《ふんぞうえ》を着ていますが、インドから中国へ仏教が伝わると、僧侶は墨染《すみぞ》めの衣を着ました。

黒衣のことを「緇衣《しえ》」といい、僧侶の服の一般的な色であることから、僧侶を指して「緇衣」「緇流《しりゅう》」「緇門《しもん》」「緇徒《しと》」などとも呼びました。そして、鎌倉時代、日本に禅が伝わることにより、黒色の衣を着る習慣も入ってきたといいます。

三章

「お坊さんや仏具」がわかる11項

お坊さんが頭を剃るのはなぜ？

お坊さんには頭を剃《そ》っている人が多く見られますが、そもそもなぜ頭を剃る必要があるのでしょうか。

『聖求経《しょうぐきょう》』によると、後年、お釈迦様が出家《しゅっけ》時を回想して次のように述べておられたそうです。

「青年にして漆黒《しっこく》の髪を蓄え、幸せな若さにあふれていたが、人生の青春にさいし、父母が出家を望まず、泣き顔をして泣き悲しんでいるとき、鬢髪《びんぱつ》を剃り袈裟衣《けさごろも》をつけて、在家《ざいけ》から家なき状態に遍歴した。

このようにして、わたくしは出家し、『いかなるものでも善なるものを求める者』として、このうえなき寂静《じゃくじょう》の道を求めていった」（早島鏡正『ゴータマ・ブッダ』講談社）

このときお釈迦様は自らの髪を刀で切り、空中に投げたといわれています。

さらに、『スッタニパータ』という、最古の仏教思想や初期教団の状況を伝える経典によると、お釈迦様がコーサラ国（古代インドの国の一つ）に滞在していたときにバラモン僧が近くによると、お釈迦様が頭を覆《おお》う衣を脱いだ。すると、その頭は剃られていた、といいます。

髪を剃るのは、「仏教の修行者として、俗世間の虚飾を避ける」ということで、また、「仏教以外の宗教者と区別するため」という意味もあったようです。

禅宗《ぜんしゅう》では、毎月四と九の日（四九日《しくにち》）に頭を剃っています。坐禅《ざぜん》のときに隣り合っている僧（隣単《りんたん》）どうしがお互いに頭を剃り合います。

たとえ自分の手先が器用で、頭を綺麗に剃ることができようとも、自分で髪を剃ることは禁止されています。

これを「不和合《ふわごう》」といいます。

なぜなら、自分一人でできることであっても、他者を煩《わずら》わせて和合を計る、という教えがそこには込められているからです。

ちなみに、パキスタンのラホールにあるお釈迦様の像には髪の毛がまだありますが、それはお釈迦様が六年間の苦行生活を送っていたときの姿を表しているためです。

身につけている「袈裟」の意外なルーツ

お坊さんが身につけている衣服を「袈裟《けさ》」といいます。サンスクリット語の「カシャーヤ」の音写《おんしゃ》です。

そもそも袈裟は、お釈迦様が身につけていた着物にその起源があります。

お釈迦様は、コーサラ国という大きな国に属する釈迦族の王族の子として生まれました。つまりは、お坊ちゃんです。

ですから、着ている服は、ガンジス川のほとりにあるカーシー（現在のヴァーラーナシー）でつくられる、上等な絹の着物しか着たことがありませんでした。

二九歳のとき、妻子を含むいっさいを放棄して出家し、修行者となります。城を抜け出したお釈迦様は、ちょうど通りかかった猟師に声をかけ、着ているものを取り替えてもらいました。猟師の着ていた服は、鹿《しか》の皮でつくられたものだったといいます。

しかしその服もボロボロになってしまい、今度は道に捨ててあったボロをまとい、断食《だんじき》などの苦行生活に入ります。苦行は六年にもおよびましたが、悟《さと》ることはできず、苦行は無意味であることを知ります。

ブッダガヤーの菩提樹《ぼだいじゅ》の下で瞑想《めいそう》しながら日々を送り、三五歳のとき、ついに悟りを開いた（成道《じょうどう》）といいます。

このとき「覚者《かくしゃ》（buddha）」となったことから「ブッダ」（仏陀）と呼ばれるようになりました。

以後、お釈迦様の弟子たちもこのような着物を身につけることになりました。これを「糞掃衣《ふんぞうえ》」といいます。糞掃衣は、路地やゴミ溜《た》めに捨てられていたボロ切れを拾い集め、その丈夫な部分を用いてよく洗い、それらをつなぎ合わせて一枚の四角い衣にします。

四角く、広げると田んぼのような形をしていることから、「福田衣《ふくでんえ》」ともいいます。

お釈迦様や弟子たちが着ている服はこのようなボロでしたが、仏教が中国や朝鮮を渡って日本に伝わると、その形も日本独自のものに変わります。

インドに比べれば中国や朝鮮、日本では寒い時期が多くあります。そのため、袈裟の下に「衣」を重ねるようになり、日常的というよりは装飾的なものへと変化していきます。

それは周りの人びとから見れば、内実がともなわない、儀礼的なことのように思えたかもしれません。

そこから、実質以上に大変なことのように見せることを「大袈裟《おおげさ》」というようになったといわれます。

お寺のお参りに「数珠」が欠かせない理由は？

数珠《じゅず》は仏具のなかでももっとも身近で親しみやすいものですが、実は数珠の確かな起源というのはわかっていません。キリスト教のロザリオと起源が同じであるという説もあります。

ただ、長年広くいわれているのが、念仏《ねんぶつ》などで仏さまの名前や呪文《じゅもん》を唱《とな》えるときに、回数を数えるために使われたのではないかということです。

数珠の珠《たま》の数は基本的に煩悩《ぼんのう》の数と同じ、一〇八ですが、その半分の五四や、三六、二七、二一、一八など、いろいろあります。一〇八個の数珠は「二輪数珠」、略式の数珠は「一輪数珠」あるいは「片手数珠」と呼ばれます。

一方、数珠の起源としてはこんな話もあります。お釈迦様の弟子たちが、「あの人に美味しい食べ物をご馳走《ちそう》になった」とか「あの人に立派な袈裟をいただいた」といったように、徐々に贅沢《ぜいたく》になってきたときのこと。

お釈迦様は「これではいけない」と、半月に一度、弟子たちを集め、一人ずつみんなの前で自省《じせい》させることにしました。これを「布薩《ふさつ》」といいます。

以後、弟子のなかの一人が、次の布薩の日を数えるために木の実を用いた道具をつくったとのことです。

インドでは左手が不浄《ふじょう》のものと考えられているため、数珠は左手にかけられます。不浄な左手を清めるため、数珠には白檀《びゃくだん》などの香木《こうぼく》が用いられています。

珠どうしを繋《つな》いでいる糸は、仏様の慈悲《じひ》の心を表しているともいわれます。珠は人びとを表し、各人を繋いでいるのが仏様ということです。

ちなみに、糸が切れても気にする必要はありません。その場合は「悪縁《あくえん》が切れた」と考えましょう。

日本のお坊さんが結婚できるワケ

お寺にお坊さんの奥さんがいるというのは、日本ではごく普通の光景です。ですが、仏教の原則から考えると僧侶は妻を持たないということになっています。なぜ、日本では僧も奥さんを娶《めと》ってよいことになったのでしょうか。

天平宝字《てんぴょうほうじ》元（七五七）年『僧尼令《そうにりょう》』（全二七条）が制定され、僧（や尼）が出家する際には官の許可が必要になりました。無事に僧になると受戒《じゅかい》が行なわれ、律蔵《りつぞう》にある「交淫《こういん》」の禁止を守らねばなりません。

その後、天台宗《てんだいしゅう》では比叡山《ひえいざん》に大乗戒壇《だいじょうかいだん》が設けられ、以前よりも守るべき戒が少なくても官僧として認められるようになります。この辺から、戒律《かいりつ》に対する僧侶の意識の低下がいわれはじめました。

鎌倉時代になると、官僧ではなく、自由に活動する僧が増え、戒律のしばりは余計効かなくなってしまいます。

臨済宗《りんざいしゅう》の僧、無住道暁《むじゅうどうぎょう》（一二二六～一三一二）が『沙石集《しゃせきしゅう》』のなかで「今の世にはかくす上人猶《しょうにんなお》すくなく、せぬ仏《ほとけ》弥《いよいよ》希《まれ》なりけり」と書いているように、妻子を持っていた僧は少なくありませんでした。

このような状況でも、江戸時代まではまだ妻帯しない建前《たてまえ》が残っていました（浄土真宗《じょうどしんしゅう》と山伏《やまぶし》を除く）が、明治五（一八七二）年四月の太政官布告《だじょうかんふこく》で、「僧侶の肉食妻帯蓄髪《にくじきさいたいちくはつ》は勝手たるべきこと」とされ、妻帯が事実上許されることになり、今日に至っているというわけです。

ただし、明治五年に出されたこの布告で一気に妻帯が増えたということではなく、すでに妻帯していたことを後付けで認めたにすぎなかったといったところでしょうか。

なお、平成二〇（二〇〇八）年一月五日に一〇八歳（数え年）で遷化《せんげ》された永平寺《じ》の第七八世貫首《かんしゅ》、宮崎奕保《みやざきえきほ》禅師は、生涯不犯《ふぼん》を通したということです。

そもそもお葬式でお坊さんは何をするのか？

あきらめが悪い相手に最後通告することを慣用句で「引導《いんどう》を渡す」といいますが、

お坊さんがお葬式でお経《きょう》を唱え、仏教の教えに亡くなった人を導く、というのが本来の意味です。

お葬式のときにお経をあげるお坊さんを「仏の世界へ導く師」という意味で「導《どう》師《し》」と呼びます。浄土真宗では、人が亡くなった時点ですでに阿弥陀《あみだ》様に救われている、と考えられているため、引導は渡しません。代わりに、親鸞《しんらん》の『正信偈《しょうしんげ》』などを唱え、救われた喜びを讃嘆《さんたん》します。

ただ、この「お坊さんがお葬式に重要な役割を果たす」というのは日本独特の文化で、タイやミャンマー、スリランカ、韓国などでは、お坊さんがお葬式に関わることはほとんどありません。

そもそも仏教は生きている人を重要視します。お釈迦様が亡くなったときでさえ、弟子たちはお釈迦様のお葬式をせずに、入滅《にゅうめつ》の地クシナガラに住むマッラ族の人びとがお葬式を行なったといいます。

お葬式にお坊さんが呼ばれるようになったのは、浄土宗《じょうどしゅう》において、お坊さんが死に際に教えを説くことによって極楽浄土《ごくらくじょうど》に行ける証《あかし》をもらう、という習慣からはじまったという説がありますが、正確な発祥はまだわかっていません。

「住職」「和尚」「お坊さん」は何がどう違う？

お坊さんを呼ぶとき、みなさんはどのように声を掛けておられるでしょうか？「ご住職《じゅうしょく》」では硬いし、「和尚《おしょう》さん」というのも時代がかっているしと、少し迷うところです。「住職」というのは、お寺の長で、維持・管理する人のことをいいます。中国の宋《そう》の時代（九六〇〜一二七九）以後、禅寺で「住持職《じゅうじしょく》」という職名が用いられ、それが略されて住職となりました。

一方の「和尚」とは、戒を授ける人のことです。古くは高僧をこのように呼びましたが、いまでは一般的な住職や僧侶の名称としても使われています。華厳宗《けごんしゅう》や天台宗《てんだいしゅう》では「かしょう」、律宗《りっしゅう》・真言宗《しんごんしゅう》などでは「わじょう」と読みます。

「お坊さん」の元となる「坊主《ぼうず》」は、文字通り「坊《ぼう》の主《あるじ》」という意味です。坊とは、広い意味で「僧の住む房《ぼう》（部屋）」のこと。平安時代末期頃より、大きなお寺の敷地内に末寺《まつじ》が建てられるようになり、そこの主を指すようになったようです。

「お坊さん」ならまだしも、「坊主憎けりゃ袈裟まで憎い」や「三日坊主」といったことわざにも用いられますので、「坊主」と呼び捨てにするのは控えたほうがよいでしょう。

この他、僧侶の呼び方には「上人《しょうにん》」「師家《しけ》」「方丈《ほうじょう》」などがあり、各宗派の長の住職の呼び方として「法主《ほっす》」「貫首《かんしゅ》」「門主《もんす》」「管長《かんちょう》」などがあります。

なぜお経は声を出して読まれるのか

お経がどのようにして昔から伝えられてきたかを知れば、なぜ声に出して読まれているのかの理由がわかります。

お釈迦様が発した言葉を弟子たちがどのようにして後世に残してきたかというと、それは「口誦《こうしょう》」でした。口誦とは、つまり「口で音読する」ということ。

彼ら仏弟子たちは、お釈迦様の言葉を互いに口に出していうことによって、お互いの記憶にとどめておいたのです。仏滅後、ラージャグリハ（王舎城《おうしゃじょう》）の郊外に五〇〇人の比丘《びく》（出家した男性修行者）が集まって、お釈迦様に長いこと仕えていた阿難《あなん》が記憶していた教えを唱え、他の比丘が了承し、正式の教えとして「経」と認められました。そのお経は文字に記されることなく口頭で伝えられました。お経が文字で記されたのはのちのことです。

また、お経を声に出して読むもう一つの理由があります。

古代インドのバラモン教の考え方には、音声には霊力がある、というものがあります。つまり、口に出さないと力を発揮してくれない、ということです。

それが仏教にも取り入れられたことのようです。

さらに、お経をみんなで口に出して読むことで、儀式に宗教的な雰囲気を持たせることができる、といった理由も挙げられます。

お経を読むときには独特なリズムがありますが、音階をつけて歌うことを「声《しょう》明《みょう》」といい、音読みで読まれることによって厳《おごそ》かな場所にすることができます。

お経はどこの国の言葉で書かれているの？

お経の言葉として使われてきたのは、サンスクリット語とパーリ語です。

サンスクリット語は古代のインド語で、「サンスクリタ」（「完成された」の意）、つまりもっとも格式のある文語という意味です。

インド・ヨーロッパ語に属し、梵天《ぼんてん》（古代インドで「万有の根源」であるブラフマンを神格化したもの）がつくったという伝説から、日本では「梵語《ぼんご》」と呼ばれます。

パーリ語は古代の地方語（古代マガダ語に各地方の方言が混ざった言葉）で、南伝仏教に使用される聖典用につくられた言葉です。正式の文語であるサンスクリット語に対する「プラークリット」（「俗語・民衆語」の意）のなかの一つです。

お釈迦様はマガダ地方（現在のインドのビハール州あたり）を中心として活動していたので、お釈迦様が使っていた言葉もマガダ語であったろうと考えられます。

ただ、お経（経典）として記されるときには、大乗《だいじょう》仏教と上座部《じょうざぶ》仏教とでは使われる言語は異なります。

大乗仏教や密教《みっきょう》経典にはサンスクリット語が用いられています。ただし、この場合のサンスクリット語は経典の成立した場所や時代によって特徴があり、仏教特有のサンスクリット語の使用法も見られます。

南伝仏教の系統は古い形式を伝えるものが多く、お経はパーリ語で記されています。

お経はインド周辺の各国語に翻訳されました。大乗仏教では特に中国語訳とチベット語訳が重要です。チベット語で残されているお経は、サンスクリット語で書かれたお経を忠実に訳しているため、原典が紛失してしまっている場合には重要な役割を果たします。

日本に入ってきたお経は、インドから中国へ伝わったものが漢訳されたものです。

護摩で焚かれているのはいったい何？

「護摩《ごま》」はサンスクリット語の「ホーマー」が語源で、簡単にいえば「焚《た》く」とか「焼く」といった意味です。詳しくいえば、「供物《くもつ》を火に投げ入れて祈願《きがん》する（焼施《しょうせ》）」ということになります。

そもそも護摩は、バラモン教の宗教儀式としてすでに行なわれていたといいます。バラモン教とは、古代インドの正統な宗教で、バラモン（僧侶）階級を中心として「ヴェーダ」と呼ばれる聖典を基本としていました。

紀元前から行なわれていた護摩ですが、密教に取り入れられると、儀式の規則にもとづいて「護摩壇《だん》」が設けられました。

そして、不動明王《ふどうみょうおう》や愛染明王《あいぜんみょうおう》を本尊《ほんぞん》として招き、護摩木を勢いよく燃やし、火のなかに五穀《ごこく》（米・大豆・小豆・大麦・小麦など）・五香《ごこう》を投げ入れて願いを成就させます。護摩で焚かれる火は、汚れたものを焼き尽くすことから、「仏様の悟りの知恵」とも解釈されます。

一方、投げ入れられる護摩木は「煩悩《ぼんのう》」に見立てられました。

護摩には多くの現世利益《げんぜりやく》があるといわれ、息災《そくさい》（災いをなくす）、増益《ぞうやく》（よいことが増える）、調伏《ちょうぶく》（敵をくだす）、敬愛《きょうあい》（相互の人格や社会に敬意を払う）、鉤召《こうちょう》（よい環境に人びとを導く）などがあります。

「木魚」と魚の思いがけない関係

魚の形をしているわけでもないのに、なぜ木魚《もくぎょ》という言葉には「魚」という字が入っているのでしょうか。

命名の由来については、こんな説があります。かつて、魚が一晩中、眼をあけたままで眠っていないということを発見した中国の人がいました。実際には眼を開けたまま眠っているのですが、そんなことは当時ではわからなかったのでしょう。

そこで、「眠らない」魚にあやかって仏具をつくれば、僧侶を居眠りや怠惰《たいだ》から目覚めさせることができるのではないかと考え、球型の木のなかをくりぬいて、横に細長い口を開け、表面に魚の鱗《うろこ》を彫ったものがつくられるようになりました。

わたしたちが一般にイメージする木魚は、中国の明《みん》（一三六八～一六四四）の時代につくられたといいます。

古くは「木魚鼓《もくぎょく》」や「魚板《ぎょばん》」などと呼ばれるような、木で細長い魚の形にしたものを廊下などに吊《つ》るして、食事や法事の時間を知らせた仏具もあります。

京都は宇治《うじ》の黄檗山萬福寺《おうばくさんまんぷくじ》にある魚板（魚梆《ぎょばん》）は、長さ二メートルを超える大きなもので、寺の有名な仏具となっています。

なぜ精進料理には肉が入っていないのか

野菜の揚げ物を「精進《しょうじん》揚げ」、野菜料理を「精進料理」といいますが、なぜ野菜料理全般に「精進」の名前がついたのでしょうか。

精進とは、「精魂を込めてひたすら仏道に励むこと」を指します。八正道《はっしょうどう》（悟りに到達するための八つの正しい道）の六番目に「正精進《しょうしょうじん》」が置かれ、大乗仏教の実践を説く六波羅蜜《ろくはらみつ》の第四徳目に「精進波羅蜜」が挙げられています。

日本古来の宗教では、ある期間、飲食や行為を慎《つつし》むことによって体を浄《きよ》めて不浄《ふじょう》を避けるという習慣がありましたが、それが民間の在家信者にとっては肉類を断つという意味へと転化《てんか》します。

また、仏教では「精進日」というのがあって、僧侶と在家信者が特定の日に集まって仏教の理解を深め合っていました。この日は戒律を厳しく守る日でもあったので、肉類を口にすることは禁止。結果として、野菜中心の料理が出されることになります。

この野菜中心の料理が「精進料理」と呼ばれるようになり、肉類が入ることがないのです。

四章

「名刹や宗派」がわかる12項

東寺があるのに西寺がない理由

かつて、平安京《へいあんきょう》の正門である羅城門《らじょうもん》を中心として、二つの官寺《かんじ》が建っていました。東寺《とうじ》と西寺《さいじ》です。

両寺は平安京の遷都《せんと》（七九四年）後に造営され、繁栄してきましたが、現在まで残っているのは東寺だけです。

なぜ西寺は再建されなかったのか？

ことのはじまりは、天元《てんげん》三（九八〇）年、羅城門が大風によって倒壊したことです。これ以後、羅城門は再建されませんでした。門の礎石《そせき》は藤原道長《ふじわらのみちなが》が建てた法成寺《ほうじょうじ》の建築資材になったといいます。

羅城門が倒壊した一〇年後の正暦《しょうれき》元（九九〇）年、今度は西寺から原因不明の火の手があがり、金堂《こんどう》や講堂《こうどう》だけではなく、仏像やお経《きょう》もすべて灰燼《かいじん》に帰《き》してしまいました。残ったのは五重塔だけでした。

この時代は「末法《まっぽう》の世」といわれます。

末法とは「お釈迦《しゃか》様の教えはあるが、修行する人も、悟《さと》る人もいない時代」で、庶民は不安と恐怖を抱えながら生きていました。僧侶もお寺に火をつける始末です。

そして仁安《にんあん》三（一一六八）年と治承《じしょう》元（一一七七）年、二度にわたって都で大火が発生し、多くの家々が焼き尽くされました。治承元年の大火では、およそ二万戸以上の家が焼失したそうです。

これにより、平安京は大内裏《だいだいり》を失い、政《まつりごと》の中心としての役割を失います。西寺も完全に焼け落ち、残ったのは東寺だけでした。

東寺は、空海《くうかい》の開いた高野山《こうやさん》で修行した文覚《もんがく》の尽力《じんりょく》により、文治《ぶんじ》二（一一八六）年、朝廷より修造の命が出されます。

一方の西寺も、再建されることになりましたが、天福《てんぷく》元（一二三三）年、再び出火し、焼け残っていた五重塔も灰燼に帰します。これ以降、西寺が再建されることはありませんでした。

東寺と深いつながりのある三浦俊良《みうらしゅんりょう》氏の『東寺の謎』（祥伝社）によると、西寺が再建されなかった理由は以下のようになります。

平安京の創建時より、西寺があった周辺は湿潤《しつじゅん》な土地で、そのために遷都後も住居が閑散《かんさん》としていてまばらでした。そこへ、藤原純友《すみとも》の叛乱《はんらん》で難民となった人びとが西寺周辺にやってきて、治安は荒れ放題となりました。

その後、大内裏の焼失と羅城門の倒壊が起こったことで、都の中心である大通り(朱雀大路《すざくおおじ》)の役割がなくなります。

加えて、白河《しらかわ》天皇が鴨川《かもがわ》の東に法勝寺《ほっしょうじ》を建てたため、政治の中心は町の東に移ります。いままで町の「中心」周辺にあった東寺も、中心軸が東に移ったことによって、かろうじて「西の外《はず》れ」に位置することになってしまいました。

さらに、武士の台頭によって、天皇や貴族から守られてきた官寺の役割も終わりを告げようとしていました。

これらの要因が重なったことにより、西寺が再建されることはなくなったのです。

現在、西寺の跡は唐橋《からはし》西寺公園となっています。

なぜ本願寺は西と東に分かれたのか

「お西《にし》さん」、「お東《ひがし》さん」と呼ばれて親しまれている二つの本願寺《ほんがんじ》。もともと一つだった本願寺は、何が原因で分かれることになったのでしょうか。

簡単にいうと、原因をつくったのは織田信長《おだのぶなが》でした。

時代は戦国の世の中。

一向宗《いっこうしゅう》（浄土真宗《じょうどしんしゅう》）の信者は権力者に対して抵抗していました（一揆《いっき》）。これが本格的に爆発したのが、西方の毛利《もうり》氏らを征服しようとした織田信長と、本願寺一一世の顕如《けんにょ》との一〇年にもおよぶ争いでした。

毛利氏は本願寺側に与《くみ》して、信長の西方進出を阻《はば》もうとしたのです。しかし、本願寺は信長側におされ、陥落は目前に迫っていました。

ここで、本願寺側の内部で問題が起こります。

顕如の長男の教如《きょうにょ》が、信長への戦闘継続を主張したため、父顕如との間に亀裂《きれつ》が生じてしまったのです。

顕如は教如と親子の縁《えん》を切り、天正《てんしょう》八（一五八〇）年、本願寺を明け渡し紀州《きしゅう》へ退《しりぞ》きます。明け渡された本願寺跡には、大坂城《おおさかじょう》が築城されました。

天正八年以降、教団は紀州鷺森《さぎのもり》、和泉貝塚《いずみかいづか》、大坂天満《てんまん》などに移り、天正一九（一五九一）年、豊臣秀吉《とよとみひでよし》の命によって京都六条堀川《ろくじょうほりかわ》に本願寺が建てられ、顕如が招かれました。

これがのちの西本願寺になります。

一方、教如はというと、いったんは顕如の跡を継いだものの、秀吉の介入によって隠居《いんきょ》させられ、顕如の三男の准如《じゅんにょ》が継ぎました。

その教如に手を差しのべたのが、徳川家康《とくがわいえやす》です。家康は関《せき》ヶ原《はら》の戦い後の慶長《けいちょう》七（一六〇二）年、七条《しちじょう》烏丸《からすま》に屋敷地を与えて、お寺として建てさせたのです。

これがのちの東本願寺になります。

こうして、軍事的にも政治的にも大きな力を誇っていた勢力が二分されることになったのです。現在、西本願寺は「浄土真宗本願寺派」といい、東本願寺は「真宗大谷派《おおたには》」と呼ばれます。

両本願寺は、伽藍《がらん》の配置は対称的で、宗祖親鸞《しんらん》の著書や廟所《びょうしょ》、宗主《そうしゅ》の呼び名などもすべて異なっています。

三十三間堂の「三十三」ってどんな意味？

長寛《ちょうかん》二（一一六四）年、後白河法皇《ごしらかわほうおう》が創建、平清盛《たいらのきよもり》の寄進による、奥行き一二〇メートル、南北一二〇メートルにわたって堂々と建っているお寺が、三十三間堂《さんじゅうさんげんどう》です。

創建時のお堂は建長《けんちょう》元（一二四九）年の大火により焼失しますが、文永《ぶんえい》三（一二六六）年に再建、現在の建物はほぼ当時のものです。

このお寺で有名なのは一〇〇一体の観音菩薩《かんのんぼさつ》像。お堂の内部は結跏趺坐《けっかふざ》をした丈六《じょうろく》の中尊《ちゅうそん》（千手《せんじゅ》観音坐像）を中心に、一〇〇〇体の千手観音立像でびっしりと埋まっています。

左右五〇〇体ずつに分かれた観音様は、一一二四体が平安期のもので、その他は鎌倉期に再興されたものです。

お寺の正式名が「蓮華王院《れんげおういん》」ということからも、観音様との深い関係がうかがえます（蓮華は観音様のシンボル）。

そして、お寺のもう一つの通称が「三十三間堂」です。

この三三という数は、一二〇メートルにわたって連なるお堂の東側の柱間が三三あることが由来です。

もちろんこの三三という数は、観音様にあやかってのもので、観音様が人びとを救うために、相手や時、所に応じて三三の姿に変わるところからきています。

お堂に入ると、夏でもひんやりとする静謐《せいひつ》さと、ずらっと並ぶ観音様の威圧感に、ただただ圧倒されるばかりです。

なお、一〇〇〇体の観音様のなかには、会いたい人の顔に似た像が必ずあるともいわれています。

なぜ銀閣寺には銀が貼られていないのか

京都の東山《ひがしやま》で、忘れてはならない寺の一つが、慈照寺《じしょうじ》です。

慈照寺といってもピンとこない方も、「銀閣寺《ぎんかくじ》」といえばおわかりでしょうか。かの有名な金閣寺《きんかくじ》（鹿苑寺《ろくおんじ》）と並ぶものとして、この通称がつけられました。

銀閣寺は、室町幕府八代将軍足利義政《あしかがよしまさ》が自らの山荘として建てたものです。寛《かん》正《しょう》六（一四六五）年、義政は南禅寺塔頭恵雲院《なんぜんじたっちゅうえうんいん》の地に山荘を建てるつもりでしたが、応仁《おうにん》の乱《らん》の発生によって計画は失われます。

その後、義政は将軍職を子の義尚《よしひさ》に譲《ゆず》り、文明《ぶんめい》一四（一四八二）年、東山山麓にある浄土寺《じょうどじ》に東山山荘を建てはじめます。浄土寺は、かつて弟の義視《よしみ》がいたことがあり、戦乱で焼けたまま放置されていたため、義政はここに目をつけたのです。

山荘を造営するにあたって参考にされたのは、「苔寺《こけでら》」と呼ばれて親しまれている西芳寺《さいほうじ》（京都市右京区）でしたが、観音殿だけは祖父足利義満《よしみつ》が建てた舎利殿《しゃりでん》（金閣）に倣《なら》ったようです。

義政は金閣と同じものを山荘内に建てるために、不意に鹿苑寺を訪れ、参考にしたといわれています。

しかし、山荘に銀は貼《は》らなかった。それはなぜか？

はっきりしたことはわかっていませんが、銀が貼られた形跡がないことは確かです。

義政は政治に生きるというよりも、学問や芸術に情熱を燃やした人で、和歌や連《れん》歌《が》、茶の湯など、趣味は多彩でした。

また、文明一七（一四八五）年には禅室として西指庵《せいしあん》が完成しますが、これを義政はもっとも重要な建物として捉《とら》え、「自分が死んだらこの下に骨を埋めるように」

と言い残したといいます（実際には埋められていません）。

いまとなっては推測するしかありませんが、禅を好んだ義政は、もともと銀箔《ぎんぱく》を貼るつもりはなかったのかもしれません。また、戦乱で資金がなくて貼ることができなかったというのは、後世につくられた話のようです。

銀箔が貼られていないからといって、銀閣寺の価値は決して衰えません。金閣寺は焼失によって昭和の時代に再建されましたが、銀閣寺は室町時代の姿のまま、現代まで残っているのですから。

「清水の舞台」ではいったい何が舞われていたのか

東山三十六峰《ぼう》の一つ、音羽山《おとわやま》を背にして建つ清水寺《きよみずでら》（京都市東山区）。

清水寺の開創《かいそう》は、宝亀《ほうき》九（七七八）年、延鎮上人《えんちんしょうにん》が霊告《れいこく》を受けて音羽山麓にある滝のほとりにたどり着き、行叡《ぎょうえい》という居士《こじ》に出会い、霊木《れいぼく》を授けられて観音様を彫って祭ったことにある、といいます。

その後、延鎮と出会った坂上田村麻呂《さかのうえのたむらまろ》が、延暦《えんりゃく》一七（七九八）年、本尊《ほんぞん》の両脇侍《わきじ》をつくって本堂も整えました。

中世には奈良興福寺《こうふくじ》の末寺になったことから、延暦寺との抗争に巻き込まれ、たびたび焼失し、再建を繰り返します。

現在、見ることができる建物は、その多くが江戸時代に三代将軍徳川家光《とくがわいえみつ》によって再建されたものです。

本堂も江戸時代の寛永《かんえい》一〇（一六三三）年に再建されたものですが、平安建築の名残《なごり》を見ることができます。

この本堂にあるのが「清水《きよみず》の舞台《ぶたい》」です。

「清水の舞台から飛び降りる」という、ものごとを行なうときの決意を表す意味の慣用句も生まれた、有名なこの舞台。

釘《くぎ》を一本も使っていない、「懸崖造り《けんがいづくり》」と呼ばれるこの舞台の高さは約一三メートルと、それほど高くはありませんが、断崖《だんがい》に張り出した格好をしているため、下を見るとちょっと足がすくみます。

清水寺に残る古文書によると、江戸時代より幕末頃までに二〇〇人以上が舞台から飛び降りたといい（大半は生存した）、明治初期には政府によって「飛び降り禁止令」も出されていたようです。

この舞台は、実は前述した「本堂」と関係があります。「清水の舞台」はあくまで本堂の一部であって、本尊に舞楽《ぶがく》を奉納《ほうのう》するための場所だったのです。

そのため、一般人用の客席もなく、翼廊《よくろう》も楽屋用としてつくられたものです。本堂の内々陣《ないないじん》の厨子《ずし》内に祭られている本尊の十一面観音立像は秘仏で、普段は厨子の前にお前立《まえだ》ち仏像を安置しています。

清水の舞台は、本尊のための舞台です。くれぐれも、度胸試《どきょうだめ》しのために飛び降りることのないように、ここは「釘《くぎ》」をさしておきましょう。

法隆寺の「七不思議」はどこまで本当か？

「世界の七不思議」といえば、エジプトのピラミッドやバビロンの空中庭園などが挙げられますが、「法隆寺《ほうりゅうじ》の七不思議」にはいったい何が含まれているのでしょうか？

法隆寺の管主《かんしゅ》などを歴任した高田《たかだ》良信《りょうしん》氏の調査に基づいて、「七不思議」を見てみましょう。

七不思議がつくられたのは、江戸時代、法隆寺へ参詣《さんけい》した太子《たいし》信仰の信者たちに、寺の縁起《えんぎ》を説明した案内者たちがつくったものが、語り継がれてきたようです。

「七不思議」（実際は七つではありませんが）として挙げられているのは、

①伽藍《がらん》の建物にクモの巣が張らない
②地面に雨だれの穴が開かない
③五重塔《ごじゅうのとう》の九輪《くりん》に四本の鎌《かま》がある
④法隆寺の境内《けいだい》に三つの伏蔵《ふくぞう》がある
⑤因可池《よるかのいけ》に片目《かため》のカエルがいる
⑥南大門《なんだいもん》の前に鯛石《たいいし》という石がある
⑦夢殿《ゆめどの》でお水取りという行事がある
⑧スズメも伽藍の堂塔《どうとう》には糞《ふん》をかけない
⑨舎利《しゃり》から太子が見える
⑩不明門《あけずのもん》と不閉門《しめずのもん》がある

以上の一〇個が、高田氏が主にあげる「七不思議」です。

①と②については、いくら法隆寺とはいえ、仏様にクモの巣が張らなかったり、地面に雨だれができないということはなく、事実ではありません。

この伝説が生まれた背景には、太子様（聖徳太子《しょうとく》）という聖者が建てた法隆寺にはクモでさえも巣を張ることを控えた、という戒《いまし》めが込められているようです。

③は、大きな鎌を塔のてっぺんにある九輪につけることによって、落雷から防いだ、と推測されます。しかし、鎌がいつ置かれたのか、なぜ鎌でなければならなかったのか、というのは謎のままです。

④は、昭和五八（一九八三）年に浴室の前で直径二・二メートルの大きな石が発見されたことがきっかけでした。伏蔵とは、地中に宝物を入れるための蔵のことです。法隆寺には三つの伏蔵があるとされ、二つはすでに見つかっていました。つまり、三つ目の伏蔵の可能性がある大石が発見されたのです。

しかし、伏蔵は「法隆寺が破損することがあったときに、なかに納められている宝物を使って修造せよ」という聖徳太子の遺言《ゆいごん》のもとに使われなければならないとの話もあるため、開けることはできません。

三つ目の伏蔵が本物かどうか、いまだに謎につつまれています。

⑤の因可池にはかつて多くのカエルがいて、太子が学問をしているときに鳴いてうるさいので、太子が筆先で「静かにせよ」と片目を突ついたところ、池に棲《す》むカエルはすべて片目がなくなり、子孫のカエルも片目になったというもの。

⑥は、大和《やまと》一帯が水害にあったとき、水が南大門まできても境内には入らなかったという伝説により、南大門の下に魚の形をした石を据えたということです。

⑦は、夢殿の救世《ぐぜ》観音像の前にある「礼盤《らいばん》」（僧侶が坐る座）の下に木版があり、その裏を年に一度日光に当てると水分が汗のように出る、というもの。礼盤の下には井戸があるためという説もありますが、礼盤の下には基壇《きだん》があるので未調査のままです。

⑧と⑨も太子信仰から考え出された伝説です。

⑩は便宜上《べんぎじょう》ずっと開けっ放しの門があり、「不開門」という言葉に対して「不閉門」と呼ばれることになったようです。

これ以外にも多くの「七不思議」が法隆寺にはあります。歴史と伝統を持った法隆寺だからこそ、太子信仰にもとづいた多くの「謎」が語り継がれてきたのかもしれません。

そもそも東大寺は何宗か

「東大寺《とうだいじ》は何宗ですか？」

修学旅行や観光旅行で、東大寺を何回も訪れたことがある人も、こんな質問をされたら困ってしまうかもしれません。

答えは「華厳宗《けごんしゅう》」です。

華厳宗は、奈良時代にできた「南都六宗《なんと》」という学問の集団の一つです。三論《さんろん》宗《しゅう》、法相宗《ほっそうしゅう》、華厳宗、律宗《りっしゅう》、倶舎宗《くしゃしゅう》、成実宗《じょうじつしゅう》の六つです。このうち、法相宗、華厳宗、律宗の三つがいまに伝わっています。

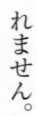

この時代の「宗」は現在のような教団という形ではなく、「衆」という漢字で表されるように、学派のようなものでした。各寺院では、諸宗をまたいで学ぶことができたといいます。

東大寺は華厳宗の大本山《だいほんざん》で、「金光明《こんこうみょう》四天王護国寺《してんのうごこくじ》」や「総国分寺《そうこくぶんじ》」とも呼ばれます。

東大寺の発祥は神亀《じんき》五（七二八）年、聖武《しょうむ》天皇の皇太子である基王《もといおう》の菩提《ぼだい》を追《つい》善供養《ぜんくよう》するために建てられた金鐘山寺《きんしょうせんじ》にさかのぼります。

この金鐘山寺で天平《てんぴょう》一二（七四〇）年、良弁《ろうべん》（のちの東大寺初代別当《べっとう》）が『華厳経』を日本ではじめて講読しました。この講読は三年かかってようやく終えることができ、その成果が大仏様（盧舎那《るしゃな》大仏）の建立に結びついたといえます。

善光寺はいったい何宗か

「牛にひかれて善光寺参り《ぜんこうじまいり》」という言葉でも有名な、長野県長野市に建つ善光寺。庶民に広く開かれていることから「宗派がない」ともいえる善光寺ですが、実は天台宗《てんだいしゅう》と浄土宗《じょうどしゅう》のお寺です。

室町時代に書かれた『善光寺縁起《えんぎ》』によると、本尊の一光三尊阿弥陀如来《いっこうさんぞんあみだにょらい》は欽明《きんめい》天皇一三（五五二）年に百済《くだら》から伝えられた仏像と伝えられています。

この仏像は、時ならぬ崇仏《すうぶつ》論争のさなか、排仏《はいぶつ》派の物部《もののべ》氏によって難波《なにわ》の堀江《ほりえ》に沈められてしまいます。

仏像が信濃国司《しなのこくし》として都へとあがっていた本田善光《ほんだよしみつ》を呼び止め、拾い上げられることとなり、信濃へと運ばれた、という言い伝えがあります。

その後、現在の長野県飯田市で祭られ、皇極《こうぎょく》天皇元（六四二）年、いまの地に安置されました。これが本尊の起源です。

また、皇極天皇三（六四五）年には伽藍も造営され、本田善光から名をとって「善光寺」としたといわれています。

善光寺の寺院組織は他のお寺とは違っていたようで、鎌倉時代あたりでは宗旨《しゅうし》を問わず、いろいろな僧が善光寺を拠点として活動したようです。

昔の大寺院はいくつもの宗派を教えるところであり、いまの大学のような形態であったといいます。

その意味でも、善光寺はかつての仏教の姿をよく残しているといえるでしょう。

善光寺といえば、本尊が秘仏であるということでも有名です。

秘仏であるがゆえに姿を見ることができず、その代わりに、その前に安置する仏様（「お前立ち」）の姿から、一光三尊阿弥陀如来像といわれます。

正式名は「善光寺如来一光三尊像」といいます。一つの光背《こうはい》に阿弥陀如来・観音菩薩・勢至《せいし》菩薩がおさまり、阿弥陀如来の左手は「刀印《とういん》」といって、人差し指と中指は伸ばし、それ以外は曲げるという独特な形をしています。

「大本山」と「総本山」はどこがどう違う？

たとえば、永平寺《えいへいじ》（福井県）や高野山《こうやさん》（和歌山県）には、お寺の名前の前に「大本山」や「総本山《そうほんざん》」といった名称がついています。

この本山といった呼び名は、どのような基準でつけられているのでしょうか。一言でいえば、本山は「各宗派の中心寺院」を指します。

この仕組みができたのは、徳川家康が関ヶ原の戦い後に出した「寺院諸法度《じいんしょはっと》」という、お寺を統制するための法令によります。

それは、国内を安定させるため、延暦寺《えんりゃくじ》や高野山などになお残っていた僧兵の武装を解除し、修行に戻すという意味がありました。

この法令により、すべてのお寺は宗派別にまとめられ、「本山」「中《ちゅう》本山」「直末《じきまつ》寺《じ》」「末寺」というランクがつけられます。

幕府は各宗派の頂点である本山を管理すればよい、という仕組みが、ここにできました。

本山は自らの宗派に属する住職の任免《にんめん》や寺号《じごう》の承認、教学上の解釈などを決める権限を持つことになります。

なお、本山がいくつかある場合は、もっとも上に「総本山」、その下に「大本山」を置いている宗派もあります。

巡礼や遍路の本当の功徳とは

老若男女《ろうにゃくなんにょ》を問わず、一度はしてみたいものの一つに「四国遍路《しこくへんろ》」があるといわれます。

「四国八十八か所巡礼《じゅんれい》」とも呼ばれるこの遍路は、純粋な宗教心からだけではなく、いまではさまざまな悩みを抱える人びとが、自らを見つめる旅としてめぐることもあるようです。八十八か所すべてを回ると、一二〇〇キロ以上にもなり、徒歩では四〇日前後かかります。

巡礼は大きく分けると二種類あり、お寺の本尊をめぐるものと、高僧などとゆかりのある聖地をめぐるものがあります。本尊をめぐるものには、西国《さいごく》三十三か所や坂東《ばんどう》三十三か所、秩父《ちちぶ》三十四か所などがあり、聖地をめぐるものには前述の四国八十八か所があります。

巡礼のご利益《りやく》としては、現世《げんぜ》利益や滅罪《めつざい》（懺悔《ざんげ》などによって罪を滅すること）が挙げられます。

現在の巡礼ならば、バスやタクシーなどを使ってめぐることもできるでしょうが、昔はもちろんそんなものはなく、当然徒歩です。

当時の巡礼は死がそこにある、行き倒れもあり得る、苦難に満ちたものだったと想像されます。それゆえに、長寿や滅罪の効果がより期待できたでしょう。

また、四国八十八か所の場合、「お接待《せったい》」という、お遍路さんに食べ物を供養《くよう》したり、宿を提供する習慣がいまだに残っています。これなどは、弘法大師《こうぼうだいし》とともに聖地をめぐるお遍路さんに供養することで、自分が功徳《くどく》を積んでいるといえます。

仏前結婚式って知ってる？

いまの時代の結婚式といえば、教会でのキリスト教式か神社での神道《しんとう》式かのどちらかが多いのではないでしょうか。

ですが、仏前《ぶつぜん》で行なう結婚式ももちろんあります。

なぜ仏前結婚式が少ないかといえば、「葬式仏教」とも揶揄《やゆ》される日本の仏教に対する偏見《へんけん》によるところが大きいかもしれません。

というのも、仏教では鎌倉時代の親鸞《しんらん》による結婚観以来、「肉食妻帯《にくじきさいたい》」はタブーではなくなり、明治五（一八七二）年には僧侶の肉食・妻帯・蓄髪《ちくはつ》は許可されました。

一方、神前結婚式はというと、記録上によるはじめてのものは、明治三三（一九〇〇）年、皇太子殿下（のちの大正天皇）と九条節子《くじょうさだこ》姫（のちの貞明《ていめい》皇后）が皇居内の賢所《かしこどころ》で行なったものになります。

また、神前結婚式が一般化するのは、日比谷大神宮《ひびやだいじんぐう》（のちの東京大神宮）が一般の人びとに施設を開放したことによります。それ以前は、挙式は家庭で三三九度の祝言《しゅうげん》を取り交わすことが通例でしたので、神前結婚式も当時としては画期的なことでした。現在、仏前結婚式は築地《つきじ》本願寺や西本願寺など有名なお寺だけではなく、自分の家の菩提寺《ぼだいじ》やゆかりのあるお寺でも行なうことができます。

このとき、キリスト教式での指輪交換の代わりとして、新郎新婦は、仏前に供えられていた数珠《じゅず》をそれぞれ授けられることになっているなど、仏教独特の式次第になっています。

なぜお寺はいろんな宗派に分かれているのか

そもそも仏教とはお釈迦《しゃか》様が説かれたものなのですから、「○○宗」といったような区分けをするのはおかしいのではないか？　とお思いの方もいらっしゃるでしょう。

お釈迦様は「対機説法《たいきせっぽう》」という教え方で人びとをさとしていました。

理屈っぽい人には理論立ててさとし、そうでもない人には比喩《ひゆ》をまじえて平易にさとすなど、相手の「機」（能力や素質）に応じて臨機応変《りんきおうへん》に教えていたのです。

「人を見て法を説け」とことわざにもありますが、対機説法はそんなお釈迦様の教え方が由来の言葉です。こんな背景があって仏教は弟子に受け継がれてきましたが、お釈迦様が亡くなると、教えの解釈が異なってきます。その後、時代が下ると、お釈迦様の言葉はシルクロードを通って中央アジア、中国へ伝わっていきます。このとき、お釈迦様の言葉を編纂《へんさん》した経典類も一緒に伝わりますが、訳する人（訳経《やっきょう》僧《そう》）の解釈は、いわば十人十色。以後、経典が増えていくことになりました。

宗派は、こうしてできた経典のどれを信じるか、ということがもとになって形づくられていった「派閥」のようなものです。日本には中国で「宗派」という形でまとめられたものが入ってきて、現在まで続くいろいろな宗派が生まれたというわけです。

日本の宗派は「十三宗」といわれ、法相宗、華厳宗、律宗、天台宗、真言宗、臨《りん》済宗《ざいしゅう》、曹洞宗《そうとうしゅう》、黄檗宗《おうばくしゅう》、浄土宗、浄土真宗、日蓮宗《にちれんしゅう》、融通念仏宗《ゆうづうねんぶつしゅう》、時宗《じしゅう》となっています。エベレストに登るにはチベット側から行くルートと、ネパール側から行くルートがあるように、一つしかない頂上である「悟りの世界」に登るにもいくつかのルートがあります。その「ルート」が、宗派といえるのかもしれません。

五章

「仏様の形や種類」がわかる23項

なぜ奈良や鎌倉の大仏様はあんなに大きいのか

修学旅行や家族旅行などで奈良（東大寺《とうだいじ》）や鎌倉（高徳院《こうとくいん》）の大仏様を拝んだことは、一度はあるでしょう。

それにしても、両方ともとても大きいですね。なぜあんなに大きな仏様をつくらなければならなかったのでしょうか。

実は、仏様の大きさはお経《きょう》の本に書かれており、その大きさは「丈六《じょうろく》」といって、「一丈六尺《しゃく》」、メートル法に直すと、約四・八メートルになります。

「奈良や鎌倉の大仏はそれより大きいじゃないか！」といわれそうですが、大仏様の大きさの基準はまた別にあります。その大きさは、丈六の一〇倍の一六丈（約四八メートル）になります。

奈良の大仏様の高さ（坐高）は五丈（約一五メートル）。坐像と考えても一六丈の半分の八丈（約二四メートル）にも足りません。

これは、奈良時代に用いられたものさしが、現在のものと異なるためだと考えられます。

では、なぜ奈良の大仏様はあれほど大きいものでなければならなかったのかといえば、天平《てんぴょう》七（七三五）年の夏、九州をはじめとして天然痘《てんねんとう》が大流行し、その翌年から二年続いて穀物の凶作も起こるなどしたため、それらを鎮《しず》めるために大きな呪力《じゅりょく》を必要としたという説があります。

また、日本の力を広く海外へ知らしめるといった、外交的な面もあったでしょう。聖武《しょうむ》天皇が難波《なにわ》への行幸《ぎょうこう》の途中で、河内《かわち》国大県《おおあがた》郡（現在の柏原市太平寺）にある知識寺《ちしきじ》に立ち寄って盧舎那仏《るしゃなぶつ》を拝したのが、大きな盧舎那仏をつくろうと思った動機になったといわれます。

ちなみに、鎌倉の大仏様の高さ（坐高）は四丈（約一二メートル）ですが、一六丈の半分の八丈をもとにして、その半分の大きさでつくられています。

鎌倉の大仏様に屋根がない裏事情とは

東大寺の大仏様は、大仏殿のなかにおさめられているのに、鎌倉の大仏はなぜ野ざらしなのでしょうか。

その理由は、明応《めいおう》四（一四九五）年に押し寄せた津波《つなみ》によって大仏殿が流されたためです。以後、大仏殿を再建しようという機運が立たず、そのままになってしまったようです。

鎌倉大仏は国宝に指定されており、阿弥陀如来坐像《あみだにょらいざぞう》です。大仏の高さは一三・三五メートル（台座を含む）、重さ一二一トンにもなります。

暦仁《りゃくにん》元（一二三八）年に着工され、六年後に完成しますが、当初は木造でつくられていたことから台風で壊されてしまいました。

以後、建長《けんちょう》四（一二五二）年より青銅製の大仏が製作されることになりますが、先述したように室町時代に起きた津波によって野ざらしとなり、江戸時代の正徳《しょうとく》二（一七一二）年に増上寺《ぞうじょうじ》の祐天上人《ゆうてんしょうにん》が豪商の協力のもと、寺（高徳院）と大仏を復興しました。

関東には、奈良時代はいうにおよばず、平安時代頃に建てられた建築物を見ることはできません。

古い時代のものといえば、円覚寺《えんがくじ》（鎌倉市）の舎利殿《しゃりでん》や正福寺《しょうふくじ》（東京都東村山市）

の地蔵堂《じぞうどう》が挙げられますが、これらでも室町時代につくられたものです。そういう意味では、鎌倉時代からの由緒《ゆいしょ》を持つ高徳院の大仏様は、貴重な文化財といえるでしょう。

仏様の額にある丸いものって、いったい何?

仏像の顔を間近に見てみると、何やら額に丸いものがあります。これはいったい何なのでしょうか。これは「白毫《びゃくごう》」といって、白い毛がくるくると丸まって固まっているのです。

眉間《みけん》に、ぽつんとほくろのように彫られている白毫ですが、伸ばすと長さは一・五〜一・八メートルほどもあるといいます(『大本経《だいほんきょう》』に「引長すれば一尋《ひろ》あり」とある)。

しかも、一本の毛でできているというから驚きです。

白毫は仏の知恵により人びとに世界を照らし出すということを表しています。たとえば、人が考えごとをするときや、何かを思い出そうとするとき、額に手をあてることがありますが、これは、額に前頭葉《ぜんとうよう》という思考や感情を司《つかさど》る脳の器官があるためです。

如来像の頭が盛り上がっている理由とは

なぜ前述した白毫のような、普通の人間にはない部分を像に刻んだのかといいますと、仏様には「三十二相《そう》」の身体的特徴が備わっていると伝えられているからです。

では、三十二相とはいったいどんなものなのでしょうか。代表的なものを挙げてみると、以下のようになります。

・足下安平立相《そくげあんぺいりゅうそう》（扁平足《へんぺいそく》である）
・足下二輪相《にりん》（足の裏に千輻輪《せんぷくりん》〈車輪〉の文様がある）
・手足指縵網相《しゅそくしまんもう》（手足の指の間に水かきがある）
・正立手摩膝相《しょうりゅうしゅましつ》（直立したときに手が膝《ひざ》に届く）
・陰蔵相《おんぞう》（男根《だんこん》がお腹のなかに隠れている）

・金色相《こんじきそう》（体全体が金色である）
・四十歯相《しじゅうしそう》（歯が四〇本ある）

これ以外にもたくさんの身体的特徴がありますが、そのうちの一つに「頂髻相《ちょうけいそう》」というのがあって、これが頭の盛り上がりと関係があるのです。

頂髻相とは「頭の上に隆起《りゅうき》（肉髻《にっけい》）がある」という特徴のことです。すなわち、仏様の頭の上にある盛り上がりを「肉髻」といい、頭頂部の肉が隆起して二段重ねのようになったものとされます。

この肉髻のなかには、知恵がたくさんつまっているといわれます。今度、釈迦如来像を見ることがあったら、頭の部分を注意して見てみてはいかがでしょうか。

仏様の髪の毛はなぜ丸まってる？

釈迦如来像などを離れたところから眺めると、髪型がパーマをかけたように見えます。

これは「螺髪《らほつ》」といって、文字通り、螺（巻貝）状になっている仏様の頭髪のことです。『方広大荘厳経《ほうこうだいそうごんきょう》』というお経には「螺髪は右旋《うせん》で、その色は青紺《あおこん》」と書かれています。

紀元一世紀から三世紀半ばに仏教文化が栄えたガンダーラ（現在のパキスタン北部のペシャワール周辺）でつくられた仏像は、ギリシャ・ローマ美術の影響を受けて、波形にうねった長い髪を頭上で束《たば》ねた表現がなされました。

同じ頃、インド北部のマトゥラー（現在のウッタル・プラデーシュ州）などでも仏像がつくられました。そこで五世紀頃につくられた仏像には螺髪が見られます。

右旋は右回りのことですが、「右遶《うにょう》」ともいい、インドの礼法の一つです。敬意を表したい貴人・聖火に対しては右肩を向けて、その周囲を回るというものです。これは仏教にも取り入れられ、「右遶三匝《さんそう》」（右回りを三回繰り返すこと）の礼法となりました。

インドやネパール、チベットなどのお寺で、仏像や崇拝する対象の周りを回るときは、右回り（時計回り）に回ります。

このように、右回りが仏教では正しいとされます。螺髪もおなじように右回り（右旋）なのです。

仏様の体が金色でなくてはならないワケ

京都の宇治《うじ》にある平等院《びょうどういん》は、極楽往生《ごくらくおうじょう》を願って繁栄した平安時代からのお寺です。本尊は阿弥陀如来坐像で、ところどころ剥《は》げていますが、金色に装飾されていた名残《なごり》がなお見られます。

奈良・唐招提寺《とうしょうだいじ》の金堂《こんどう》の本尊《ほんぞん》である盧舎那仏坐像も、光背《こうはい》の化仏《けぶつ》まで金色に塗られていたことがわかる仏像です。

この二体だけではなく、仏像には金色に塗られているものが多くあります。それは、仏様の身体的特徴である「三十二相」のなかにある「金色相」によります。金はインドをはじめとして、昔から貴重なものでしたから、尊い存在である仏と結びついたと考えられます。

体が金色の仏像がつくられるようになったのは、鋳造《ちゅうぞう》や彩色《さいしき》ができるようになって、金銅仏《こんごうぶつ》や塑像《そぞう》ができてからのこととされます。

シルクロードの都市国家ホータンから出土した金銅仏は、紀元二〜三世紀のものといわれます。つまり、それ以前に中央アジアでつくられていたのが金銅仏のはじまりと考えられています。

奈良・東大寺の大仏様や薬師寺《やくしじ》の薬師三尊《さんそん》などは、いまでは黒ずんだ色をしていますが、つくられた八世紀半ば頃は金色（金メッキ）が施《ほどこ》されていました。

仏様が金色に塗られているのは、お経《きょう》に書かれている仏様の特徴によっていたのです。

なぜ仏様の手にはいろんな形があるのか

世界遺産（文化遺産）のアンコール・ワットがあることで有名なカンボジアには、「アプサラ・ダンス」とも呼ばれる民族舞踊が伝わっています。

アプサラ（アプサラス）は空に棲《す》み、ときに地上に降りてくる妖精《ようせい》のことですが、細い手を孤《こ》を描くように反《そ》らせ、くねくねと女性が踊っている光景を見たことがある人もいるでしょう。

この民族舞踊にも見られるように、手の動きで心や感情を表現するというのは古くから行なわれていることです。

さて、仏像もよく見てみると、いろいろな手の形があります。これも、仏様の気持ちを表しているものと捉えることができます。

これを「印相《いんぞう》」といいます。印相は仏様の種類によって異なります。

釈迦如来像には、説法印《せっぽういん》（転法輪印《てんぽうりんいん》）、施無畏印《せむいいん》、与願印《よがんいん》（施願印《せがんいん》）、禅定印《ぜんじょういん》、降魔《ごうま》印の五つの印があります。

説法印は、お釈迦様が話をしているときの両手の形を表したもので、いくつかのパターンがあります。

施無畏印は右の手のひらを開き、肩の下あたりまであげた形をしています。目の前にいる人に「安心してください」と語りかけています。

与願印は左の手のひらを開き、下に伸ばしています。人びとの願いを叶《かな》えてあげます、という意味です。

禅定印は坐禅《ざぜん》をするときに結ぶ印で、左手を下に、右手を上にして重ねておへその下あたりに両手を置きます。お釈迦様が深く瞑想《めいそう》しているときのポーズです。

降魔印は右手を右膝の前に置いて大地に触れる格好です。お釈迦様が悟《さと》りを開くときに悪魔たちが誘惑して、成道《じょうどう》することを妨害しようとしますが、その際にお釈迦様が大地を右手の指で触れて、悪魔たちを退散させた、という話がもとになっています。

この五つのうち、最後の降魔印以外の四つは、釈迦如来像以外の仏様でも見ることができます。

足の組み方でわかる仏様の内なる意味

仏像には、立っている「立像《りゅうぞう》」、座っている「坐像」のほかに、広隆寺《こうりゅうじ》（京都）にある弥勒菩薩《みろくぼさつ》のように椅子に腰掛けているような像などがありますが、いちばん多いのは、坐像です。観音様やお地蔵様の像の多くは立像ですが、数の上では坐像のほうが多いのは間違いありません。

さて、坐像といっても、よく見ると足の組み方が違っていることがあります。

仏様が組んでいる足の形の多くは「結跏趺坐《けっかふざ》」といいます。「趺《あし》を結跏して坐る」という意味で、足の甲を反対側の腿《もも》の上にたがいに乗せて組む坐り方です。

左右のどちらの足が上にくるかで意味が異なり、右足が上にくるのが「吉祥坐《きっしょうざ》」（蓮華坐《れんげざ》とも）で、悟りを開いたものがする座り方。左足が上にくるのが「降魔坐」で、修行中のものがする座り方です。

この吉祥坐というのは、いろいろな座り方のなかでもいちばん理想的なもので、悪魔を退散させる力も持っているとされています。

もちろん、お釈迦様が悟りを開かれたときにこの座り方だったので、釈迦如来像の坐り方は結跏趺坐になっています。

お坊さんが坐禅をするときも、基本的にこの座り方をしています。

それ以外では、片方の足だけを腿（または膝）の上に乗せる「半跏趺坐《はんかふざ》」、片膝を立てて後方で手をつく「輪王坐《りんのうざ》」（転輪聖王《てんりんじょうおう》の坐）などがあります。

涅槃像が右脇を下にして寝ている理由

奈良の法隆寺《ほうりゅうじ》にある五重塔。

この五重塔の基壇《きだん》部分には、和銅《わどう》四（七一一）年につくられたという塑像《そぞう》群があります。

東面には維摩文殊《ゆいまもんじゅ》の問答《もんどう》、南面は弥勒の説法、西面は金棺供養《きんかんくよう》と分舎利《ぶんしゃり》、北面はお釈迦様の涅槃《ねはん》となっています。

特に印象的なのは北面にあるお釈迦様の涅槃の場面で、弟子たちが悲しみのあまり号泣する様子や、お釈迦様の脈をとる耆婆《ぎば》（仏教信者でもある医者）などがリアルに描かれています。

お釈迦様の涅槃像はこの五重塔にある塑像だけではなく、他のお寺でも見ることができます。また、海外においては、タイのアユタヤやスリランカのポロンナルワに大きな涅槃像があります。岩肌をくりぬいてつくったポロンナルワの涅槃像は、長さ一四メートルにもなります。

日本だけではなく海外にもある涅槃像ですが、共通していることがあります。

それは、どの涅槃像も必ず右脇を下にした格好をしていることです。

なぜ左脇が下ではだめなのでしょうか。

それは、お釈迦様の頭が北向きで、顔が西を向いていなければならないからです。

もしも涅槃像が左わきを下にしていたら、頭を北にすると、顔が東向きになってしまいます。

なお、涅槃像が右脇を下にしているのは、心臓の位置とも関係があるようです。心臓は体の左側にありますから、左脇を下にして横になると心臓に負担をかけてしまいます。

ですから、右脇を下にしているともいわれます。

大日如来はなぜ右手で左手の人差し指をつかんでいるのか

仏様の印相については先述しましたが、釈迦如来や観音《かんのん》菩薩などとは明らかに違う印相を持っている仏様がいます。

それは、大日如来《だいにちにょらい》です。

大日如来の「大日」は、サンスクリット語の「(マハー)ヴァイローチャナ」の漢訳語、「太陽」を指しています。

大日如来は真言密教《しんごんみっきょう》の本尊で、「真理や真実、宇宙の秩序、万物の根本などをモチーフとして表現したもの」といわれます。

また密教では、お釈迦様は大日如来が人間世界に現れた仏様と考えられています。大日如来は、最高位にある仏様といえるでしょう。

大日如来は王様が被《かぶ》るような王冠やブレスレッド（腕釧《わんせん》）などで飾られています。

また、大日如来は着ている服だけではなく、印相も釈迦如来とは異なります。

大日如来の印相は二つあります。

一つは「法界定印《ほっかいじょういん》」といって、左の手のひらを上にして、上向きにした右手を左手の上に重ねるというもの。左右の親指の先をくっつけて完成です。法界定印は、瞑想《めいそう》によって真実を体現していることを示しているといわれます。

もう一つは「智拳印《ちけんいん》」といいます。まず、両手で拳《こぶし》をつくるのですが、親指は両手ともその他の指で包み込むようにします。

次に、人差し指は、左手のほうはまっすぐにし、右手のほうは第一関節が親指の背の部分につくようにずらします。

最後に、まっすぐにした左手の第一関節を右手の拳のなかに入れれば完成です。

智拳印は、右手の五つの指を「五智《ごち》」（宝冠）として、左手の第一関節である「人の頭」に乗せたかたちになっています。

ただし、法界定印や智拳印とも、左右の手が逆になっている像があります。

ちなみに、この智拳印。どこかで見たことがありませんか？

そう、よくドラマやアニメなどに出てくる忍者《にんじゃ》のポーズの一つです。

忍者がなぜ密教の印相を結んでいるのかといえば、一説によると、戦国時代の忍者たちは修験道《しゅげんどう》系の密教の行者集団だったようで、ものごとにあたるまえの精神統一の際に、大日如来の力をもらうために智拳印を結ぶ、という理屈になっているようです。

こういう意味では、忍者が智拳印を結んでいるのは、あながち間違いではなさそうです。

鬼神・阿修羅の正面の顔が童顔なワケ

阿修羅《あしゅら》像といえば、奈良の興福寺《こうふくじ》にあるものがもっとも有名です。

像の高さは約一五三センチと小柄ですが、ガラスケース越しに見ても、威厳がある佇《たたず》まいをしています。

この阿修羅像。正面の顔は童顔で、どこか憂《うれ》いに満ちた雰囲気を醸《かも》し出していますが、なぜこのような表情をしているのか、おわかりでしょうか。

阿修羅とはサンスクリット語の「アスラ」の音写です。アスラは古代イラン語の「アフラ」と対応していて、「善神《ぜんしん》」を意味していました。

ところが、インドに伝わると、帝釈天《たいしゃくてん》（インドラ）と戦う敵とみなされるようになり、彼らに常に戦いを挑む悪魔・鬼神《きしん》という扱いにされていきます。

よく、アスラを「a」（否定辞）＋「sura」（「神」の意）と解釈して「非天」と漢訳することもありますが、これは通俗的な解釈といえそうです。

さて、興福寺の阿修羅像は「三面六臂《さんめんろっぴ》」の姿をしています。三つの面と六本の腕を持っている、ということです。

肩から上へ伸びている二本の腕は、日輪《にちりん》と月輪《がちりん》を捧げ持っていたといわれ、合《がっ》掌《しょう》していない二本の腕の右手には矢、左手には弓を持っていたといいます。

これには異説もあって、肩から上に伸びる二本の手には右手に刀、左手に戟《げき》を持っており、合掌していない両手にはお酒を入れる皿があったという説もあります。

三面の顔のうち、正面の顔はというと、お釈迦様の教えを守るという純真無垢《じゅんしんむく》な心を表しているとされます。

悪魔・鬼神と恐れられた阿修羅も、仏教に受け入れられると帰依《きえ》し、回心《えしん》したようです。

それ以外の二面の顔の由来については、あまりよくわかっていないようです。

なぜ歓喜天は抱き合っているのか

「聖天《しょうてん》さん」の愛称でも親しまれている歓喜天《かんぎてん》は、「歓喜自在天《じざいてん》」や「大聖《だいしょう》歓喜天」とも訳されます。

「聖天」はそれを略した呼び名です。

奈良県生駒《いこま》市にある宝山寺《ほうざんじ》は、「生駒聖天」としても知られていて、聖天信仰の中心となっています。

また、埼玉県熊谷《くまがや》市の妻沼《めぬま》聖天山も、治承《じしょう》三（一一七九）年創建とされる、霊験《れいげん》あらたかな聖天として有名です。

聖天はもともとインドの神様で、シヴァ神と妃パールヴァティとの間に生まれたガネーシャのことです。韋駄天《いだてん》はガネーシャの弟、伎芸天《ぎげいてん》は妹です。

また、ガネーシャは、人に危害を加える魔性の集団ヴィナーヤカの王と同一視されています。

しかし、仏教に取り入れられてからは、あらゆるものごとを叶えてくれ、障害や困難を取り除き、仏法を守護《しゅご》する神となります。

歓喜天の特徴といえば、何といってもその形でしょう。象の頭をした男女が抱き合う形の仏様は、他ではめったに見ることができないほどユニークなものです。

これには、以下のような話があります。

ヴィナーヤカの悪い行ないのせいで、病が蔓延《まんえん》したときのこと。十一面観音は人びとに請《こ》われ、象頭女身《ぞうとうにょしん》となってヴィナーヤカのもとを訪れ、「仏の教えに従うならば妻になる」と告げます。

彼女を気に入ったヴィナーヤカは、仏法の守護神になることを決意し、女と歓喜して抱き合った、といいます。

歓喜天像のなかには、女像が男像の足を踏みつけているものがありますが、これは男天の暴走を女天が押さえていることを表現しています。もちろん、足を踏んでいる女天は、十一面観音の化身《けしん》です。

歓喜天は主に真言宗系のお寺に祭られており、秘仏とされている仏像も少なくありません。

ですが、夫婦和合《わごう》や子授け、商売繁盛などにご利益《りやく》があるとされ、いまでも人気のある仏様となっています。

阿弥陀様の両側にいる仏様は誰？

仏様のなかには、三人で並んで立っているものがあります。

これを「三尊像」といいます。

中央の仏様を「中尊《ちゅうそん》」と呼び、左右に立つ仏様を「脇侍《わきじ》」といいます。

中尊の持つ力を脇侍の仏様が衆生《しゅじょう》に伝えたり、中尊の力が脇侍の力によって強固になる、といった意味合いで、三尊一組になっています。

阿弥陀様の場合、「左観音、右勢至《せいし》」と普通いわれるように、阿弥陀様から見て左側に観音菩薩が、右側に勢至菩薩がいます。

これは、『無量寿経《むりょうじゅきょう》』や『観《かん》無量寿経』などに、極楽浄土《ごくらくじょうど》に住む菩薩たちのなかで、観音と勢至が阿弥陀様の脇侍として最高位にあるからだと書かれていることによります。

ただし、これだけではなく、十一面観音菩薩と勢至菩薩、観音菩薩と金剛手《こんごうしゅ》菩薩、文殊菩薩と弥勒菩薩などの組み合わせもあります。

ここで簡単に観音菩薩と勢至菩薩を説明しましょう。

観音菩薩は、インドで紀元一～二世紀に成立した『法華経《ほけきょう》』の「観音経」（観世《かんぜ》音菩薩普門品《おんぼさつふもんぼん》）あたりから、その利益が語られることがわかっているように、古くから庶民の間で親しまれてきました。

観音様の名前を唱《とな》えれば、火のなかにいても焼かれないとか、罪人となって足枷《あしかせ》や手枷に繋《つな》がれても解放される、などといわれました。

観音様にお願いすれば何でも叶えてくれる。そんな力を持った仏様としてずっと崇《あが》められてきたといえるでしょう。

勢至菩薩は、慈悲《じひ》をもって衆生をたすける観音とは違い、知恵をもってたすけます。勢至菩薩の知恵は、人びとが持つ迷いを離れさせてくれるほど、強力なものとされます。

また、勢至菩薩は人の臨終《りんじゅう》の際、多くの菩薩をお供にして迎えにきてくれ、極楽浄土《ごくらくじょうど》に連れて行ってくれる仏様です。

さて、観音菩薩と勢至菩薩を見分けるポイントをお教えしましょう。

観音菩薩と勢至菩薩、両方とも宝冠《ほうかん》を被《かぶ》っていますが、観音のほうは宝冠の正面に小さな仏様があり、阿弥陀如来の化仏《けぶつ》（変化仏《へんげぶつ》）といわれます。勢至のほうは宝冠に小さな水瓶《すいびょう》があります。

密教の場合になると、観音菩薩と勢至菩薩の立っている位置が逆の場合もありますので注意が必要です。

薬師如来の両側にいる菩薩は誰？

お薬師《やくし》様と呼ばれて親しまれている薬師如来。

正式名は「薬師瑠璃光《るりこう》如来」といい、浄瑠璃《じょうるり》世界という浄土に住んでいます。

浄瑠璃世界は、十恒河沙《ごうがしゃ》もある仏様の国をすぎた場所にあります。恒河沙は「ガンジス河の砂の数」（一説では一〇の五六乗）ですので、そんな途方もない距離にある遠い世界ということになります。

薬師如来は、まだ修行中であった頃に一二の大願《たいがん》を立て、人びとの災難を取り除いたり、衣服や食べ物を十分に与えることなどを誓います。

その大願の六・七番目にあたるのが、おおよそ病いに関することだったため、お薬師様として親しまれるようになりました。

日本で薬師如来は七世紀頃から信仰されはじめたといいます。当時、まだ医学は未発達で、疫病《えきびょう》などがひとたび起これば人は瞬《また》く間に亡くなってしまいます。

そんな時代ですから、薬師如来が貴族を中心として庶民などにも広く信仰されていたのです。

有名な奈良の薬師寺金堂の薬師三尊像は、七世紀後半につくられた、薬壺《やくこ》を持っていないお薬師様で、姿形は釈迦如来像に似ています。古い時代の薬師像はこのようなものでした。

また、この時代の薬師如来に特徴的なのは、単身の像ではなく、両脇に菩薩を従えていることです。

　この仏様は日光《にっこう》菩薩と月光《がっこう》菩薩です。両方とも、薬師如来と同じく浄瑠璃世界に住み、人びとの病苦を取り除いています。

　ふつうは薬師如来に向かって右側に日光菩薩が、左側に月光菩薩が立っています。

　文字通り、日光菩薩は陽の光を、月光菩薩は月の光を表します。

　なぜ二体なのかというと、陽の光と月の光が合わさることによって、一日中照らし続け、生死の不安や苦悩という「闇」を消し去る、というメッセージが込められているからです。

　平安時代以降につくられた薬師如来は薬壺を持っているので、見た目ですぐにわかりますが、古い時代につくられたものを見るときは、脇侍に何の仏様がいるかを確認するとよいでしょう。

　なお、脇侍には日光菩薩・月光菩薩の代わりに、十二神将《じゅうにしんしょう》（薬師如来の一二の大願の分身）がいることもあります。

観音菩薩がたくさんの手を持つ理由

ものすごく忙しいときなどを表して、「猫の手も借りたい」などといいます。たくさんの手を持つ観音様は、そんな人びとの願いが生んだ仏様なのかもしれません。千手観音《せんじゅかんのん》は一つひとつの手に眼がついているため、「千手千眼観音《せんげんかんのん》」ともいわれます。

奈良の唐招提寺《とうしょうだいじ》にある千手観音は「十一面千手千眼観音像」といい、文字通り千本の手があります。四二本の大きな手（臂《ひ》）は持物《じもつ》を携《たずさ》え、九五八本の小さな手にはそれぞれ眼が彫られています。

仏様の背後から無数の大小の手が、円を描くように出ている様は独特です。ですが、このように千本の手が備わっている像はまれで、普通は四二本の手を持ち、十一面、二十七面の顔になっています。

「千手」の千には無数という意味があります。つまり、数限りない衆生の苦悩を救いとるために千本の手が備わっているのです。

千手観音の発祥は七世紀頃といわれ、インドでは十一面観音、不空羂索《ふくうけんじゃく》観音の次につくりだされたようです。

また、千手観音は他の観音様よりも慈悲《じひ》の力が大きいということで、唐《とう》の時代には大悲《だいひ》観音といわれて流行し、日本でも奈良時代から流行しました。

西国三十三か所の本尊を見てみると、千手観音はおよそ半数の一六体を数えることからも、日本の観音信仰の上で千手観音が欠かせない存在であることがわかります。

なお、千手観音は唐招提寺をはじめ、葛井寺《ふじいでら》（大阪府）、清水寺《きよみずでら》（京都府）、宝厳寺《ほうごんじ》（滋賀県。琵琶湖《びわこ》の竹生島《ちくぶじま》）などで拝むことができます。

観音様の頭の上にたくさんの頭があるのはなぜ？

十一面観音は、十人十色ともいえる人びとの性格に合わせ、その時々に手を差しのべてくれるよう、たくさんの顔を持っている観音様です。

観音様の顔の正面上には三つのやさしい顔（慈悲面または寂静《じゃくじょう》面）、その左側には三つの怒った顔（瞋怒面《しんぬ》）、右側には穏やかではあるものの牙《きば》を持っている三つの面（狗牙上出面《くげじょうしゅつ》）、真後ろには大笑いしている面（暴悪大笑面《ぼうあくだいしょう》）があります。

これらに、正面上にある仏様を加えて十一面となります。なお、頭部に彫られている顔の数は一定しておらず、観音様自体の顔を含めて十一面とするという場合もあります。

十一面観音のご利益は『十一面神呪心経義疏《じんしゅしんぎょうぎしょ》』に説かれています。

それによると、慈悲面（寂静面）は仏様の教えに対して素直に従う人びとを慈悲の心で見守るという意味であり、瞋怒面は仏様の教えを信じず、悪いことをしている人びとの心を改めようとして大悲の心をもって怒っていることを表しています。

狗牙上出面は、善い行ないをしている人びとをさらに仏道に進めさせ、「よくやった」と褒《ほ》めているところで、暴悪大笑面はどっちつかずでふらふらしている人びとを「そんなことでどうするんだ」と笑いとばして、悪行に向かわせないようにしています。

笑ったり怒ったり牙をむいたりしているどの顔も、わたしたちを幸せにするための「励まし」なのだといえるでしょう。

この十一面観音や先ほど紹介した千手観音などは、初期に考え出された「聖《しょう》（正）観音」と区別して、「変化観音《へんげ》」と呼ばれます。

観音信仰が発生してから、観音様といえば聖観音しかなく、手には水瓶や蓮華《れんげ》を持っているのが普通でした。

ところが、六～七世紀頃になると、多面多臂《ためんたひ》の変化観音がぞくぞくと現れるようになります。十一面観音や千手観音の他、不空羂索観音、馬頭《ばとう》観音、如意輪《にょいりん》観音、准胝《じゅんでい》観音などがあります。

変化観音は、インド仏教がヒンドゥー教の影響によって次第に密教化していくなかで、ヒンドゥー教の神々の表現方法が取り入れられてできていったようです。

何を考えながら弥勒菩薩は右手をほおにあてているのか

京都市右京区にある京都最古の寺院、広隆寺《こうりゅうじ》。

推古《すいこ》天皇一一（六〇三）年、秦河勝《はたのかわかつ》が聖徳太子《しょうとくたいし》から賜《たまわ》った仏像を本尊として、創建したとされます。

そんな広隆寺の創建当初の本尊が、あのほおづえをついた艶《なまめ》かしいポーズでおなじみの、弥勒菩薩です。この弥勒菩薩は、（彫刻としての）国宝第一号に指定されています。

広隆寺の起源にはまだ謎が残る部分があります。秦河勝が聖徳太子から賜った仏像は朝鮮半島からきた渡来仏《とらいぶつ》といわれ、また、広隆寺になる前に秦寺《はたでら》というのがあり、その本尊は新羅《しらぎ》からきた仏像だったともいわれます。

どの仏像が現在の宝冠弥勒なのかは定かではありませんが、姿や形から推察して、宝冠弥勒の形は朝鮮半島でつくられた可能性があるとされてきました。実際に、同じような仏像（金銅弥勒菩薩半跏《はんか》像）がソウル（韓国）の国立中央博物館に残されています。

ただし、最新の研究によると、日本でつくられた可能性も指摘されています。像の内部に楠《くすのき》が使用されているのですが、朝鮮半島に楠はありません。

椅子に坐り、右足を左の腿に乗せた坐り方を「半跏踏み下げ」といい、指先でほおに触れているものを「思惟手《しゆいしゅ》」と呼びます。

これより、広隆寺の弥勒菩薩像のような形を「半跏思惟《し（ゆ）い》像」といいます。

実は広隆寺にはこの有名な弥勒菩薩の他に、もう一体の弥勒菩薩があります。頭に冠を被っているところから前者を「宝冠弥勒」といい、悲しげな表情をしているところから後者を「泣き弥勒」（宝髻《ほうけい》弥勒とも）と呼びます。

さて、この弥勒菩薩像（宝冠弥勒）ですが、なぜこのようなポーズをしているのでしょうか。

一言でいえば、「考えているから」といえるでしょう。

では、何を考えているのか？　それは、「人びとを救済する方法」です。

弥勒はサンスクリット語で「マイトレーヤ」といい、「慈愛」や「友情」、「友愛」などという意味です。

弥勒様には「菩薩」という言葉がついています。これは弥勒様が、わたしたちの住んでいる世界（須弥山《しゅみせん》）の上にある兜率天《とそつてん》におり、自分で修行したり天人に説法したりして、将来、仏様になるのを待っていることから、菩薩と呼ばれるようになりました。

そして、お釈迦様が入滅《にゅうめつ》してから五六億七〇〇〇万年後に弥勒如来となってこの世に現れ、お釈迦様でも救えなかった人びとをことごとく救済する、といわれます。

ですが、兜率天から衆生の行ないを見ている限りでは、人びとは争ったりなどして、悪さをしています。それを見ている弥勒様は考え込まざるを得ない、というわけで、あの寂《さび》しいような、憂《うれ》いに満ちたポーズになったようです。

弥勒菩薩についていう言葉に「一生補処《いっしょうふしょ》」というものがあります。これは、生死の世界に繋《つな》がれるのはこの一生だけで、次の世には仏として生まれることができる地位を指しています。ただし、これには異説もあります。「お釈迦様がまだ太子だった時代に、出家《しゅっけ》しようかどうか考えている」という説です。

いずれにせよ、弥勒様は考えているようです。

お地蔵さんはなぜ赤いよだれかけをしてる？

田舎のあぜ道だけではなく、都会でもふとした拍子《ひょうし》に目にするのがお地蔵《じぞう》さんです。

お地蔵さんは正式には「地蔵菩薩」といいます。サンスクリット語で「クシティガルバ」といいますが、クシティは「大地」、ガルバは「胎・子宮」を意味します。大地のなかにいのちを育む力や宝石が蔵されているように、人びとの苦しみや願いを叶えてくれるという大悲の心をたくさん持っている、というところから、「地蔵」といわれるようになったようです。

お地蔵さんのご利益が書かれている経典に『地蔵十輪経《じゅうりんきょう》』や『地蔵本願経《ほんがんきょう》』などがありますが、これらの経典によると、地蔵はお釈迦様が入滅してから次の弥勒が現れるまでの間、仏様に代わって衆生を救うために出てきた菩薩だといいます。

平安時代から地蔵信仰は日本にありました。当時は貴族の間だけで流行していましたが、そのうち現世利益の仏様となり、のちには地獄《じごく》や極楽の思想と結びつき、死後の世界にも登場するようになります。そして、江戸時代頃までに、お地蔵さんはさまざまな民俗信仰と合わさって、独特な信仰をつくっていくことになります。

なかでも特徴的なのが、お地蔵さんを子どもの守護神として捉《とら》えるというもので、お地蔵さんと子どもを結びつけた信仰が生まれることになります。

「賽《さい》の河原《かわら》」の物語は、お地蔵さんと子どもが関係しているもっとも有名な話の一つです。

幼くして死んだ子どもやこの世に出る前に死んだ水子《みずこ》が、三途《さんず》の川《かわ》の手前にある賽の河原で小石を積み、親兄弟のために祈っているところへ地獄の鬼が現れ、積んであった小石を鉄棒で容赦なく崩していきます。子どもたちはその後も鬼に責められます。

そこへ現れて、夭折《ようせつ》した子どもたちを助けてくれるのが、お地蔵さんなのです。この信仰は江戸時代初期には信じられていたようです。

いまでもお地蔵さんに赤いよだれかけが下げてあるのを見ることがありますが、それは幼い子どもを亡くした親が「お地蔵さんに子どもを守ってほしい」と願う気持ちからはじまったといえそうです。

不動明王が怖い顔をしているこれだけの理由

ほとんどの仏像は柔和《にゅうわ》な顔をしていますが、密教では怒りの表情をする明王《みょうおう》の信仰があります。その一つが、不動《ふどう》明王です。

千葉県にある成田山新勝寺《なりたさんしんしょうじ》の本尊はこの不動明王で、天慶《てんぎょう》三（九四〇）年の開山以来、一〇七〇年以上にわたって護摩供《ごまく》の香煙《こうえん》が絶えたことはありません。

名前に「明王」や「天」とつく仏様は、インドの神々が密教成立の過程で取り入れられ、信仰されるようになりました。

密教には「三輪身《さんりんじん》」という考え方があります。

三輪身とは、仏様や菩薩の身についての三つの方面をいったもの。①自性《じしょう》輪身（悟りそのものを体現した仏）、②正法《しょうぼう》輪身（教えを垂《た》れて救済する姿）、③教令《きょうりょう》輪身（悪者を懲《こ》らしめるための恐い姿）の三つです。

わかりやすくいえば、人びとに教えるときには悟りの体現者である如来（①）の他に菩薩（②）と明王（③）がいる。菩薩は素直に聞き入れてくれる人びとを助けるが、聞き分けの悪い人もこの世にはいる。その人たちに教えを聞き入れてもらうには怒りをもってしなければならない。

明王の顔が怖いのは、この理由によります。

その顔の下には、どうしても怒らなければいけない、という慈悲の心があるのです。くどくどと怒るのは慈悲とはいえません。それは「憎しみ」です。

不動明王の眼は「天地眼《てんちげん》」といって、右眼で天を睨《にら》み、左眼は地を見るか閉じています。これはわたしたちを仏の世界へ導いてくれようとしている願いの表れといえます。天地眼のときの口はへの字に結び、右端から上向きの牙《きば》が出、左端からは下向きの牙が出ています。上向きの牙は人びとに恐怖心を抱かせるためで、下向きの牙は慈《いつく》しみの心を表しているといいます。

愛染明王の体はなぜあんなに赤い？

愛染《あいぜん》明王は姿も形も怒りに満ちています。

愛染明王がいつどこでつくられた仏様なのか、あまりはっきりしていません。高野山《こうやさん》の金剛峯寺《こんごうぶじ》にある天弓《てんきゅう》愛染明王のように、弓を天に向かって構えている像がつくられていることから、インドの愛の神カーマと関係があるといわれます。カーマはローマ神話のキューピッドと関係が深いとされます。

また、空海《くうかい》が唐《とう》から持ち帰ったお経にもとづいてつくられたものともいわれます。

愛染明王はサンスクリット語で「ラーガ・ラージャ」といいます。

ラーガは「赤」、ラージャは「王」という意味です。

赤はただ単に色の名前というだけではなく、「愛欲」も表しています。ですから、ラーガ・ラージャとは「愛の王」ということにもなります。

愛染明王は人間がどうしても断ち切れない「愛欲」について、これをなくすようにするのではなく、すべての衆生を救う愛に転じてくれます。像は、その心を姿にしたものです。いま、愛染明王は歓喜天と並んで水商売の人びとから敬《うやま》われており、またその字から染物屋からの信仰もさかんです。

四天王は仏様なのになぜ鎧を着ているのか

芸能界やスポーツなどで四人のヒーローが同時代にそろうと、「四天王《してんのう》」と呼ばれることがあります。「四天王」とは、持国天《じこくてん》、増長天《ぞうじょうてん》、広目天《こうもくてん》、多聞天《たもんてん》のことです。寺院では須弥壇《しゅみだん》（仏像を祭る壇）の四隅に置かれ、先の仏様が東南西北の順で立っています。

四天王はもともと古代インドで方位を守る神様で、中央アジアを通り、中国に伝わったときに武将の姿になりました。鎧《よろい》をつけた格好になったのも、このときのことです。

彼らは仏法を守護する仏様ですから、心の悪い人たちをふるえあがらせて、善《よ》い方向へ導くためには鎧を着け、怒りの表情をしなければならなかったのでしょう。

持国天は東方を守る武神で、サンスクリット語の「ドゥリタラーシュトラ」には「国土を支えるもの」という意味があり、「持国」の名がつきました。乾闥婆《けんだつば》や毘舎遮《びしゃしゃ》を眷属《けんぞく》（使者）とします。

増長天は鬼神の首領として甲冑《かっちゅう》を着けて、大きな刀を持ち、南方を守ります。サンスクリット語の名前「ヴィルーダカ」とは、「発芽した穀物」を意味します。

広目天は西方を守り、悪人を罰して仏心を生じさせます。持物は筆や巻物、矛《ほこ》など。眼がさまざまな色をしているので、広目天と呼ばれます。サンスクリット語で「ヴィルーパークシャ・デーヴァ」といい、「醜《みにく》い目を持てるもの」の意です。

多聞天は北方を守り、夜叉《やしゃ》や羅刹《らせつ》を統率して仏法を守護します。またの名を毘沙門天《びしゃもんてん》といいます。サンスクリット語で「ヴァイシュラヴァナ」といい、護法の善神として捉《とら》えられてきました。

奈良の東大寺には戒壇院《かいだんいん》という由緒《ゆいしょ》あるお堂が建っています。

天平勝宝《てんぴょうしょうほう》六（七五四）年、鑑真《がんじん》が東大寺大仏殿の前で築壇授戒《ちくだんじゅかい》したのち、大仏殿の西に建立しました。内部には壇が設けられ、中央には宝塔が立ち、周囲の四方を四天王が守護しています。日本の仏像のなかでも、人気のあるものの一つです。

四天王が踏みつけている天邪鬼っていったい何？

四天王の話をもう一つ。四天王の足下に注目すると、何やら生き物がいることに気づきます。これは「天邪鬼《あまのじゃく》」といいます。みんなが右といえば左といい、白といえば黒という、あの天邪鬼です。

天邪鬼は、もともとは多聞天（毘沙門天）の鎧の腹部に表現された鬼を指していました。

この鬼は「海若」とも書き、「かいじゃく」が「あまのじゃく」と訓読されることから、日本に古くから伝わる天邪鬼と習合《しゅうごう》したものと思われます。四天王は仏法の守護神ですから反逆者である天邪鬼を懲《こ》らしめなければなりません。だから踏みつけているのでしょう。

曼荼羅はどのように見ればいいのか？

悟りの真実を理解することは難しいので、図によって表現しようとしたのが曼荼《まんだ》羅《ら》です。曼荼羅とは、サンスクリット語の mandala の音写で、manda は「本質・中心・精髄《せいずい》」を表し、そこに「所有する」という意味の接尾辞 la がついた言葉と理解されています。

つまり、「本質を持つもの」という意味になります。

その意味合いから、曼荼羅は「輪円具足《りんえんぐそく》」（円輪のように充実した境地）や「壇」（仏を安置して供養する台）と漢訳されます。

曼荼羅は、古代インドのバラモン教やヒンドゥー教の宗教儀式においてすでに見られました。それは、土の壇に多くの幾何学《きかがく》模様などを描き、そこに神様を招いて供養するもの。これが仏教にも取り入れられ、特に密教で発展していきます。

曼荼羅でもっとも有名なのが、金剛界《こんごうかい》曼荼羅と胎蔵《たいぞう》曼荼羅です。

この二つの曼荼羅は空海によって伝えられました。金剛界曼荼羅は九つの部分

曼荼羅

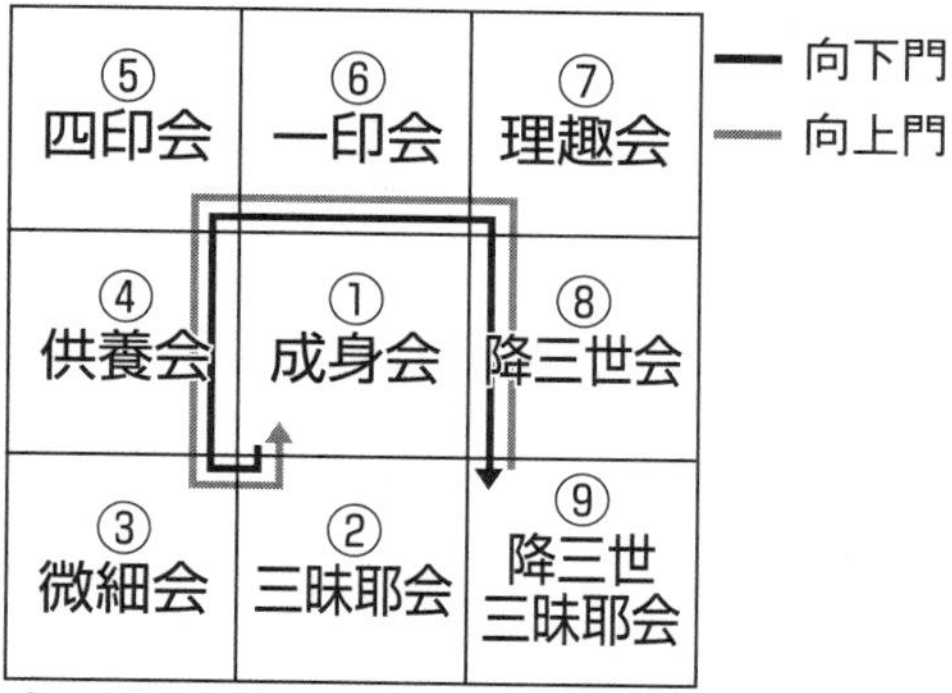

金剛界曼荼羅（九会曼荼羅）

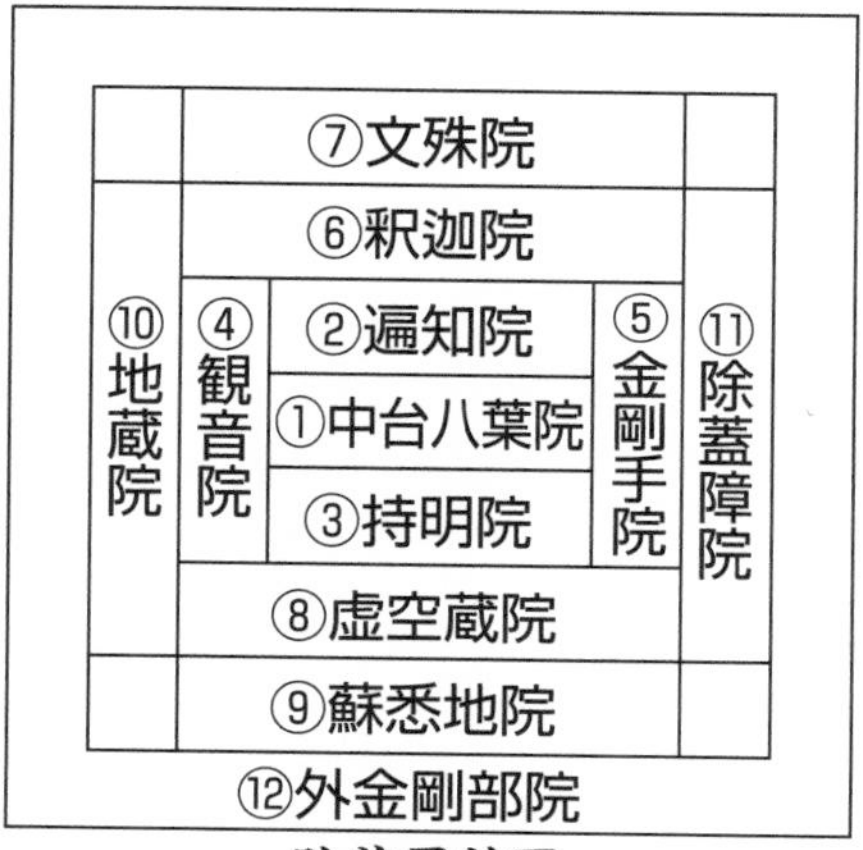

胎蔵曼荼羅

（「会《え》」という）からなり、中心の成身会《じょうしんえ》から下に降り、そこから右回りに、三昧耶会《さんまやえ》、微細会《みさいえ》、供養会《くようえ》、四印会《しいんえ》、一印会《いちいんえ》、理趣会《りしゅえ》、降三世会《ごうざんぜえ》、降三世三昧耶会《ごうざんぜさんまやえ》となります。成身会から順番に見る流れを「向下門《こうげもん》」といい、悟りの境地から衆生の救済に行く過程を表します。逆の流れは「向上門《こうじょうもん》」といい、悟りに向かって修行していく過程を表します。胎蔵曼荼羅は『大日経《だいにちきょう》』をもとにしてつくられた曼荼羅で、母親の胎内で種子が育って胎児になるように、大日如来の慈悲の光が世界のすみずみまで広がっていくこと表現しています。

胎蔵曼荼羅は一二の部分に分けられ、それぞれ誓願《せいがん》の違う仏様別になっています。中央には大日如来を中心に周囲を四如来と四菩薩が囲みます。左側（北方）には観音院（蓮華部院）や地蔵院というような慈悲を体現する仏様がおり、右側（南方）には金剛手院（外金剛部院）や除蓋障院《じょがいしょういん》など知恵を体現する仏様がいます。

曼荼羅の上部（東方）には遍知院《へんちいん》や釈迦院、文殊院《もんじゅいん》など、下方（西方）には持《じ》明院《みょういん》や虚空蔵院《こくうぞういん》、蘇悉地院《そしつじいん》などのそれぞれに慈悲をともない衆生を救う智《ち》を展開する仏様が集います。曼荼羅は種類など少し複雑ですので、ここでは代表的な二つの曼荼羅（「両界《りょうかい》曼荼羅」という）を取り上げました。

六章

「仏様の道具や縁起」がわかる18項

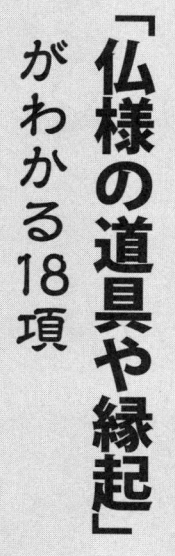

なぜ仏様の後ろには被いがあるのか

「あのお坊《ぼう》さんには後光《ごこう》が差していた」とか「あの人にはオーラがある」などといったりします。仏像の後ろにある被《おお》いは「光背《こうはい》」といい、仏様の偉大さや神聖さを表したもの。人間でいうところの「オーラ」を、眼で見える形で表現したものです。

人は畏《おそ》れ多いものに対するとき、相手がまぶしく見えることがあります。ましてや相手は仏様ですから、なおさらです。

仏様をつくるときに仏師《ぶっし》たちはそんな気持ちで光背を取り付けたのかもしれません。

光背には二種類あります。「頭光《ずこう》」と「挙身光《きょしんこう》」です。

頭光は頭の後ろにある光で、だいたい円形をしています。

大きく分けると、「円光背《えんこうはい》・輪光背《りんこうはい》」「宝珠光背《ほうじゅこうはい》」「放射光背《ほうしゃこうはい》」になります。円光背・輪光背は、文字通り丸い輪の形をした光背で、よく見かけることができます。

宝珠光背は、如意宝珠《にょいほうじゅ》（あらゆる願いごとを叶《かな》えてくれる、宝石の珠《たま》）の形をしているもの。水のしずくのような形をしています。

放射光背は、阿弥陀《あみだ》様の後ろにある線状のものといえばおわかりでしょう。

一方の挙身光は、仏様の背後のすべてを被っている光です。分類すると、「舟形《ふながた》光背」「飛天《ひてん》光背」「二重円光背・二重輪光背」「火焔《かえん》光背」などになります。

舟形光背は、蓮《はす》の花の花弁《かべん》をかたどったものですが、舟の形をしているためこのように呼ばれます。

飛天光背は、光背の装飾のなかに飛天を浮き彫りにしたものです。これと似たような光背に、装飾にたくさんの仏様を彫ったものがあり、これを千仏《せんぶつ》光背といいます。

二重円光背・二重輪光背は、円光背が二つ縦に組み合わさったものです。

火焔光背は、お不動《ふどう》さんの背後に見られる、燃える炎をあしらったものです。

なお、仏様の後光については、先述した「三十二相」にも「丈光相《じょうこうそう》」（体から光を発している）として挙げられています。

仏様と「蓮」の深い関係とは

中華料理に使う陶製のスプーン、「レンゲ」。

正式名を「散蓮華《ちりれんげ》」といい、名前の由来は蓮の花（花弁）からきています。みなさんには、こちらのレンゲのほうが馴染みがあるかもしれませんが、ここでは仏教と蓮の関係をお話ししましょう。

仏像やお寺の装飾などには、仏教のシンボルとして蓮の花がよく出てきます。

蓮はインド原産で、前三〇〇〇年の昔から、蓮と神話が結びつきました。有名な大叙事詩《だいじょじし》『マハーバーラタ』にも、蓮の上に立って生まれたという女神が登場し、蓮と天地創造についての話が出てきます。

蓮はそもそも生命の創造を象徴する花で、女性の生殖や多産の象徴でもありました。それがのちに、繁栄や繁殖、永遠性という意味にまで広がっていったようです。

蓮は泥沼のなかに咲く花で、泥水のなかから芽を出し開花しますが、決して泥水に汚されることなく、美しい花を咲かせます。

その様子が、人間の煩悩《ぼんのう》のなかにあっても汚《けが》れのない悟《さと》りを得ることにたとえられるため、蓮の花が仏教では汚れのない心を表す象徴的な花となりました。

仏像に眼を転じてみますと、蓮華を持っている仏様は、観音様《かんのん》がもっとも多く、如来像《にょらい》が蓮華を持つことはほとんどありません。

蓮華は花の開きぐあいなどによってだいたい三種類に分けられます。「花が開いているものを持つ」「つぼみのものを持つ」「蓮を挿《さ》した花瓶を持つ」の三つです。

花の開きぐあいは修行の段階を表すもので、花が開いているものは「悟りを開いた状態」を、つぼみのものは「まだ悟りに達していない状態」を表します。

なお、つぼみが半分開いたものや、開きかけはじめのものなどもあります。

泥のなかから咲く蓮は、このような思想がつくられるに十分な、神聖な光景を昔から人びとに見せてきたのでしょう。

阿弥陀如来の後ろにある棒の意味は？

阿弥陀様の背後を被っているものを「放射光背」といい、光が棒状に形づくられています。

なぜ阿弥陀様の光背は棒状なのかというと、それは阿弥陀様の「願い」と関係があります。

基本的に、阿弥陀様の光背となっている棒の数は四八本です。

理由は、阿弥陀様がまだ修行をしていて「法蔵菩薩《ほうぞうぼさつ》」と呼ばれていたとき、わたしたち衆生《しゅじょう》を一人残らず救ってあげようと立てたのが「四十八願」という誓願《せいがん》だったからです。

ちなみに、あみだくじの由来は、この阿弥陀様の放射光背にあります。いまのあみだくじは縦に平行に何本か線を書いて横線を引きますが、かつてのあみだくじは放射線状に人数分の線を引いて、中央に当たりを書き、隠していたそうです。

このくじの形が阿弥陀様の光背に似ていることから、「あみだくじ」と呼ばれるようになったとのことです。

なぜ文殊菩薩は獅子に乗っているのか

「三人寄れば文殊《もんじゅ》の知恵」という慣用句があります。

「愚《おろ》かなものでも三人集まって相談すれば、文殊菩薩のようなよい知恵が出る」という意味です。

日本語にこのように浸透しているように、文殊菩薩はわたしたちには親しい仏様です。

文殊菩薩は、サンスクリット語で「マンジュシュリー」といい、曼殊室利とも音訳され、妙吉祥《みょうきっしょう》とか妙徳《みょうとく》と漢訳されます。

お釈迦《しゃか》様の弟子で、実在の人物といわれ、普賢《ふげん》菩薩とともに釈迦如来《にょらい》の脇侍《わきじ》として祭られました。もちろん、単独でも拝まれています。

文殊菩薩で有名な逸話《いつわ》といえば、『維摩経《ゆいまぎょう》』に書かれている、維摩居士《こじ》との問答《もんどう》の場面でしょう。

お釈迦様の説法に病気のため行くことができなかった維摩を見舞うようにと、お釈迦様は弟子たちにいいますが、誰も行こうとしません。それは維摩が論客《ろんきゃく》だったからで、誰もが恐れていたのです。

そこで、お釈迦様に遣《つか》わされた文殊が見舞いに行き、議論を交わしたという話です。

お釈迦様の代わりに論客を見舞うのですから、文殊がいかに賢かったかがわかります。

仏像を見てみると、文殊菩薩は獅子《しし》（ライオン）の上の蓮華坐に乗っています。

これは、文殊菩薩の知恵が獅子のように威風堂々《いふうどうどう》としていて、揺るがないことを表しています。

ライオンは仏教のなかではもっとも強い動物の一つで、インドでも昔から神聖視されてきました。

日本でライオンは「百獣の王」などといわれていますが、扱いはインドや中国でも同じこと。

ですから、ライオンの像をお堂《どう》や塔《とう》などの入り口の左右に置いて魔除《まよ》けにしたのです。

ちなみに、お寺や神社にある狛犬《こまいぬ》はこのライオンの像と関係が深く、朝鮮半島の高麗《こうらい》にあった像が「コマイヌ」として日本に伝わったもののようです（インドやイランの起源説もあり）。狛犬が犬ではなく、獅子のような風貌《ふうぼう》をしているのも納得です。

なぜ普賢菩薩は白象に乗っているのか

では、お釈迦様のもう一人の脇侍、普賢菩薩はどうでしょうか。

普賢菩薩は、サンスクリット語で「サマンタバドラ」といい、「吉祥があまねくいきわたる」という意味です。

文殊菩薩がお釈迦様の知恵を表しているとすると、普賢菩薩はお釈迦様の慈悲《じひ》を表しているといえます。

普賢菩薩はインドやシルクロード周辺で古くから信仰され、敦煌《とんこう》の千仏堂《せんぶつどう》をはじめとする各地に像や壁画が存在し、世界遺産に登録されている峨眉山《がびさん》（楽山《らくざん》大仏とともに複合遺産として登録）は普賢菩薩の霊場として崇《あが》められています。

普賢菩薩は六本の牙を持つ白象の上の蓮華坐に座っています。

象は獅子（ライオン）と同じで、古代インドでは重要で貴重な動物です。体も大きいですから、その威力も測りきれませんが、一方で象は優しく穏やかです。普賢菩薩が白象に乗っているのは、そんな威力と優しさを象徴しているのでしょう。

また、白象で思い出されるのが、お釈迦様（ゴータマ・シッダールタ）の誕生にまつわる話です。

母のマーヤー夫人がお釈迦様を生む前、夢のなかで菩薩が白い優れた象に乗って、夫人の右わきから胎内に入って行ったという「入胎《にったい》」の場面です。

この話からも、白象が珍重されていることがよくわかります。

なお、普賢菩薩には延命《えんめい》の徳《とく》があるといわれ、普賢延命菩薩として拝まれるようにもなりました。

この仏様は密教《みっきょう》で発展したもので、二〇臂《ぴ》、一身四頭の白象に乗っていることが少なくありません。

徳川家康《とくがわいえやす》が危篤《きとく》になったときには、醍醐寺《だいごじ》（京都市伏見《ふしみ》区）の普賢延命菩薩に祈《き》禱《とう》がなされたといわれています。

なぜ不動明王は剣を持っているのか

不動明王《ふどうみょうおう》は右手に剣、左手に縄を持っています。

この剣は「降魔《ごうま》の利剣《りけん》」といい、仏法に反する人びとや、その人の胸のうちにある悪い心を滅ぼすためのものです。

利剣は先端が鋭く、よく切れる剣を指します。

縄は「羂索《けんさく》」といい、心に迷いがある人びとを捕えて救ってくれる、という意味です。

羂索の「羂」は罠《わな》のことで、五色糸をよった太い縄（索）の端に金具がついており、もともとは戦闘や狩猟の用具でしたが、仏や菩薩が衆生を救い取る象徴として取り入れられ、不動明王や不空羂索観音《ふくうけんじゃくかんのん》などが持つようになりました。

なぜ不動明王の後ろには炎があるのか

不動明王の後ろにある光背を「火焔光背」といいます。

火焔光背はメラメラと焔が熱く燃えたぎっているような、威圧感たっぷりにわたしたちの眼に映ります。

この焔は「カルラ焔」と呼ばれます。カルラとは、サンスクリット語の「ガルダ」

の音写で、金翅鳥《きんしちょう》と同一視されます。

カルラとは、インド神話に出てくる大きな鳥で、毒を持っている悪蛇を食べるとされ、仏教に取り入れられて梵天《ぼんてん》や文殊などの化身とされ、仏法守護の神となります。ちなみに、ガルーダ・インドネシア航空の「ガルーダ」とは、このカルラの別名です。

不動明王の光背がカルラ焔と呼ばれるのは、それが、カルラが羽を広げたときの形に似ているためです。

そのカルラ焔を背負っている不動明王は、「火生三昧《かしょうざんまい》」という瞑想《めいそう》の境地であらゆる煩悩を焼き尽くします。

なぜ仁王像の側にはわらじがかけられているのか

仁王《におう》様の側に二メートルを超すような巨大なわらじが掛けられていることがあります。

仁王様とわらじの関係とは、いったい何でしょう。

理由は、わらじを履《は》いて、お参りの旅に出ることに関係があります。わらじはそれほどの日数が保ちませんので、途中でボロボロになってしまいます。そんなとき、参詣者たちは自身の健康を祈り、わらじをぶらさげたようです。また、仁王様のような健脚にあやかるために、わらじを奉納《ほうのう》するという信仰もあったようです。

仏様を祭るのに欠かせない「お魂抜き」とは

平成二〇（二〇〇八）年三月から三か月ほど、東京は上野にある東京国立博物館で「国宝薬師寺《やくしじ》展」が開かれたことがあります。

この展覧会の目玉は金堂《こんどう》に祭られている日光《にっこう》・月光《がっこう》菩薩立像（国宝）で、そろって寺外で展示されるのははじめてのことでした。

さて、この展覧会を開く前に、奈良の薬師寺から東京へ運ばれるとき、「お魂《たましい》抜《ぬ》き」がなされています。

「お魂抜き」とは、仏様を修理したり遠くへ移動したりするときに、一時的に「仏様としてのはたらき」を休めていただくために行なわれる儀式です。

なぜこのように、仏様の魂を抜いたり、また入れたりできるのでしょうか。

お寺の本尊《ほんぞん》として仏様をお祭りする場合、特別の儀礼を行ない、お経《きょう》をあげて「お魂入れ」の開眼供養《かいげんくよう》をします。

天平勝宝《てんぴょうしょうほう》四（七五二）年に東大寺《とうだいじ》で行なわれた大仏様の開眼供養は、よく知られています。

開眼供養では、特に仏様の眼が開かれる儀式が行なわれます。仏様には人間と同様に肉眼がありますが、衆生《しゅじょう》の苦悩を見抜き、救いのはたらきをする第三の眼があります。

その眼が開かれて、はじめて仏像は仏様になります。そして仏様になった仏像を讃《たた》え、お祈りするためにお経が唱えられます。

この一連の儀式が開眼供養です。また、「お魂抜き」は、この仏様の眼を閉じる儀式であると考えられます。

なお、このような「お魂抜き」「お魂入れ」の儀式は、他の展覧会の開催時などでも行なわれています。

お寺の本尊は何によって決まるのか

本尊とは、寺院の中央に祭られる仏様や菩薩、曼荼羅《まんだら》などのことです。

でも、仏教の祖はお釈迦様であるのに、なぜ本尊が釈迦如来像だけではないのか？

これには、日本に伝わった仏教が「大乗《だいじょう》仏教」であることと関係があります。

大乗仏教の特徴の一つは、多くの仏や菩薩を拝む宗教であることです。また、インドの神々を天や明王として礼拝する信仰も展開しました。

そして、その信仰にもとづき、多くの大乗仏教の経典もつくられました。

こうして多くの経典類ができていったなかで、日本の僧侶たちは自らの世界観にあった経典をもとにして宗派をつくっていき、本尊も選ばれていったというわけなのです。

主な宗派の本尊を見てみると、浄土宗《じょうどしゅう》・浄土真宗《じょうどしんしゅう》は阿弥陀如来、真言宗《しんごんしゅう》は大日如来のみならず多くの如来や菩薩、曹洞宗《そうとうしゅう》・臨済宗《りんざいしゅう》は釈迦如来となっています。

なお、同じ宗派であっても、本尊が異なることもあります。四国霊場八十八か所巡礼《じゅんれい》のお寺の多くは真言宗ですが、本尊に大日如来を祭ってあるのは大日寺《だいにちじ》（四番）、大日寺《だいにちじ》（二八番）、仏木寺《ぶつもくじ》（四二番）、横峰寺《よこみねじ》（六〇番）、香園寺《こうおんじ》（六一番）、曼荼羅寺《まんだらじ》（七二番）の六つのみとなっています。

六地蔵はなぜ六体でなければならないのか

道ばたに立っているお地蔵《じぞう》さんは一体だけのこともありますが、なかには六体がずらっと並んでいることもあります。

このようなお地蔵さんたちを「六地蔵」といいますが、なぜ「六」でなければいけないのでしょうか。

これは、「六道輪廻《ろくどうりんね》」と関係があります。

六道輪廻の「六道」とは、「死んで生まれ変わる六つの領域」といえばいいでしょうか。

もっとも悪いところ（悪趣《あくしゅ》）からいうと、地獄《じごく》道、餓鬼《がき》道、畜生《ちくしょう》道、修羅《しゅら》道、そして善《よ》い生まれ変わりの領域（善趣《ぜんしゅ》）として人《にん》道、天《てん》道があります。

人がどの世界に生まれ変わるのかは、その人が生前にどのような行ない（業《ごう》）をしたかによります。

つまりは「因果応報《いんがおうほう》」です。

善い行ない（善業）をすれば楽な結果がもたらされ、悪い行ない（悪業）をすれば苦の結果がもたらされるというものです。

お地蔵さんはこの六道に生きるすべてのものたちに教えを説いて、救ってくださる仏様といわれます。

ですから、この世に残された人間が、亡くなった親や兄弟などが六道のどの世界に生まれ変わっても救ってほしいという願いを込めて、六体のお地蔵さんがつくられるようになったようです。

かつて六地蔵が建てられた場所が、焼き場や墓地の入り口に多いのは、このためかもしれません。

なお、六地蔵といっても、六体がずらっと並んでいるものだけをこう呼ぶのではなく、あちこちに点在させたものを合わせて呼ぶ場合もあります。

その場合は、「七福神《しちふくじん》めぐり」のように、六地蔵をめぐるようなことになります。

お賓頭盧さんが縁側に座っているワケ

「おびんずるさん」の愛称で親しまれている賓頭盧《びんずる》は、お釈迦様の直弟子《じきでし》の一人です。

サンスクリット語で「ピンドラバーラドヴァージャ」といい、賓頭盧跋羅堕闍《ばらだじゃ》などと音写したものの略で、賓頭盧と呼ばれます。

古いお寺のお堂などに行くと、縁側に座っている仏様がいて、お参りにきた人びとが仏様の頭や体をさわっている風景を見ることができます。

これはお賓頭盧さんの、自分の体の悪いところと同じ部分をさすって、その手で悪い部分をなでるとよくなる、という信仰からきています。そこから、お賓頭盧さんは「なで仏」ともいわれます。

お賓頭盧さんは「十六羅漢《らかん》」と呼ばれるお釈迦様の弟子たちのなかで、首席に位置する仏様です。「羅漢」とは阿羅漢《あらかん》の略で、「煩悩をすべてなくし、供養《くよう》を受けるにふさわしい人」の意味です。もともとはお釈迦様を指していました。

お賓頭盧さんは話をするのがうまく、またいたずら好きな性格でした。そのいたずらを、超能力を用いてやってしまったので、お釈迦様から教団を追放されます。

ですから、お賓頭盧さんがお堂の縁側にいるのは、お釈迦様にしかられたから……といいたいところですが、この話は実は違うようです。

お賓頭盧さんがお堂に祭られてしまうと、病気を直そうとわざわざお参りにきた人びとが拝むことができません。

かつては病に対する偏見《へんけん》がひどく、お堂に入ることができない人もいたでしょう。

そこで、お坊さんはお堂にお祭りしてあったお賓頭盧さんを縁側に出して、病人がいつでもなでてお参りできるようにしたようです。

奈良の東大寺大仏殿の入り口の右側に、赤い帽子を被ったお賓頭盧さんがいます。少し高い位置にありますが、人びとが体をなでに、いまもお参りにやってきます。

仁王像はなぜ口を開けたり閉じたりしているのか

仁王《におう》の本名は「金剛力士《こんごうりきし》」といい、「二王」と書くのが本来のようです。

金剛とは、堅固な智慧《ちえ》の象徴をいいます。

『大宝積経《だいほうしゃくきょう》』第九密迹《みっしゃく》金剛力士会《え》に、以下のような話があります。

かつて、この世のすべてを統《す》べる転輪聖王《てんりんじょうおう》に勇郡《ゆうぐん》という王様がいました。王様には千人の太子《たいし》と、法意《ほうい》・法念《ほうねん》という二人の王子がいました。

千人の太子は次第に成仏《じょうぶつ》して「賢劫千仏《けんごう》」といわれる千人の仏になられ、二人の王子のうち、法意王子は金剛力士となって、常にこれらの仏様たちに親近してお仕えすることを誓い、法念王子は梵天王《ぼんてんおう》となって、千人の仏様たちが自分の悟られた法を人びとに伝えて下さるようにお願いしました。

このお経のように、法意王子が密迹金剛力士となって仏法を守護するという誓いを立てたことから、お寺の門に仁王像が立てられ、守護神となったようです。

二体で祭られている仁王さまの口元を見ると、一方は口を開け、もう一方は口を閉じているのがわかります。

口を開けているほうは「阿《あ》」、閉じているほうは「吽《うん》」の音を発しています。

「阿」は口を開いて発する最初の字音であり、「吽」は口を閉じて発する最後の字音であることから、「阿」と「吽」とで、宇宙の一切のはじめとおわりが完結するという意味です。

日本語の慣用句でも、「阿吽の呼吸」ということをよくいいますね。この「阿吽」のことです。

なお、日本の神社で見られる狛犬《こまいぬ》には阿吽の口をしたものがありますが、これは日本独自に発展したもので、仁王像から影響されたものといわれます。

五百羅漢はなぜ「五百」？

埼玉県川越《かわごえ》市の喜多院《きたいん》というお寺は、「三代将軍徳川家光《とくがわいえみつ》誕生の間」や「春日局《かすがのつぼね》化粧の間」で有名ですが、お寺のもう一つの見どころが「五百羅漢」です。

ここの五百羅漢は日本三大羅漢の一つで、天明《てんめい》二（一七八二）年から文政《ぶんせい》八（一八二五）年にかけて建立されました。

十大弟子や十六羅漢をはじめとする五三三体の他、釈迦如来、文殊菩薩、普賢菩薩、阿弥陀如来、地蔵菩薩など、合計五三八体が鎮座しています。

喜多院の羅漢には同じ顔のものは一つもないとされ、また、深夜にこっそり羅漢の頭をなでると一つだけ必ず温かいものがあり、その羅漢は亡くなった親の顔に似ているという言い伝えもあるなど、ユニークです。

実際は五〇〇体ぴったりというわけではありませんが、なぜ羅漢は五〇〇人でなければならないのでしょうか？

お釈迦様が亡くなると、ラージャグリハ（王舎城《おうしゃじょう》）郊外に比丘《びく》たちが集まり、仏様の教えをお経としてまとめる会議である最初の「結集《けつじゅう》」が開かれました。

このときに集まった比丘の数が、実は五〇〇人だったのです。このことがもとになって、十六羅漢の信仰が拡大していくなかで、室町時代以降に多くのお寺に祭られるようになったようです。

七福神はいつから仏様になったのか

散歩もできるしご利益《りやく》もある、ということで人気の「七福神めぐり」。

江戸最古の七福神といわれるのは「谷中《やなか》七福神」で、宝暦《ほうれき》年間（一七五一〜六四）に成立したといわれます。不忍池弁天堂《しのばずのいけべんてんどう》（弁才天《べんざいてん》）、護国院《ごこくいん》（大黒天《だいこくてん》）、長安寺《ちょうあんじ》

(寿老人《じゅろうじん》)、天王寺《てんのうじ》（毘沙門天《びしゃもんてん》）などをまわります。

京都には日本最古といわれる七福神もあります。現在の形になったのは昭和五五（一九八〇）年ですが、妙円寺《みょうえんじ》（大黒天)、六波羅蜜寺《ろくはらみつじ》（弁才天)、教王護国寺《きょうおうごこくじ》（毘沙門天)、万福寺《まんぷくじ》（布袋尊《ほていそん》）など、有名なお寺に祭られている仏様をまわります。

七福神の信仰は、室町時代の日本で成立したものです。仏教で信仰された大黒天・毘沙門天・弁才天、中国の神の福禄寿《ふくろくじゅ》・寿老人・布袋、日本の神の恵比須《えびす》の七神を指します。

平安時代よりそれぞれの神様は単独で祭られ、拝まれていましたが、江戸時代半ば頃から七福神としてまとめて信仰されるようになります。

まず登場するのが、恵比須と大黒天でした。

恵比須は釣り竿《ざお》を持っていることからおわかりのように、もとは海の人です。恵比須は「夷」とも書き、海の彼方から漂着した漁神で、幸運をもたらすとされました。

大黒天はサンスクリット語で「マハーカーラ」といいます。マハーは「大きい」、カーラは「黒い」という意味なので、まさに「大黒」となります。なお、カーラには「時間」という意味もあり、人間の時間＝寿命を支配するとも考えられていました。

怒りの顔が印象的な神様ですが、インドから中国に伝わってから表情が穏やかになります。日本では、大国主命《おおくにぬしのみこと》と呼び名（大国＝だいこく）が似ているということから習合《しゅうごう》し、顔もさらに柔和になり、米俵の上に乗るようにもなりました。

毘沙門天は財宝福徳《ざいほうふくとく》を司《つかさど》る神様で、神将《しんしょう》の姿をし、弁才天は寿命や知恵、財福を与えてくれ、布袋は中国に実在したお坊さんで、弥勒《みろく》の化身といわれます。福禄寿は長い頭で豊かなひげを生やし、寿老人は長寿の神様です。

七福神を乗せた「宝船《たからぶね》」の絵を枕の下に入れ、よい初夢《はつゆめ》が見られるようにという習慣も、江戸時代より行なわれていました。

七人の神様をめぐってご利益をいただく。ただの散歩では味気ないという方におすすめの方法です。

「秘仏」というのはどんな存在か

法隆寺《ほうりゅうじ》の救世《ぐぜ》観音像は、明治一七（一八八四）頃、明治期の美術家岡倉天心《おかくらてんしん》とその師フェノロサらが寺僧の反対を押し切って開帳《かいちょう》したという逸話《いつわ》が伝わる、飛鳥《あすか》時代を代表する仏像の一つです。

現在、救世観音像は、法隆寺の夢殿《ゆめどの》で春と秋の一定期間のみ公開されていますが、岡倉天心やフェノロサが開帳するまで「秘仏《ひぶつ》」とされてきました。

寺僧が「開帳すれば必ず雷鳴がある」とまで恐れたこの秘仏は、木綿《もめん》の布などに幾重《いくえ》にもくるまっていたといいます。扉を開けるとき寺僧たちは怖くて逃げ去った、と天心は『日本美術史』に書いています。

秘仏とは、「ふだんは公開されない仏像」のことをいいます。

人は、見ることができないものに恐れを感じたり、逆にありがたみを感じます。松濤弘道《まつなみこうどう》氏によると、秘仏は天台宗や真言宗のお寺に多いといいます。つまり、密教系のお寺に多く秘仏があるようです。

密教は「秘密教」の略ですから、先ほどのように仏様の開帳でも「あえて見せない」という考えがはたらいているようです。

秘仏には二種類あって、「絶対見ることができない秘仏」と「一定期間見ることができる秘仏」に分かれます。

前者で有名なのは、善光寺《ぜんこうじ》（長野県長野市）の阿弥陀三尊像、浅草寺《せんそうじ》（東京都台東区）の聖観音像《しょうかんのん》、東大寺二月堂《にがつどう》（奈良県奈良市）の十一面観音立像（大観音・小観音とも）などです。

後者では、三三年に一度開かれる清水寺《きよみずでら》（京都市東山区）の十一面千手観音立像、住職一代につき一回限りの開帳という西明寺《さいみょうじ》（滋賀県甲良町《こうら》）の薬師如来立像などがあります。

いちばん最初に仏像をつくった人は誰？

仏像をつくる人を「仏師《ぶっし》」と呼びます。

日本ではじめて仏像をつくったのは止利《とり》仏師（生没年不詳。鞍作止利《くらつくりのとり》とも）で、推古《すいこ》天皇の命によってつくられた飛鳥寺《あすかでら》（奈良県明日香《あすか》村）にある釈迦如来坐像（六〇六年。通称「飛鳥大仏」）や法隆寺金堂の釈迦三尊像（六二三年）などが代表作です。

止利仏師は中国南朝の梁《りょう》（五〇二～五五七）から渡来《とらい》したとされ、司馬達等《しばたっと》（鞍作りとして日本に渡来し、仏教を熱心に信仰していた人）の孫だといいます。

また、司馬達等の娘（止利仏師の叔母）は善信尼《ぜんしんに》といい、日本ではじめて出家《しゅっけ》した人です。

つまり彼の一族は、鞍作部《くらつくりべ》として技術だけを日本に伝えただけではなく、仏教文化をも一緒に根付かせてくれた人びとだった、といえるでしょう。

仏像の数え方は本当は「一体」ではない？

本書でも使っていますが、仏像を数えるとき、一般的には一体《たい》、二体……と数えますが、正確には「躯《く》」を使います。その他の部分でいいますと、顔は「面《めん》」、眼は「眼《げん》」「目《もく》」、腕は「臂《ひ》」と数えます。

たとえば、六目四面八臂の仏像は、六つの眼と四つの顔と八つの腕を持った仏像ということになります。

とくに「臂」などはあまり日常の言葉では見かけませんが、仏像の解説などではよく使われますので、覚えておくとよいでしょう。

なお、仏像ではなく「仏」としての概念で捉えるときには、「尊《そん》」「体」「仏《ぶつ》」などの単位が用いられます。

基本情報

これだけは知っておきたい！

日本の仏様と宗派

※データの数字は『宗教年鑑　令和2年版』（文化庁）によります。

仏様

釈迦如来《しゃかにょらい》　仏教の開祖ゴータマ・シッダールタ（釈迦）のこと。二九歳で出家《しゅっけ》し、苦行《くぎょう》の果てに悟《さと》りを開く。インド各地をめぐりながら布教活動を続け、八〇歳で入滅《にゅうめつ》した。

阿弥陀如来《あみだにょらい》　はるか西方にあるとされる極楽浄土《ごくらくじょうど》で法を説《と》く仏。「阿弥陀」とは、はかりしれない「無量《むりょう》」という意味のサンスクリット語「アミタ」を音訳したもの。

薬師如来《やくしにょらい》　東の彼方、浄瑠璃《じょうるり》世界の教主。現世利益《げんぜりやく》の性格が強い仏で、修行の身である菩薩《ぼさつ》時代に一二の誓願《せいがん》を立てた。なかでも、すべての人を健康にするという第六願が有名。

毘盧舎那如来《びるしゃなにょらい》　『華厳経《けごんきょう》』などに登場する仏。毘盧舎那とは、「太陽のようにあまねく輝き照る」という意味のサンスクリット語「ヴァイローチャナ」の音訳。

大日如来《だいにちにょらい》　真言密教《しんごんみっきょう》の教主。『大日経』や『金剛頂経《こんごうちょうきょう》』など、真言密教のもっとも重要な経典に登場する。大日には「偉大な輝くもの」という意味がある。

五智如来《ごちにょらい》　密教経典である『金剛頂経』の宇宙観を描いた金剛界曼荼羅《こんごうかいまんだら》の主尊・大

日如来と、四方に配される如来（阿閦《あしゅく》如来・宝生《ほうしょう》如来・無量寿《むりょうじゅ》如来・不空成就《ふくうじょうじゅ》如来）のこと。

弥勒菩薩《みろくぼさつ》　釈迦が悟りを開いて間もない頃に弟子入りした仏。弥勒とは「慈から生まれたもの」という意で、仏滅《ぶつめつ》五六億七〇〇〇万年後に兜率天《とそつてん》から下って衆生《しゅじょう》を救うとされる。

観音菩薩《かんのんぼさつ》（聖《しょう》観音）　観音とは、「観察することの自在な者」という意味のサンスクリット語「アバローキテーシュバラ」の音訳。六世紀末から七世紀初頭に日本に伝来した。

十一面観音《じゅういちめんかんのん》　観音菩薩の基本形である「聖観音」から変化していった観音のうちの一つ。多方面にわたる救いを施《ほどこ》す観音様として、古くから人びとの信仰を集めてきた。

不空羂索観音《ふくうけんじゃくかんのん》　慈悲《じひ》の羂索（戦いや猟に用いられる投縄状《とあみ》の罠《わな》）ですべての人びとを救い、彼らの願いを叶える仏。東大寺法華堂《とうだいじほっけどう》（三月堂《さんがつどう》）の本尊《ほんぞん》となっている立像《りゅうぞう》が有名。

千手観音《せんじゅかんのん》　変化《へんげ》観音の一つ。その名の通り、千本の手を持ち、その手のひらの一つひとつに目があり、数珠《じゅず》や宝珠《ほうじゅ》、金剛杵《こんごうしょ》、羂索、宝剣《ほうけん》などを持っている。

如意輪観音《にょいりんかんのん》　どんな願いも叶えてくれる仏で、六観音のうちの一つ。如意とは「如意宝珠《ほうじゅ》」の略で、どんなことでも必ず意のままに叶《かな》えられる珠《たま》の意味。

馬頭観音《ばとうかんのん》　ヒンドゥー教の主神ヴィシュヌの化身《けしん》ともいわれる仏。鎌倉時代以降、馬が重要な交通手段として用いられたことから、馬の守護神として厚く信仰されていった。

文殊菩薩《もんじゅぼさつ》　釈迦如来の脇侍仏《わきじぶつ》として、獅子《しし》にまたがり左側に侍している仏。釈迦如来の智慧《ちえ》を表しており、サンスクリット語「マンジュシュリー」の音訳である文《もん》殊師利《じゅしり》の略。

普賢菩薩《ふげんぼさつ》　釈迦如来の脇侍として文殊菩薩とともに控える仏で、釈迦如来の「行」を表している。『華厳経』『法華経《ほけきょう》』に説かれている仏で、六牙の白象に乗っているのが特徴。

勢至菩薩《せいしぼさつ》　阿弥陀如来の脇侍として観音菩薩とともに控える仏。勢至とは「偉大な威力を獲得したもの」という意味のサンスクリット語「マハーストハーマプラープタ」の意訳。

日光《にっこう》・月光菩薩《がっこうぼさつ》　日光菩薩は太陽の象徴、月光菩薩は月の光の象徴。どちらも薬師如来の脇侍で、薬師三尊像を形成するが、両菩薩がそれぞれ単独で礼拝された例は見られない。

地蔵菩薩《じぞうぼさつ》　釈迦入滅《にゅうめつ》から弥勒菩薩がこの世に現れるまでの間、衆生を救済することを委《ゆだ》ねられた仏。地蔵とはサンスクリット語「クシティ（大地）・ガルバ（子宮）」の意訳。

不動明王《ふどうみょうおう》　大日如来の化身で、忿怒《ふんぬ》の表情は人びとに畏怖《いふ》を抱かせて仏教に帰依《きえ》することを促《うなが》すためのもの。江戸時代、とりわけさかんに庶民の間に信仰された。

愛染明王《あいぜんみょうおう》　大日如来または金剛薩埵《こんごうさった》の化身とされ、仏と人の間にあり、両者を愛によって結ぶとされる明王。愛染はサンスクリット語「ラーガ」の意訳で、「愛欲」を象徴する。

孔雀明王《くじゃくみょうおう》　毒蛇を食べることから、呪術的《じゅじゅつてき》な霊力を持っているとされてきた孔雀が神格化され、怒りや災害などを消し去る仏として仏教に取り入れられたもの。「孔雀王母《おうぼ》菩薩」「孔雀仏母《ぶつぼ》」ともいう。

梵天《ぼんてん》　創造神ブラフマーの化身で、初期仏教の頃にはバラモン教の最高神として崇拝されていた。仏教に取り入れられたときに仏法を護持《ごじ》する存在となった。

帝釈天《たいしゃくてん》 梵天と並び崇拝されていた善神。仏教に取り入れられて釈迦の成道《じょうどう》（悟りを開き、仏道を完成させること）を助け、仏法を守護する存在となった。

毘沙門天《びしゃもんてん》 ヴィシュヌ神の化身で、中国を経て日本に伝わるうちに、財宝や富をもたらし、戦勝をもたらす神として崇《あが》められるようになった。上杉謙信《うえすぎけんしん》の守護神としても有名。

弁才天《べんざいてん》 水を神格化して生まれた神で、元来は水と豊かさを象徴する女神。弁舌《べんぜつ》の女神ヴァーチュと結びつき、学問や芸術、音楽の女神として崇められて「妙音《みょうおん》天《てん》」などと呼ばれるようになった。

吉祥天《きっしょうてん》 ヒンドゥー教ではヴィシュヌ神の神妃ラクシュミーとして知られる。美や繁栄、幸福などをもたらす女神として古来より人気が高く、「功徳天《くどくてん》」とも称される。

大黒天《だいこくてん》 破壊神シヴァの別名であるマハーカーラの意訳で、マハーは「大」、カーラは「黒」（または「死」）の意味を持つことから「大黒」と訳されるようになった。

熊野権現《くまのごんげん》　紀伊《きい》半島にある熊野本宮《ほんぐう》大社、熊野速玉《はやたま》大社、熊野那智《なち》大社の三社をさす名称で、「熊野三所《さんしょ》権現」ともいう。熊野信仰は「蟻《あり》の熊野詣《もうで》」と呼ばれ、賑《にぎ》わいを見せた。

金毘羅大権現《こんぴらだいごんげん》　現在でも多くの参詣《さんけい》客を集める「金刀比羅宮《ことひらぐう》」の別称。「こんぴらさん」と呼ばれて親しまれている。金毘羅とは、ガンジス川の神クンビーラの音字語。

宗派

天台宗《てんだいしゅう》——悟りに至る方法を民衆に伝えた日本仏教の「母山」

DATA

●開祖／最澄《さいちょう》　●本尊／釈迦牟尼仏《しゃかむにぶつ》、阿弥陀如来《あみだにょらい》、薬師《やくし》如来など

●総本山／延暦寺《えんりゃくじ》　●信者数／二八七万六〇六人　●寺院数／三三二三

●経典／『法華経《ほけきょう》（妙法蓮華経《みょうほうれんげきょう》）』を根本聖典とし、『阿弥陀経』『大日経《だいにちきょう》』『梵網菩薩戒経《ぼんもうぼさつかいきょう》』も用いられる。

概略　天台宗とは、『法華経（妙法蓮華経）』を根本聖典とする大乗《だいじょう》仏教の一派で、五七五年、中国の隋《ずい》時代の僧・智顗《ちぎ》が天台山にこもり、教義を体系づけた。智顗の教えを日本に伝え、比叡山《ひえいざん》を開いて教えを広めたのは最澄で、「すべての人は皆、仏の子どもである」と宣言し、悟《さと》りに至る方法をすべての人に開放した。そのため、天台宗では戒《かい》を授《さず》かって自身に仏を迎え入れる、いわゆる「お授戒《じゅかい》」が奨励されている。

真言宗《しんごんしゅう》――弘法大師空海が大成した真言密教の教えを守る教団

DATA

●開祖／空海《くうかい》　●本尊／大日如来
●総本山／金剛峯寺《こんごうぶじ》（高野山《こうやさん》真言宗）、教王護国寺《きょうおうごこくじ》（東寺《とうじ》真言宗）など、各派により異なる。●信者数／五五〇万四四六〇人　●寺院数／一万二一六七
●経典／『大日経』『金剛頂経《こんごうちょうきょう》』

概略　真言宗とは、弘法大師《こうぼうだいし》空海が平安初期に大成した真言密教《みっきょう》の教えを教義とする教団で、主な宗派だけでも一八種類を数えることができる（高野山真言宗、東寺真言宗、真言宗善通寺《ぜんつうじ》派、真言宗醍醐《だいご》派など）。真言密教の「真言」（サンスクリット語では「マントラ」）とは、仏の「真実の言葉」を意味するが、その言葉は、わたしたちが生きている世界やさまざまな事象には現れない、隠された深い「秘密の意味」を明らかにしているという。そのため、真言宗は「密教」とも呼ばれている。

浄土宗《じょうどしゅう》――「ただひたすら仏に帰依すれば救われる」という教え

DATA

●開祖／法然《ほうねん》　●本尊／阿弥陀如来、観音菩薩、勢至《せいし》菩薩
●総本山／知恩院《ちおんいん》
●信者数／六三二万四三三一人　●寺院数／八〇七七
●経典／浄土三部経（『無量寿経《むりょうじゅきょう》』『観《かん》無量寿経』『阿弥陀経』）

概略　浄土宗とは、法然が教え広めた宗派で、ただひたすら仏に帰依《きえ》すれば救われる、すなわち、「南無阿弥陀仏《なむあみだぶつ》」と口に出して唱《とな》えれば必ず仏の救済を受けて平和に暮らすことができるとされる。法然が唱えたこの教えは、鎌倉時代では新しい奇異なものとされることが少なくなかったため、法然は迫害を受け続けた。だが、阿弥陀如来を念じ続けるという単純明快な教えは広く民衆の心に届き、多くの人びとに支持されることとなった。なお、江戸幕府を開いた徳川家康《とくがわいえやす》も浄土宗の信者であった。

浄土真宗《じょうどしんしゅう》——国内でもっとも大きな信徒数を持つとされる宗派

DATA

●開祖／親鸞《しんらん》　●本尊／阿弥陀如来　●総本山／本願寺《ほんがんじ》（浄土真宗本願寺派）、真宗本廟《しんしゅうほんびょう》（真宗大谷派《おおたに》）など、門流によって異なる。
●寺院数／二万一二五九　●経典／浄土三部経（『無量寿経』『観無量寿経』『阿弥陀経』）●信者数／一五六八万八二〇八人
のほか、親鸞の著作（『正信念仏偈《しょうしんねんぶつげ》』『浄土和讃《じょうどわさん》』など）

概略

浄土真宗とは、法然に師事した親鸞が開祖となってはじまった宗派で、阿弥陀如来を信じるという点においては浄土宗と同じだが、親鸞は、阿弥陀如来を信じる心だけで救われ、成仏《じょうぶつ》できると説いた。そのため、浄土真宗は「絶対他力《ぜったいたりき》」の教えといわれる。仏教の宗派のなかでは、明治時代まで妻帯《さいたい》が許されていた唯一の宗派で、現在では本願寺派、大谷派、高田《たかだ》派など十派に分かれ、日本ではもっとも多くの寺院と信者を持つとされている。なお、浄土真宗の信者は「檀家《だんか》」とは呼ばれず、「門徒《もんと》」と称される。

日蓮宗《にちれんしゅう》――仏教の極意を『法華経』に見出した日蓮の教え

DATA

●開祖／日蓮《にちれん》　●本尊／釈迦牟尼仏《しゃかむにぶつ》
●総本山／久遠寺《くおんじ》　●信者数／三五六万七〇四七人
●寺院数／四六五九　●経典／『法華経（妙法蓮華経《みょうほうれんげきょう》）』

概略　安房《あわ》国（現在の千葉県）の漁師の子として生まれた日蓮は、はじめ天台宗の名《めい》刹《さつ》・清澄寺《せいちょうじ》にて勉学に励んだが、釈迦の説かれた真実に導く道は一つであるのに、さまざまな宗派が生まれていることに疑問を抱き、一六歳で出家《しゅっけ》。その後、鎌倉、京都、比叡山などで諸教学を学び、真の仏教を知りうるのは『法華経』を通じてのみだという確信に基づいて、「南無妙法蓮華経」という題目《だいもく》を唱えた。『立正安国論《りっしょうあんこくろん》』を著して北条時頼《ほうじょうときより》に送るが無視され、他教の人びとから迫害を受けるなどしたが、絶えず布教に努め、多くの弟子を育てた。

臨済宗《りんざいしゅう》——鎌倉・室町時代に大いに栄えた禅宗の一派

DATA

●開祖／栄西《えいさい》　●本尊／釈迦牟尼仏
●総本山／天龍寺《てんりゅうじ》（天龍寺派）、相国寺《しょうこくじ》（相国寺派）など、各派によって異なる。
●信者数／一四三万二〇〇〇人　●寺院数／五六八一
●経典／『般若心経《はんにゃしんぎょう》』や『観音経《かんのんぎょう》』などが読まれるが、特定の経典は定められていない。

概略　臨済宗とは、唐《とう》時代の禅僧《ぜん》・臨済義玄《りんざいぎげん》を開祖とする禅宗の一派で、日本へは栄西が伝え、蘭渓道隆《らんけいどうりゅう》が定着させた。栄西は二度も宋《そう》（中国）へ渡って禅を学び、帰国後、聖福寺《しょうふくじ》（博多）、建仁寺《けんにんじ》（京都）、寿福寺《じゅふくじ》（鎌倉）を建立。その後、宋から渡来した蘭渓道隆が鎌倉に日本初の本格的な禅宗寺院の建長寺《けんちょうじ》を開き、日本に臨済宗を定着させるのに寄与した。坐禅《ざぜん》を組み、師から与えられる公案《こうあん》（研究課題として与えられる問題）の答えを考えることが臨済宗の特徴で、この行ないにより、僧は悟《さと》りを開く道を探っていく。

曹洞宗《そうとうしゅう》——道元を開祖とし、海外にも多くの信徒を抱える

DATA

●開祖／道元《どうげん》　●本尊／釈迦牟尼仏　●総本山／永平寺《えいへいじ》、總持寺《そうじじ》
●信者数／三七〇万五三六二人　●寺院数／一万四五一八
●経典／『正法眼蔵《しょうぼうげんぞう》』や『普勧坐禅儀《ふかんざぜんぎ》』など道元の著作がよく読まれるが、特定の経典は定められていない。

概略　曹洞宗とは、鎌倉時代に道元が入宋《にっそう》して伝えた禅宗の一派で、ただひたすら坐禅に打ち込むことを重視する（これを「只管打坐《しかんたざ》」という）。永平寺四世の瑩山紹瑾《けいざんじょうきん》のとき、地方の武士や農民の間に広まり、教団が大きく発展していった。永平寺と、明治後期に能《の》登《と》から神奈川県の鶴見《つるみ》に移された總持寺の二つを大本山とし、全国に約一万五〇〇〇の寺を持つ大きな宗派となっている。なお、同宗は積極的に海外への普及に努めており、ヨーロッパや南北アメリカなどにも多くの信徒が存在する。

【主な参考文献】

［神様編］

『日本神さま事典』三橋健・白山芳太郎編著（大法輪閣）、『わが家の宗教　神道』三橋健編著（大法輪閣）、『わが家の守り神』三橋健（河出書房新社）、『日本人と福の神　七福神と幸福論』三橋健（丸善）、『神道の常識がわかる小事典』三橋健（ＰＨＰ研究所）、『神社の由来がわかる小事典』三橋健（ＰＨＰ研究所）ほか

［仏様編］

『ゴータマ・ブッダ』早島鏡正、『観音・地蔵・不動』速水侑（講談社）、『法隆寺の秘話』高田良信（小学館）、『仏教とは何か　その歴史を振り返る』大正大学仏教学科編、『仏像なぜなぜ事典』『お寺なぜなぜ事典』大法輪閣編集部編（大法輪閣）、『日本の寺院　歴史のなかの宗教』、『仏教用語事典』須藤隆仙（新人物往来社）、『東寺の謎』三浦俊良（祥伝社）、『仏尊の事典』関根俊一編（学研）、『日本の秘仏』コロナブックス編集部編（平凡社）、『ゴータマ・ブッダ　上〈普及版〉』中村元（春秋社）、『岩波仏教辞典　第二版』中村元ほか編（岩波書店）ほか

※本書は、小社より刊行された『小さな疑問から心を浄化する！　日本の神様と仏様大全』（２０１７年）をもとに、新たな情報を加えた上で再編集したものです。

青春文庫

日本人《にほんじん》なら知《し》っておきたい！
神様《かみさま》と仏様事典《ほとけさまじてん》

2021年12月20日　第1刷

監修者　三橋《みつはし》　健《たけし》
　　　　廣澤《ひろさわ》隆之《たかゆき》

発行者　小澤源太郎

責任編集　株式会社プライム涌光

発行所　株式会社青春出版社

〒162-0056　東京都新宿区若松町12-1
電話 03-3203-2850（編集部）
03-3207-1916（営業部）
振替番号　00190-7-98602

印刷／大日本印刷
製本／ナショナル製本

ISBN 978-4-413-09792-5

お願い　ページわりの関係からここでは一部の既刊本しか掲載してありません。折り込みの出版案内もご参考にご覧ください。